U0617719

主编 钟晓华
副主编 王勇 郭艳刚

上海社会组织培育与发展研究

PUBLIC WELFARE IN MEGA-CITIES

THE CULTIVATION AND DEVELOPMENT OF SOCIAL ORGANIZATIONS IN SHANGHAI

社会科学文献出版社
SOCIAL SCIENCES ACADEMIC PRESS (CHINA)

编委会

前　言

社会组织发展是中国式现代化无法回避的重要课题。

鉴于社会组织的“双刃剑”作用，我国长期以来对社会组织实施培育发展与监督管理并重的方针。这一方针在中共中央办公厅、国务院办公厅印发的《关于改革社会组织管理制度促进社会组织健康有序发展的意见》中被调整为“一手抓积极引导发展，一手抓严格依法管理”。

2011 年“郭美美事件”给中国慈善事业和社会组织发展带来严重的信任危机，对社会组织的事中事后监管力度不断加大。除了社会组织年度检查制度外，《慈善法》《社会组织抽查暂行办法》《境外非政府组织境内活动管理法》《社会组织信用信息管理办法》相继出台，整治托育机构和校外培训机构，加强基金会专项基金管理、规范社会团体涉企收费行为等举措陆续推出，对非法社会组织和社会组织非法活动的打击力度不断加大。从整体上看，综合监督的制度篱笆不断扎紧，对社会组织的监督管理工作日益走向“严紧实”。

对社会组织的培育发展工作也在探索中不断开展，其中最引人注目的就是 2014 年国家对行业协会商会类、科技类、公益慈善类、城乡社区服务类社会组织实行直接登记改革。直接登记从某种意义上讲是最大的培育发展政策，其试图突破双重管理体制的束缚，克服社会组织因找不到业务主管单位而无法成立的问题。但它在执行过程中遇到了社会组织快速发展与监督管理能力不足的突出矛盾，很快又退回到以双重管理为主的混合管理体制。

2012 年中央财政首次安排 2 亿元财政资金支持社会组织参与社会服务项目。2013 年国务院办公厅出台《关于政府向社会力量购买服务的指导意见》，购买社会组织服务工作在全国陆续推广。但受制于对社会组织非营利性的错误理解和对财政资金使用的严格要求，单靠政府购买服务很难起到发展壮大社会组织的作用，社会组织几乎难以从中获得结余。企业的发展主要来自利润，社会组织若没有结余，则发展壮大只能沦为奢谈。

综合梳理2010年以来社会组织领域相关政策的发展脉络，我们不难发现，它具有以下四个特点：一是党对社会组织的领导明显得到加强，新时代全面加强党的领导在社会组织领域得到充分体现，这也是中国特色社会主义制度的本质要求；二是社会组织领域的各项制度建设日益完善，2016年围绕《慈善法》的实施，社会组织领域出台一系列新制度、新规定，填补了以前的很多空白，一个相对完整的制度法规体系初步建立起来；三是新型的政社企关系正在重新构建，以行业协会与行政机关的脱钩为重点，党和国家力图重新构建新型政社关系和社企关系，让行业协会摆脱“二政府”角色，为行业发展注入新的活力；四是着眼于加强党建引领的基层治理创新，社区社会组织的培育发展被置于重要位置，但是对其的重视和认识程度依然不足，社区社会组织的能力养成和作用发挥仍有巨大空间。

上海在社会组织培育发展方面一直不断探索，有些探索走在全国前列。例如，针对政府购买社会组织服务工作，上海早在20世纪90年代就在浦东开始破题，2009年在全国率先利用福彩公益金开展了公益创投和公益招投标工作，“十四五”期间政府购买社会组织服务已经成为政府提供社会服务的普遍方式；又如，上海在全国最早探索建立社会组织服务中心，在不增加机构和人员编制的情况下，以民办非企业单位的组织形式，探索自我管理、自我服务的方式，加强对社会组织的服务和管理，形成了社会组织枢纽型服务和管理模式；再如，2009年上海首先引入企业孵化器概念，成立了全国首个社会组织孵化器，此后社会组织孵化器模式不断在上海和全国得到复制与推广，截至2022年底，上海社会组织孵化培育基地已建成110余家，培育一大批初创期和成长期社会组织，不断为上海公益慈善事业注入新的活力。

2014年是上海社会组织培育发展中具有里程碑意义的一年。上海市委在全市组织开展了“创新社会治理、加强基层建设”的一号课题调研，把社会组织发展作为重要的调研内容，2015年出台了“1+6”系列文件，2016年针对社会组织推出了《关于进一步推进社会组织参与社会治理的工作方案》(以下简称《工作方案》)。《工作方案》推出以来，政府购买社会组织服务工作得到了全面开展，全市政府购买社会组织服务的金额在2019年达到12.6亿元，购买社会组织服务项目上升为1294个。社会组织服务中心建设得到全面加强，2018年实现了市、区、街镇三级全覆盖。社区基金会建设蹄疾步稳，到2022年，全市社区基金会达到82家，数量为全国之最。

上海作为全国改革开放的“排头兵”和创新发展的“先行者”，也在涉外社会组织发展方面开展先行先试，自2007年开展涉外民非试点登记工作以来，全市已陆续登记成立了包括国际性社会组织地区总部、中外合作办学机构、外籍人员子女学校在内的涉外社会组织72家，目前依然存续在册的有49家，很好地服务了上海改革开放的大局，擦亮了上海对外交往的名片。

上海市民政局作为社会组织的登记管理机关，同时肩负着社会组织培育发展的重要使命。对于上海来说，一方面，来自政府的扶持和推动仍在不断加强与优化，行政主导推动的社会组织服务支持系统基本成熟；另一方面，得益于上海这座城市的先天资源禀赋和市民社会传统，社会自主形成的社会组织生态系统也得到了很好的发展。在社会组织服务支持系统和生态系统的加持下，全市社会组织不断发展演进，已经成长为参与社会治理和提供社会服务的重要主体。各领域头部社会组织不断涌现，影响力和认知度不断提高，社会组织的总体质量大幅提升，成为推动上海高质量发展的重要力量。

当然，上海在社会组织培育发展方面仍有不少问题亟待解决，如社会组织对人才的渴求问题、社会组织在第三次分配中的作用发挥问题、社会组织协商的制度化建设问题等。改革开放40多年的实践，使我们充分认识了市场机制的决定性作用，由此建立起现代企业制度。社会组织的发展也使我们越来越认识到社会机制的独特作用，期待我们加快建成现代社会组织制度！

如果从 2008 年所谓的“公益元年”算起，那么我们刚刚走过了 15 年的历程，现代社会组织制度的建立只能算是刚刚起步。目前全社会对社会组织的认识还存在较大分歧，这种分歧既反映出社会组织的发展现状，也反映出我们对社会发展规律认识的不足。希望上海的实践能给政策制定者、理论研究者和实务工作者带来思考与启迪，也能为那些处于初创期和成长期的社会组织提供参考与借鉴！

空间很大，未来可期，探索仍在路上，让我们一起共同努力！

编　者

2023 年 6 月

目　录

上编　理论与机制

社会组织参与社会治理 …… 5

社会组织参与社会治理的模式、机制与困境
——以上海市为例 …… 7

社会组织参与社会治理评价模型研究 …… 18

政府购买社会组织服务 …… 47

政府购买社会组织服务的问题与对策研究 …… 49

政府购买社会组织服务定价研究 …… 70

社区社会组织培育与发展 …… 89

上海社区社会组织孵化培育机制及优化对策研究 …… 91

打造社会组织服务中心三级体系的上海样本 …… 110

上海社区基金会的发展与展望 …… 128

优化社会组织发展环境 …… 139

上海深入开展社会组织评估工作的探索 …… 141

上海公益伙伴日的观察与探索 …… 150

上海公益创业育人的探索与实践 …… 169

国际性社会组织在上海的探索与成长 …… 181

下编　案例与实践

基地建设 …………………………………………………………199
上海公益新天地园：可持续社会创新的“试验田”……………201
全域公益新场景：社会组织培育孵化的“杨浦模式”…………210
全生命周期陪伴社会组织成长：长寿路街道社会组织
服务中心 ……………………………………………………220
“五社联动”赋能基层治理：程家桥街道社会组织服务中心 ……229
“多位一体”的社会组织综合服务平台：夏阳街道社会组织
服务中心 ……………………………………………………238
党建引领下的枢纽型支持平台：上海市静安区社会
组织联合会 …………………………………………………246
供需对接“一站式”服务平台：上海市浦东新区社会组织
合作促进会 …………………………………………………254

支持型社会组织 ……………………………………………………263
社区公益资源“蓄水池”：上海洋泾社区公益基金会……………265
“美好社会 +1”的民间公益力量：上海联劝公益基金会…………273
创新伙伴关系的社会资源再生产：上海颂鼎社会公益创新
发展中心 ……………………………………………………283
护航公益伙伴的法律智库：上海复恩社会组织法律研究
与服务中心 …………………………………………………293
探索区域化服务的社会组织联合体模式：上海梵客公益
文化传播中心 ………………………………………………302

成长型社会组织 ……………………………………………………309
专业社会力量的在地成长之路：上海市杨浦江浦路街道蚂蚁
社区营造发展中心 …………………………………………311

高校“双创”项目的进阶成长之路：上海杨浦区美丽乡愁文化促进中心 …… 319
女性社会组织的项目延展之路：上海海蕴女性创业就业指导服务中心 …… 328
民族文化传承的持续深耕之路：上海杨浦区恩三民族文化传播中心 …… 335
司法社会工作的品牌成长之路：上海远周青少年发展指导中心 …… 342

上　编
理论与机制

为了深入贯彻党的十八大、十九大、二十大精神，分析上海社会组织培育、管理及发展过程中面临的新形势、新问题，推进体制机制的完善、多元伙伴关系的优化并引导社会组织高质量参与社会治理，上海市民政局组织高校专家学者、咨询机构、一线实践者等就公益生态建设及社会组织发展中的价值观念、战略规划、制度创新、组织模式、伙伴关系等方面进行专题研究。

本编收录了社会组织管理评估、政府购买服务、社区社会组织、基金会、三级支持体系、公益伙伴日、公益创业育人等具有代表性的专题调研报告，以期在全国乃至全球范围内理解上海在社会组织建设和管理方面的创新实践。本编包含政策、数据及创新案例等方面，并对课题完成后的地方实践做了补充延展，内容翔实，具备科学性、创新性和实操性，对相关领域的研究者和实践者有较好的参考价值。

“社会组织参与社会治理”部分由两篇专题研究报告组成。第一篇专题研究报告深入研究社会组织在社会治理体系中的功能定位，总结上海市社会组织参与社会治理的经验、困难和成效，提炼社会组织参与社会治理的模式特征和创新路径。第二篇专题研究报告借鉴国内外公共服务领域发展出的评价模型，构建符合本土需求的社会组织参与社会治理评价模型，从而总结上海市社会组织工作中的亮点，发现工作中的短板，提出上海进一步提升社会组织参与社会治理绩效的政策建议。

“政府购买社会组织服务”部分全面分析了上海市政府购买社会组织服务工作开展的实际情况，总结政府购买社会组织服务的成功经验和存在的主要问题，并以上海市政府购买社区养老服务定价为切入点，提出购买养老服务的主要定价模型，为各级政府购买社会组织服务提供科学参考，从而为优化政府购买社会组织服务提出优化政策和建议。

“社区社会组织培育与发展”部分由社区社会组织培育孵化

的支持体系建设、社区社会组织服务中心、社区基金会等专题报告组成，从体制机制、枢纽平台及赋能实践等方面展现了社会组织成长于社区、服务于社区的共治生态。

“优化社会组织发展环境”部分由社会组织评估、公益伙伴日、公益创业育人及国际社会组织等专题报告组成，从标准化制度化、公益氛围营造、公益人才培养及全球城市建设等方面展现了上海在建设具有国际影响力的超大城市过程中培育与发展社会组织的引领性探索。

社会组织参与社会治理

随着城市发展和转型带来的新问题与新挑战，传统的政府包揽、全盘兜底的做法越来越无法满足人民对美好生活的需要，社会力量参与社会治理成为突破传统治理瓶颈的关键路径。“十三五”期间，上海围绕“基层社会治理更加有活力，社会组织发展更加健康”的目标，不断完善社会组织参与的培育扶持机制、枢纽管理机制和协同合作机制，形成了“党建引领、制度保障、平台支持、社区联动”的协同治理模式，在社会组织参与的制度创新、政策优化、能力建设方面取得明显进展，促进了社会治理水平的提升，激发了社会活力，日益探索出一条符合国际化特大城市特点和规律的社会治理新路。

社会组织参与社会治理的模式、机制与困境

——以上海市为例*

范　斌　方　琦**

社会治理是我国处于转型时期社会发展领域的重点内容，社会组织作为社会治理的重要主体，在参与社会治理中发挥着积极作用。上海是社会组织发展最早的城市之一，从其社会组织发展历史脉络及近年来在推进社会组织参与社会治理方面的表现来看，上海逐渐形成了一套自身社会组织发展的模式与机制：以党建引领为基石，以制度保障为骨架，以平台支持为助力，并最终落脚于社区联动。同时，上海也形成了一套相对成熟的运行保障机制，即培育扶持机制、枢纽管理机制和协同合作机制。目前，社会组织参与社会治理在上海地区发展成效明显，但社会组织在价值、制度、资源、角色及专业等方面依然存在一定的问题有待深入研究并解决，从而进一步参与社会治理。

一　社会组织参与社会治理的主要模式

社会治理是一项较为宏大的社会工程，是转型期我国社会发展领域的重点内容。在国家社会治理整体大环境下，上海基于地区发展特色，

---

*　2017 年度上海民政专项课题成果。

**　范斌，华东理工大学社会工作与社会政策研究院副院长、教授、博士生导师。方琦，上海电机学院马克思主义学院讲师、社会学博士后。

全面解读社会治理的内涵和意义，积极鼓励社会组织参与社会治理。总体来看，上海社会组织参与社会治理模式可以概括为“党建引领、制度保障、平台支持、社区联动”的四位一体模式（见图 1）。

（一）党建引领：社会组织参与社会治理的基础前提

从理论层面来看，社会组织的职能属性定位为服务社会，激发社会的自我运转机能，但是从现有的发展模式来看，中国社会组织的发展是基于党建引领与社会发展相融合的发展模式。党建引领是上海社会组织发展的重要特色之一，在党建大局观引导之下，上海市社会组织发展一直秉持着“稳中求进、扎实创新”的原则稳步发展。党建引领也是中国社会组织发展的总体特征之一，在党建鼓励引导推动下，社会组织可以较为稳定地发展起来。然而，党建引领并不等于党政介入或者党政参与。上海地区的党建引领，提倡的是一种思想觉悟和发展大局观、引导观，这使服务人民的核心思想与社会组织的契合成为社会组织得以进一步发展的根基。在推进上海市社会组织发展的过程中，党建引领不仅表现在具体社会组织内部党建过程的内化，还体现在外部环境党建工作的大力支持上。党建引领是一项综合性系统工程，是一张铺开的“服务大网”，上海市级党委、区级党委以及街镇级党委均负有引领社会组织发展的责任。

（二）制度保障：社会组织参与社会治理的空间释放

制度设计是上海社会组织参与社会治理的重要保障，上海有关社会组织的发展政策比较完善，相关政策的引导也更为积极。

1. 社会组织扶持政策：扩大社会组织生存空间

上海是全国制定社会组织扶持政策最早的地区之一。早在 2007 年，上海各区就已经试点制定社会组织扶持政策鼓励社会组织发展。社会组织扶持政策的设计是保证社会组织逐渐成长并有效开展服务活动的基础。目前，上海市各级社会组织扶持政策多集中于区级，依据各个区的自身财政状况制定实施。扶持政策在社会组织参与社会治理过程中有效解决了社会组织初创期的困难，为社会组织提供了资金、场地等基础保障，是社会组织成长发展的重要因素。

2. 政府购买服务：保障社会组织发展空间

上海始终处于政府购买服务的实践前沿，我国内地的政府购买服务发端于上海。早在 1995 年，上海浦东新区社会发展局就兴建了罗山市民休闲中心。为了提高休闲中心的管理效率，该局委托上海基督教青年会出面管理，并于 1998 年接受政府养老服务的委托，政府购买服务由此进入我国实践领域。此类服务政策为社会组织的生存与发展创造了条件，使大量社会组织得以成立。

从支持方式来看，上海市政府主要采取两种方式支持社会组织的发展，为社会组织发展拓宽空间。一种以政府购买项目的方式进行，即政府是购买的主体，社会组织是客体，政府以委任代理的形式让社会组织承接政府予以向社会力量购买服务的项目。另一种是政府向社会组织购买岗位的形式，主要是指机关和所属事业单位将原来占用行政编制或事业编制、从事一定技术性或一般辅助性职能的公益性服务岗位向社会和市场开放，通过劳务派遣、聘用制等方式，延聘社会专业人员或辅助人员协助政府提供公共服务，以促进财政供给方式从“养人为主”到“办事为主”的转变。

3. 公益创投项目：拓展社会组织创新空间

公益创投是上海市拓展社会组织创新空间的一个重要举措，对激发社会组织活力、发展社会组织“服务源于社会，服务于社会”的组织优势具有积极作用。公益创投是公益领域的创业投资，除了资金，它还提供管理和技术支持，通过与被投资者建立长期合作伙伴关系，达到加强能力建设和促进模式创新的目的。自 2009 年上海公益创投拉开帷幕以来，公益创投经过近几年的发展与完善，取得了显著成效。它在培育了一系列深受社区群众欢迎的优质社区公益服务项目，提高了福利彩票公益金资助公益项目的透明度、安全性和经济性的同时，扶持了一批有能力、讲诚信、专业性强的公益组织，激发了社会组织参与公益事业的积极性，不仅为其创建了一个很好的公益服务平台，也扩大了组织发展的空间。

（三）平台支持：社会组织参与社会治理的有序指导

在实践领域，上海市打造了三级社会组织服务平台，为上海社会组织发展奠定了基础，也是党建引领、制度保障的根本落脚点。目前，上海市在市级、区级及街镇级已经基本完成了社会组织服务平台的建设。例如，从市级层面来看，上海市创建了上海公益新天地园等社会组织服务平台，该平台不仅成为上海社会组织发展的典型象征，而且成为推进社会治理的前端末梢。在区级层面，上海市各区基本已设有社会组织培育中心，如静安区社会组织联合会、闵行区社会组织服务中心等区级枢纽型社会组织，为地区社会组织发展奠定了基础。在街镇级层面，上海基本完成了每个街镇建设有一个社会组织服务中心，这给本地区的街镇社会组织发展带来实际帮助。

（四）社区联动：社会组织参与社会治理效果展现

社区联动是上海社会组织参与社会治理的效果展现，为“模式之果”。党建引领、制度保障、平台支持的最终落脚点依然在社区层面，社区是社会治理的根本，通过“基、架、力”三者合力联动之后，社区治理将寻找到新的突破口。在该模式影响下，上海地区的社会组织积极参与社会治理，在具体落实端，还要将四类社区社会组织及部分不同类别社会组织的实际功效进行展现。社区生活服务类社会组织扎根社区，贴近社区居民，旨在服务社区居民，为社区居民的生活提供便利服务。上海南西社区金钥匙服务业发展中心、上海恒言为老服务社等都是驻扎在社区之中，为社区居民日常事务提供服务的社区服务类社会组织。社区公益慈善类社会组织旨在为社区特殊老人提供关照性服务，从职能定位来看，主要参与社区公共事务、公益服务，以孤寡老人、残疾人、失业者等困难群体和困难家庭为主要关注对象，以提供基本生活保障、恢复社会功能为主要内容，在就业援助、扶贫帮困、养老助老、助残救孤、赈灾救济等基本民生服务领域发挥作用。社区文体活动类社会组织主要指的是以满足社区群众公共文化和公共体育活动需求为主的社会组织，充分发挥其民间性、自助性、群众性特点，广泛组织群众开展文化学习、卫生健康、教育、科普、书法绘画、音乐舞蹈、体育健身等社区活动，引导社区居民在参与活动过程中陶冶情操、交流感情、缔结友谊，以融洽邻里关系，增强社区居民的归属感和幸福感。社区专业调处类社会组织则以维护社区和谐为目标，引导人民调解员等专业队伍，在物业纠纷以及社区帮教等领域发挥辅助作用，调处矛盾纠纷，解决社会问题。

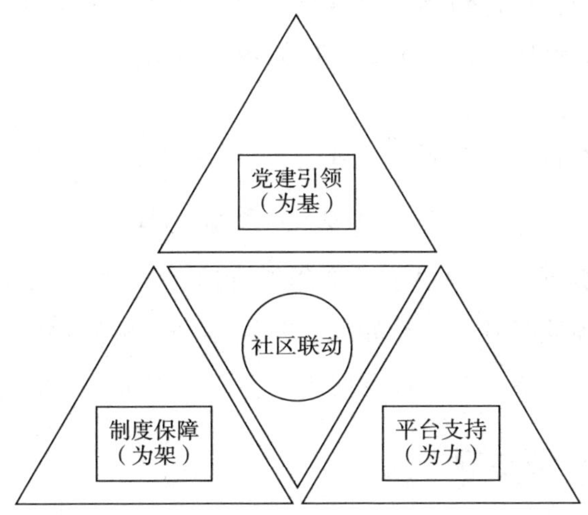

图 1　上海社会组织参与社会治理基本模式

二　社会组织参与社会治理机制分析

目前，上海市主要通过培育扶持机制、枢纽管理机制培育社会组织，规范社会组织行为，提升社会组织服务质量，同时运用协同合作机制共同参与社会治理各项事务。

（一）培育扶持机制

在社会组织数量远不及社会服务需求量的当下，聚集多元主体力量形成一批组织结构规范、专业能力强的社会组织就变得尤为必要。社会组织培育扶持机制正是由此产生，整合多元社会力量培育社会组织，帮助其成长和发展，直接增强了社会组织力量。

具体来看，培育扶持机制囊括了多方资源的培育扶持，比如政府提供政策支持以购买方式给予补贴；企业提供捐助或厂房支持，同时向基金会、自然人等捐助人募集运作经费，与资助型组织建立公益创投伙伴关系；培育扶持机构由理事会领导下的执行机构负责日常管理；由第三方专家组成顾问团并借助管理咨询、会计、法律、宣传营销等专业机构的力量向被培育的社会组织提供咨询服务，被培育的社会组织在初创期将得到关键性的支持，包括办公场地、办公设备、能力建设、小额补贴、注册协助等。培育扶持社会组织过程如图 2 所示。

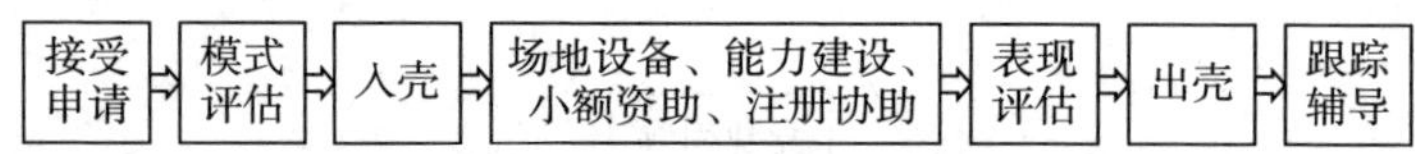

图 2　培育扶持社会组织过程

培育扶持机制有效解决了社会组织在刚刚成立、管理尚未成型的初创期所遇到的场地限制、资金紧张、沟通不畅、资源缺乏等方面的问题，体现了社会治理中整合多方资源促进社会组织力量发展的运作机制。

（二）枢纽管理机制

枢纽式管理代表了社会组织之间整合凝聚、互动合作、交流互惠的管理方式，其优势体现在社会组织在地域、类别上的整合。首先，社会组织通过枢纽组织进行地域整合，归属于同一枢纽组织的社会组织成员由当地的枢纽组织属地化管理，这能够更高效地获得本地区资源，更易了解本地区特定的政策信息，熟悉本地区业内实时动态，获得当地企业和政府的资金支持，链接当地居民的志愿资源等。同时，同一枢纽管理下的社会组织在本地区立足，便于在特定地域范围内发挥作用，在实践过程中不断加深对服务对象需求的了解，提高专业能力，更高效地回应本地区问题。其次，社会组织通过枢纽组织进行了类别整合，枢纽组织通过分享共同的价值理念和组织章程，开展培训、沙龙等活动，为社会组织之间的沟通交流、互相学习创造环境，并激发彼此竞争，使针对该领域的服务质量和服务水平不断提升。如静安区于 2007 年成立静安区社会组织联合会，通过大型活动、公益论坛等加强党建工作，通过开展培训交流、专家指导等提升社会组织服务能力，通过资源链接、关系协调等促进政府职能转变。同时，静安区在街道、社区层面又相继成立5个社区（街道）和劳动、文化、教育社会组织联合会，形成了“1+5+X”的枢纽模式，将同领域、同地域的社会组织联合起来。

（三）协同合作机制

社会治理是不同于单一主体管理的多主体协同共治，协同合作机制是指各治理主体之间多方面互动协同，是社会组织参与社区治理的重要机制。协同合作机制表现为与政府、企业、其他社会组织等主体进行的信息、资源、技术、权力等方面的共享及合作。

与政府协同合作中，以政府购买服务为主的公共服务供求上的合作是目前社会组织与政府最广泛和重要的合作机制。与企业协同合作中，社会组织与企业的互惠共赢是基本前提，社会组织从企业方面获得资金以及企业管理技术，企业则通过社会组织扩大自身的影响力，履行社会责任。与其他社会组织协同合作中，社会组织之间自发形成合作网络，结成合作关系，以实现组织资源的联结和集聚。

社会组织间的协同合作是上海地区的一大特色，是协同合作机制中的创新点。目前，上海市社会组织间的合作机制主要有伞状支持与网状联系两种路径。伞状支持是指参与合作的社会组织多方呈现伞状的合作关系，由其中一方社会组织向其余多家社会组织提供支持和帮助，如基金会对一线社会组织提供资金支持，为新生社会组织提供培育和扶持，枢纽管理组织向属地社会组织进行统一管理和培训等。伞状支持常常由一个焦点发出，这一焦点作为整个支持网络的核心与节点支撑起其他社会组织，因此通常较其他社会组织在治理关系中具有更为核心的地位，其他社会组织对其构成相应的依赖关系。网状联系是指参与合作的社会组织多方呈现网状的合作关系，机构之间的合作松散平等，并无紧密的依赖关系和资源交流，彼此通过共同行动形成联盟，对政策等发挥影响作用，或通过组织交流活动增强信息交换。由于我国政府主导的社团文化影响，目前上海市社会组织之间的网状联系多以松散的临时组合为主，较少有紧密的联盟合作，网状联系机制在一定程度上为社会组织之间增强交流提供了途径。

三　社会组织参与社会治理困境分析及发展建议

上海地区社会组织在不断推进发展中，虽然已经基本形成一套较为完备的参与社会治理的系统，从模式和机制上都有自身的特色，但依然存在瓶颈与困难。

（一）社会组织参与社会治理的瓶颈与困难

1. 价值困境：功能定位模糊不清，管理服务存在重叠

在社会组织参与社会治理的过程中，很多社会组织的价值目标并不明确。一是部分社会组织以营利为目的，丧失其非营利的本质属性。如一些民办非企业单位扩大经营导致其逐渐演变成企业性质的单位，社会治理功能有所弱化。二是功能交叉限制其他社会组织发展。例如，社区基金会的功能定位应该是枢纽型社会组织、支持型社会组织，但很多社区基金会俨然已经将其自身定位为一线服务型社会组织。价值困境无法有效解决，会导致社会组织的后续发展处于停滞状态，不利于社会治理的功能区划分。

2. 制度困境：泛化社会组织需求，约束社会组织活力

近年来，上海市为了激发社会组织活力、推进社会组织发展出台了一系列政策。然而，从现有的政策来看，一是政策制定过程中社会组织缺位现象严重。在政策制定环节，虽然有对社会组织进行座谈调研，但大多流于形式，并没有从本质上解决社会组织面临的问题。同时，政策的咨询及政策前评估工作没有落实到位，导致政策在具体执行上可能存在弊端。二是政策信号释放不明确。在推进过程中，部分政策可能流于形式，很多社会组织并没有享受到政策红利。三是政策平台有待突破。在政府购买服务的政策平台上，政策并没有考虑到社会组织参与社会治理的自身成本，导致很多社会组织在参与服务过程中投入成本过高，难以保持

发展。四是政策脱离实际制约因素过大。不同部门之间的政策存在一定制约，导致政策无法得到有效平衡。五是缺乏社会组织参与社会治理的相关政策。目前，政策大多集中于讨论如何发展或者限制社会组织，并没有关注社会组织参与社会治理的整个过程，导致社会组织面对有关政策时无所适从。

3. 资源困境：资源来源渠道单一，部分组织生存艰难

社会组织参与社会治理是一项综合性工程，其中不仅会牵涉多元主体之间的互动，还会牵涉主体背后的资源限制。目前，四类社区社会组织整体生存现状不容乐观，即具体提供社区居民服务、解决社会问题的社会组织资源依旧欠缺。在社会组织参与社会治理过程中，政府占据主导地位。然而，从具体发展视角来看，政府拥有过多的资源权力，反而导致社会组织在参与社会治理的过程中缺乏一定的自主性和灵活性，导致社会组织的参与过程资源完全由政府单一主导，不利于社会组织后续的成长。

4. 角色困境：伙伴伙计角色不清，合作竞争定位不明

社会组织作为社会治理主体中的一部分，在参与社会治理过程中，与其他参与主体之间的身份地位处于模糊不清状态。目前，在社会组织与政府合作参与社会治理的过程中，政府一般处于较高层级的地位，潜意识中会给社会组织增加额外工作事务，将政府的工作职能附加于社会组织之上，使社会组织疲惫不堪。在社会组织间合作参与社会治理的过程中，部分社会组织对其工作职责及参与过程中的职能定位不明晰，导致双方在合作过程中可能会遇到因职责分工不明晰而忽略应负责事务的情况。

5. 专业困境：专业技术能力有限，后续发展动力不足

专业化是一个组织或一类群体能够持续发展的基石，如不同职业人群的特征均需要契合自身属性的专业化。目前，上海社会组织参与社会治理过程总体发展势头较好，但社会组织普遍对其自身的专业定位模糊，不知道如何提升专业化，更不清楚社会组织从业人员自身的专业定位是什么。所以上海地区社会组织表现出的参与过程依旧是较低层面的参与，社会组织从业人员的管理、服务等实际过程依旧没有体现出专业特质。

（二）社会组织参与社会治理的发展建议

1. 加强顶层设计，营造制度环境

上海市作为社会组织发展的重要阵地，需要进一步营造社会组织参与社会治理的政策环境。首先，上海地区需要进一步出台相关政策文件。其次，上海地区需打造社会组织购买政府服务平台。再次，上海地区需要建立社会组织专业政策发布平台。最后，上海地区需要加大创新力度，如可在一定程度上针对税法无法改革的措施进行试点突破，保证社会组织参与社会治理的制度性障碍缓慢清除，为社会组织参与社会治理营造更好的制度环境。

2. 构建综合评价体系，监测发展效标

从目前上海市社会组织的发展态势来看，参与社会治理的社会组织逐渐增多。2016 年《慈善法》出台，同时三大条例[①]在逐步修订完善，上海市也在不断完善政策过程，这使社会组织参与社会治理的发展环境得到进一步优化。在此背景下，需要进行整体性评价，构建社会组织参与社会治理的综合评价体系，对其中的社会效益进行客观评价，将表面评价转化为量化标准。建立起综合评价体系之后，上海地区社会组织参与社会治理的力度将进一步加大。

3. 加大资源扶持力度，拓宽资源渠道

社会组织参与社会治理是一个多部门联动推进社会进步发展的过程，主要需要资金、场地等物质资源和人才资源等。从社会治理层面来看，资源渠道的拓宽需要增加更广义层面的社会治理主体间的联动。在基本框架之下，搭建多元主体共同参与社会治理的主体框架，保证社会组织作为社会治理主体的一部分能够与其他主体（如政府、企业、事业单位、居民等）进行充分的对话交流。

4. 进行价值引导，明晰服务导向

目前上海市社会组织参与社会治理的导向性较强，如有通过服务参

---

① 我国社会组织管理领域的纲领性文件包括 1998 年出台的《社会团体登记管理条例》《民办非企业单位登记管理暂行条例》和 2004 年颁布的《基金会管理条例》（简称“三大条例”）。

与社会治理，亦有通过管理参与社会治理，因此上海地区必须进一步明确最终价值导向。从国际性社会组织的发展经验及目前上海市的社会组织类型来看，应当进一步明确服务导向，坚持以服务为基准参与社会治理，坚持服务本位、以人为本，在此基础之上的社会组织参与社会治理才能进一步提升我国社会服务水平，并最终达到社会自治、社会共治的和谐社会目标。

5. 明确身份定位，确立社会地位

社会治理提倡多元治理，即治理主体的多元化过程，要广泛吸纳政府、企业、事业单位、社会组织、居民参与。在社会组织参与社会治理的过程中，需要进一步厘清社会组织在其中的角色与身份。如在政府购买服务的过程中，社会组织作为购买方需要承担购买服务内容所规定的事项，在这个互动过程中，政府能否额外给予社会组织一般性事务，需要认真界定。如果建立完全契约化对等的身份定位，社会组织参与社会治理过程的边界将会被进一步厘清，有利于提高社会组织参与社会治理的效率，并能够在一定程度上激发社会组织参与社会治理的热情。

6. 强化专业培训，提升综合效能

上海市社会组织发展普遍成熟，但是内裹于其中的专业能力不足，依旧会制约社会组织的发展，影响其参与社会治理的效度。因此，加大对社会组织的专业培训，提高社会组织的专业技能是推进社会组织参与社会治理综合效能的关键。对此，可从明确社会组织专业化标准、明确专业化过程以及加强专业化培训入手，加强社会组织专业化培训，提高社会组织专业化能力，充分运用社会工作知识基础打造专业化的社会组织，保证社会组织参与社会治理专业化的实现。

社会组织参与社会治理评价模型研究*

彭　勃　熊　竞**

构建社会组织参与社会治理评价模型既是深化落实市委“1+6”文件精神的需要，也是实现本市社会治理“十三五”规划中“基层社会治理更加有活力、社会组织发展更加健康”目标的重要工作。基于此，课题组以“走出一条符合特大城市特点和规律的社会治理新路”的要求为目标，调研上海市社会组织参与社会治理现状、梳理社会组织参与社会治理的特点。本文借鉴国内外公共服务领域发展出来的评价模型，吸收国内外已有科研成果，构建社会组织参与社会治理评价模型，并运用该模型对本市各区、街镇社会组织参与社会治理情况进行评价，同时比照北京、深圳、杭州等地社会组织参与社会治理的评价结果，总结上海市社会组织工作中的亮点，发现工作中的短板，进而提出上海市进一步提升社会组织参与社会治理绩效的政策建议。课题组已完成社会组织参与社会治理评价模型的构建，本文阐述了国内社会组织参与社会治理的现状和问题，国内外公共部门绩效评估的经验与挑战，进而基于数据挖掘建立相关指标体系，并尝试运用及优化此评估模型。

---

* 2017 年度上海民政专项课题成果。

** 彭勃，上海交通大学国际与公共事务学院长聘教授、博士生导师，上海交通大学国家安全研究院执行院长，上海交通大学公共政策与治理创新中心主任。熊竞，上海交通大学国际与公共事务学院副研究员、硕士生导师，中国城市治理研究院院长助理。

一　社会组织参与社会治理的理论与实践背景

（一）当前中国社会组织参与社会治理的现状与问题

社会组织参与社会治理，既是公共治理的题中应有之义，也是政社合作的内在要求。党的十九大报告指出，打造共建共治共享的社会治理格局，需要加强社会治理制度建设，完善党委领导、政府负责、社会协同、公众参与、法治保障的社会治理体制，提高社会治理社会化、法治化、智能化、专业化水平，加强社区治理体系建设，推动社会治理重心向基层下移，发挥社会组织作用，实现政府治理和社会调节、居民自治良性互动。党的十八届三中全会通过的《中共中央关于全面深化改革若干重大问题的决定》首次提出“创新社会治理体制”“激发社会组织活力”。党的十八届四中全会通过的《中共中央关于全面推进依法治国若干重大问题的决定》，首次明确提出“加强社会组织立法”，积极发挥社会组织在立法协商、普法和守法、推进法治社会建设等方面的作用。这些表述为社会组织参与社会治理指明了方向。

1. 我国社会组织发展及其主要特点

以 2014 年深改元年为标志，我国社会组织自身发展出现了诸多新情况、新特点、新动向。近年来，随着中央和地方各级党政部门大力推动社会治理创新实践，我国社会组织作为社会治理日益重要的主体力量，不仅数量上不断增长，而且在生态优化、体制改革、服务购买、社会创新等方面呈现新特点。

①社会组织数量持续增长，组织生态明显优化。总体而言，我国社会组织发展有四大趋势：一是数量增长明显；二是组织生态呈现优化趋势；三是组织间横向联系增多并日趋紧密；四是正在走向世界，呈现国际化趋势，扶贫基金会、青基会、能源环境研究所等越来越多的组织带着品牌项目“走出去”，世界中医药学会联合会等组织以制定国际标准等

方式开始在世界舞台发出声音。

②社会组织管理体制改革不断深化，直接登记数量和范围进一步扩大。中关村开始试点登记涉外民办非企业单位。境外非政府组织管理法提交人大常委会审议。截至 2014 年 11 月底，全国直接登记的社会组织有 3 万家（其中民政部本级 44 家），除个别省份外，各地均进行社会组织直接登记，多地区下发社会组织直接登记指导文件。

③社会组织资源生态优化，总量增大、来源增多、结构日趋合理。各种社会资助形式涌现，各级政府不断扩大购买服务的公共投入规模与领域。与之形成对照的是，针对中国的国际援助资金有缩小趋势，国内公益资源日渐成为主流。

④购买服务逐渐走向制度化，政府支持力度加大。继 2013 年 9 月国务院办公厅印发《关于政府向社会力量购买服务的指导意见》之后，2014 年 12 月财政部、民政部和国家工商总局印发了《政府购买服务管理办法（暂行）》，各省区市相继出台政府购买服务的实施意见或管理办法等。向社会组织等社会力量购买服务成为许多公共服务的供给方式，中央财政连续三年购买社会组织服务，北京、上海、广州等地每年安排资金超过 4 亿元。政府出资或推动建立的公益孵化或社会创新园区等不断增多，税收减免等优惠政策逐步完善。

⑤媒体与公众问责等社会监督不断增多，推动社会组织改革创新。在传统媒体、新媒体、自媒体等多管齐下的时代，对社会组织的问责增多，对社会组织公开透明的要求增多，一些社会组织或公益项目出现公信力危机。公信力危机及其应对，推动社会组织积极探索改革创新，完善组织治理。

⑥微公益、社会企业、众筹、影响力投资、社会责任投资等社会创新形式迅速发展。企业社会责任、市场工具、信息网络技术、文化创意等因素，成为推进公益创新与社会创新的有效手段。

以 2014 年深改元年为标志，我国社会组织已从起步阶段逐渐走入一个相对成熟、稳步发展的新阶段，社会组织日益发挥着表达民意、服务民生、维护民权、促进民主、参与协商等正能量作用。

2. 我国社会组织参与社会治理的现状

以 2014 年深改元年为标志，我国社会组织参与社会治理的政策制度、培育扶持、综合监管呈现前所未有的勃兴图景。

（1）完善政策制度建设

党的十八届四中全会通过的《中共中央关于全面推进依法治国若干重大问题的决定》首次明确提出“加强社会组织立法”，积极发挥社会组织在立法协商、普法和守法、推进法治社会建设等方面的作用，强调社会组织必须将宪法作为根本活动准则，这对推动社会组织法治化、社会组织有效参与社会治理创新具有里程碑意义。2014 年 12 月 18 日，国务院发布《关于促进慈善事业健康发展的指导意见》，明确慈善组织是现代慈善业的运作主体，提及慈善组织具有筹集和分配慈善资源、提供慈善服务等作用。2014 年，按照简政放权，加强事前、事中、事后监管的要求，中央有关部门在实行直接登记，取消和下放一批登记审批事项后，围绕规范社会团体会费管理与退（离）休领导干部兼职、强化高校教育基金会财务管理、推进行业协会商会去行政化及其诚信自律建设、规范社会组织承接政府购买服务等领域，陆续出台系列政策文件，推动社会组织发展及其参与社会治理。

（2）加大培育扶持力度

为解决申领公益事业捐赠票据难等问题，建立以分层分级为基础的社会组织税收优惠制度，取消对社会组织活动范围主要在中国境内的限制，社会组织走出国门可免税。各级财政支持政府购买社会组织服务工作。2014 年 12 月，财政部、民政部、国家工商总局印发《政府购买服务管理办法（暂行）》，支持和规范社会组织更好地承接政府购买服务。北京、上海、广州等 20 余城市出台政府购买服务的实施意见、办法或指导目录。2014 年 10 月，国家发改委正式批复国家法人单位信息资源库（一期）项目，直接向全国社会组织法人库投资 7091 万元，着力建设部省两级社会组织数据中心和登记管理系统，不断推动各级登记管理机关规范化、精细化建设，加快实现以大数据等方式为社会组织管理、服务创新及其参与社会治理、服务提供有力支撑。中央文明委于 2014 年 2 月 19

日印发《关于推进志愿服务制度化的意见》，完善志愿者招募、注册、培训、管理，健全志愿服务记录、激励机制，做好政策、法律保障，加快我国志愿服务制度化、长效化、常态化建设。

（3）综合监管

民政部、中央编办、国家发展改革委等八部门共同发布《关于推进行业协会商会诚信自律建设工作的意见》，着力提升行业协会商会管理水平，加强行业协会商会公信力建设，加快推进行业协会商会自律体系建设和社会信用体系建设。民政部建立社会组织管理、服务综合信息平台，正式实施社会组织法人库项目。“十三五”规划编制纳入社会组织社会信用信息系统和应急维稳工程。国家发改委、民政部共同完善脱钩总体方案，加强调研脱钩后有关管理、服务工作，各地纷纷开展相关试点工作。

3. 我国社会组织参与社会治理面临的问题与挑战

以2014年深改元年为标志，当前我国社会组织的主体作用日益显现，与政府的新型互动关系正在初步形成，但是在社会组织有效参与社会治理领域仍然存在两个方面的不适应：一方面，基层社会治理模式与经济社会发展的趋势不适应，改变政府行为方式、扩大社会力量参与存在很大空间；另一方面，社会组织的发展水平与创新社会治理的要求不适应，激发社会组织活力还有大量工作可做。

（1）政府层面

政府层面的关键问题在于政府职能转变未到位，资源供给不足，尚未建立起有利于社会组织发展的、整体性的支持服务体系。党的十八届三中全会明确提出要重点培育和优先发展行业协会商会类、科技类、公益慈善类和城乡社区服务类社会组织，而目前全国各地对这四类社会组织的培育扶持体系建设仍不完善，存在政府职能转变未到位、购买服务缺乏整体设计、省市与街镇之间差别明显、直接登记后配套制度与管理机构建设不足、社会组织监管体系不健全等问题。

（2）社会组织层面

社会组织层面的关键问题在于内部治理薄弱，能力不强，没有形成分工合作的协同网络。具体而言，主要表现为专业化职业化水平低，缺乏公信力，自治能力弱，政府依赖性强，募集资源渠道单一，社会资源动员不足。

（3）合作机制层面

合作机制层面存在的问题包括政府部门与社会组织之间缺乏有效沟通、协同机制，社会组织与企业之间缺乏有效供需对接机制，社会组织之间缺乏有效交流、合作机制。

以 2014 年深改元年为标志，无论是社会组织自身发展，还是社会组织参与社会治理创新，核心都是转变政府职能、加快社会放权，基础都是社会组织发展、加强内部治理。从本质上看，这些基于现代公共治理、政社合作的新视角、新观点，为社会组织参与社会治理提供了分析工具、指明了发展方向。结合上述内容，课题组提出了两点思考。①创新社会治理的过程也是培育发展社会组织的过程，社会组织的发展水平是社会治理水平的重要体现，需要对社会组织的发展进行引导、规定与要求，促进社会组织发展水平的提升。②社会组织需要提高自身有效参与社会治理的能力，这主要从三个方面着手：第一，提升社会组织的专业性；第二，提高社会组织的独立性；第三，完善社会组织内部治理。基于这些内容，我们需要构建一套科学的评估体系对社会组织参与社会治理的能力、效果等维度进行评价，并为社会组织发展提供标准。

（二）上海市社会组织参与社会治理的现状与问题

近年来，随着城市发展和转型的历史进程，上海的社会治理实践日益出现新问题、新挑战和新机遇，推进了基层治理结构和治理文化的创新与发展。由于治理问题的多维度、复杂性和模糊性特征，传统的党政包揽、全盘兜底的做法，或者单靠居民动员和参与的方式，在治理资源、治理效果上都越来越无法满足治理优化的需要。这要求基层治理体系能够动员和引导多元主体参与，社会力量参与社会治理成为城市治理突破传统瓶颈的关键路径，社会力量与传统治理主体间能否达成协调合作的良性机制，成为治理创新成败的关键。

为了贯彻落实党的十八大和十八届三中、四中全会精神，深入贯彻落实习近平总书记系列重要讲话精神，推进上海基层治理法治化，促进上海治理体系和治理能力现代化，社会力量参与社区治理成为上海加快推动城乡社区从管理向治理转变的关键突破口，上海率先探索，争取走出一条符合国际特大城市特点和规律的社会治理新路。近年来，上海社会力量参与社会治理领域工作成绩斐然，在制度创新、平台构建、政策优化、流程再造、能力建设方面取得了明显进展，积累了丰富经验。对此进行理论和实践上的分析与反思，有助于解决深层次问题，总结规律性经验，探索未来突破发展的成功路径。

1. 主要经验

（1）制度创新

上海市十分重视发挥社会力量的作用，积极引导和支持社会力量参与社会治理，在完善社区服务、化解社会矛盾、参与社区建设等领域，进行了持续探索和创新，出台了一系列政策和措施。从 2002 年上海市委出台《关于进一步推进本市民间组织参与社区建设和管理的意见》开始，社会力量参与社会治理成为上海社会治理发展创新的重要途径。上海陆续推出创新步骤，包括探索社会组织枢纽式服务管理模式、明确提出尊重社会组织的主体地位、重点发展并直接登记管理城乡社区服务类等四类社会组织、出台针对公益性社会组织的优惠政策、连续实施公益创投工程等。特别是 2014 年以来，上海市委在全市范围内组织开展“创新社会治理、加强基层建设”的一号课题调研，形成并贯彻实施“1+6”政策文件。其中，《关于组织引导社会力量参与社区治理的实施意见》从四个方面对社会力量参与基层社会治理提出了有针对性的政策措施。2016 年，上海市委召开进一步推进社会组织参与社会治理专题会议，在深入调查和反复研究的基础上，拟定并实施《关于进一步推进社会组织参与社会治理的工作方案》，要求加强组织领导，进一步细化完善推进举措，确保各项任务要求落实到位。

（2）平台构建

近年来上海推动“五大平台”建设，为推动社会力量参与社会治理奠定制度空间和制度基础。第一，区域化大党建平台。发挥执政党组织体系在政治引领、资源整合、协调行动等方面的天然优势，确保多元治理的正确政治方向，依靠执政党领导系统整合区域内各类党组织资源和党员力量参与社会治理。探索实施驻区单位的社会责任报告制度和党员参与社区活动的报告制度。第二，社区协商共治平台。健全和落实社区代表会议和社区委员会制度，广泛吸纳社会各方代表进入，促进社区民主协商，推动解决治理难题。通过协商议事决策的工作机制，调动社会力量的参与积极性，落实参与有效性。第三，枢纽型组织平台。在发挥好工青妇等人民团体枢纽作用的同时，积极推进枢纽型社会组织建设，成为社会组织公益服务的资源整合载体、规范运行的督导评估载体和自身发展的能力提升载体。第四，城市网格化综合管理平台。及时反映和协调解决群众利益诉求，引导社会力量更好地发现问题、监督问题解决、评估管理成效，使基层矛盾化解更加及时有效。第五，社区各类资源平台。建立社区资源共享机制，推动社区各类公共资源开放，引入社会组织，让其提供优质专业服务，最大限度地激发社区共治活力。

（3）政策优化

公共政策是社会力量参与社会治理的重要推进力量，上海市积极适应新形势，从多个角度进行政策更新与优化，为社会力量参与社会治理奠定政策基础。第一，靶向扶持政策。中央十八届三中全会明确提出要重点培育和优先发展行业协会商会类、科技类、公益慈善类和城乡社区服务类社会组织。根据上海社会发展态势，明确提出始终把立足点放在扶持培育发展好社区生活服务类、社区公益慈善类、社区文体活动类、社区专业调处类四类社区社会组织。在降低门槛、流程简化、缴费从轻等方面，给予重点扶持类组织实实在在的政策支持。第二，孵化培育政策。率先将企业孵化器概念引入公益领域，陆续建成多个社会组织孵化基地，为初创阶段的公益组织提供场地设备、能力建设、注册协助和小额补贴等支持，扶助公益组织逐渐成长。第三，财政补贴政策。浦东、静安、杨浦、虹口、闵行、嘉定、松江等区出台了财政扶持政策，通过运营补贴、房屋补贴等多项措施，支持辖区内社会组织发展。第四，解制松绑政策。出台《上海市社会组织直接登记管理若干规定》，明确直接登记的范围，缩短登记时限，简化登记流程，强化社会组织自律意识和独立法人责任。出台《上海市民政局、上海市社会团体管理局关于全市性社会团体、基金会设立、变更和终止分支机构、代表机构可不再需要行政审批的通知》《上海市异地商会登记管理暂行办法》《科技类社会团体换届选举指引》等。

（4）流程再造

第一，购买服务机制。完善的政府购买服务机制，应当明确政府购买服务范围、规范政府购买服务流程、健全政府购买服务体系，强化政府购买服务绩效评价。上海落实中央要求，在各地探索和本土实践的基础上，加大向社会力量购买服务的力度，健全政府购买服务机制。协调编制具备承接条件的社会组织指导目录，提高购买服务的信息透明度。探索建立市、区两级政府购买公共服务平台，完善政府购买公共服务流程；合理确定价格构成中人力资源成本比例，促进社会组织持续健康发展；提高政府购买公共服务绩效评价工作，评价结果向社会公布，作为今后选择和确定承接主体的重要参考依据。第二，支持服务机制。发布《上海社区基金会建设指引（试行）》，指导和鼓励有条件的街镇试点组建社区基金会，有序拓展社会资源参与社区治理的渠道。各地方积极成立社区基金会，基金会开始成为社会力量参与社会治理的重要依托。在社区基金会的规范运作、项目实施、运行技术、多元筹资等方面，不断积累经验。第三，公益创投机制。上海通过福利彩票公益金建立了社区公益项目招投标（创投）机制，鼓励社会组织发现社区需求，并在提供服务中使自身得到发展、能力得到提高。在全市公益创投和招投标项目中，培育了一批有能力、有品牌的社会组织，形成了一批有影响力的社区公益项目。第四，综合监管机制。上海出台《关于完善社会组织综合监管体系促进社会组织健康发展的指导意见》，提出构建社会组织综合监管体系的工作要求，强调社会组织自律自治和社会监督，厘清相关部门管理职责，有力推动了社会组织自我监督、法律监管、政府监管、社会公众监督有效衔接，逐步实现社会组织自我监督有方、法律监管有力、政府监管有效、社会公众监督有序的现代社会组织综合监管体系。

（5）能力建设

第一，组织综合素质建设。印发《上海市社会组织直接登记管理若干规定》，明确了党建工作的归口部门和托底机制。召开上海市检察机关行贿犯罪档案查询制度引入社会组织管理和诚信建设现场会，签署工作协议，在社会组织登记管理工作中查询、使用检察机关行贿犯罪档案推动行业协会发布社会责任报告。第二，人才队伍建设。上海重视培养社会组织的领军人才，在党代表、人大代表、政协委员中保证来自社会组织的代表名额，有序拓宽其政治参与渠道。依靠执政党管理资源，将社会组织带头人的培养纳入“党管人才”工作。指导建立社会组织从业人员的职业发展体系，建立社会组织从业人员薪酬合理增长机制。推动居民区设立社区自治金，目的是促进在居民区党组织和居委会周围团结凝聚一批社会组织的带头人和社区骨干，支持各类自治项目和自治活动开展。发挥社区治理中的重要主体作用，包括驻区单位、社会工作者、社区骨干、志愿者和“两代表一委员”等。第三，自律能力建设。注重社会组织自律与自治，加强社会组织信用体系建设，建立健全直接登记管理的四项配套制度，即自律承诺书样本、章程示范文本、信息公开指引、重大事项报告指引。推进社会组织信用体系建设，运用社会组织信用信息管理系统，根据年度检查结论分析年检结果与失信行为并做好记录。

2. 存在的问题

（1）治理主体的权责界分模糊，协同治理体系存在运行摩擦

目前市、区条线职能部门都主动适应街镇的新变化，“一切围着基层转”的转型过程还存在不少问题。第一，权责下放不彻底，不放心，不放手，仍然“手牵风筝线”。第二，权责下放不合理，将基层无法承担的权责一并下放。第三，政府管理和社会治理边界厘定的制度化水平不高。街道事务准入制度有待完善，“准入清单”操作办法不够细，制度约束能

力不强。第四，政府管理和社会治理相衔接的工作机制有待确立。条线部门没有建立“对下服务”的工作机制，为基层服务的工作导向有待进一步明确。在工作考核上，“以上考下”多，“以下考上”少。此情况造成社会力量参与社区共治的运作范围不明确，社区共治缺乏明确边界，社区共治运行缺乏有效保障。

（2）社区公共权力运行存在制度缝隙，导致参与型治理低效

社区公共权力运行的制度化水平，体现在社区治理资源的分化程度、治理主体的相互依存和制约程度、公共权力运转的制度闭合程度等方面。我国城市基层公共权力在很大程度上由党政机关引导和操作，党政部门全盘兜底负责的风格依然明显。在治理资源方面，公共决策的议事决策权、公共决策的操作权、公共治理的监督考评权等分化程度较低，混合性和一体化的治理资源基本掌握在党政主体手中；在社会力量的关系上，不同社会治理主体无法通过掌握不同的治理资源形成相互之间的依存与制约关系，除了党政组织之外的治理主体，社会力量一般处于较为弱势的地位；在公共权力的运行链条方面，公共权力运行的制度闭环没有形成，议事决策、决策执行与监督评估之间的制度缝隙较大，导致对社会力量的治理赋权容易流于形式。

（3）社会力量的治理主体地位有待进一步明确

目前，推进社会力量参与社会治理主要采取选择性扶持、开放参与空间、打通参与渠道、规范参与环境等策略，但是整体上还是属于政府单向度的行为。首先，社会力量参与社会治理的整体氛围没有形成，向社会力量开放的共识也没有形成。其次，社会力量参与社会治理的原动力机制有待建立。虽然党政机构的积极性高，但是社会力量全面参与社会治理需要良好的环境、制度、机制、政策等方面的保障。再次，在各种孵化培育等各种扶持行为中，政府对社会力量的输血机制开始逐步确立，但是社会力量的自我造血功能没有随之强化。最后，社会力量的壮大和发展应当遵循社会领域的规律。在目前的行政主导吸纳模式下，介入社会治理的社会组织覆盖面比较窄。社会力量的壮大及其参与社会治理，应当充分运用社会竞争原理，保障社会力量有效参

与社会治理。

（4）社会力量参与社会治理的内源型动力仍然不足

在社会治理创新中，党政机构在平台、机制、项目等方面，全力推动社区共治发展。目前社区共治所取得的成果，在很大程度上是行政力量赋权、扶持、设计、培育的结果。社区共治的内生动力不足，存在外力不推就不动的问题，可持续发展能力不足。社区共治存在悬浮化和形式化现象，社会力量的介入与社区生活的结合度不高。体制内组织体系和工作机制锐意创新，主体充分动员，而社会力量参与社会治理的反应滞后，导致共治的内在动力机制没有充分挖掘，瓶颈问题没有得到解决，社会力量参与积极性受挫，社会和居民参与程度低，实际感受度也不高。

3. 突破路径

从理论上分析，当前上海社会力量参与社会治理的创新和发展，仍然处于环境优化、政策调整、平台设置、定向扶持的范畴。要使参与型共治模式能够可持续运行，需要将创新引向制度化水平提升的层次。公共治理的制度化水平一般包括以下几个方面：第一，治理主体的地位明确，权责清晰；第二，协作治理的规则透明，过程有序；第三，治理结构的内聚性强，共识水平高。基于对深层次问题的判断和分析，笔者认为推进社会力量参与社会治理，应当充分发挥现有创新成果的作用。目前的创新发展主要属于政策扶持、管制松绑、流程简化等领域，应当迅速以此为契机，抓住重要问题和关键环节，提升制度化水平，在支持体系、工作平台、运行机制、主体能力、文化建设等方面寻求突破。

（1）加强顶层设计，提供整体性、一体化的支持服务体系

应当充分运用执政党宝贵的领导资源，理顺党建工作关系，落实党建主体责任，创新党建工作方式方法，实现党的组织和工作全覆盖，确保社会组织的正确政治方向。应探索建立全市统一、公开、透明的公共管理平台，确保社会力量参与社会治理的公平性、便利性、有效性。

（2）将平台间协作为抓手，提升社区共治体系的制度化水平

实现社区共治的可持续发展，巩固社区共治在社区治理体系中的制度地位，应当探索各种平台协作关系模式，确立社区共治和政府公共管理与服务、居民自治管理之间的事权边界，使社会力量成为解决社区公共问题的重要手段和关键性力量。增强社区共治的平台制度供给能力，强化社区服务的针对性，在深入调研、了解需求、拟定候选项目的基础上，依托社区委员会平台，通过民主协商遴选项目并参与监督评价，变自上而下的行政型服务为自下而上的需求型服务。

（3）以工作机制为切入点，提升社会力量可持续参与的能力

在行政力量推动的有利形势下，着力挖掘社区共治的内生动力机制。第一，强化“问题”意识。围绕群众“急难愁盼”问题，查找社区治理重点议题，围绕社区议题，以各种方式吸纳社会力量参与。第二，开展多种形式的社区协商民主活动。在社区协商中，培育包括社会力量在内的治理主体的理性思维、参与意识、协调能力和社区共识。第三，以共治项目为抓手，推动社区共治的流程化、规范化、精细化，引导社会力量参与，在项目实施中，培育共同意识、梳理参与技术、固化工作流程。第四，逐步确立工作机制和工作制度的定型化。以社区基金会等工作制度为基础，推动社区共治的常规化和制度化运行。

（4）以主体能力建设为途径，推动社会力量参与社会治理

第一，社会组织能力建设。目前能力培育主要集中在社会力量组织层面，应当及时提升社会力量的网络协作能力。分工合作的协同能力，是下一步社会组织能力培养的重点。第二，进一步向社会组织开放参与空间。以政策和法规为基础，在政府购买服务中继续向四类社区社会组织倾斜。第三，畅通参与渠道，营造参与环境。建立公开透明、简明方便的各类管理程序，为政府购买服务、社区评估、社会组织参与提供更为科学有效的依据。第四，增强社区共同意识。进一步在基层共治和自治项目中增强社会力量的社区共同意识，强调社会组织的重要主体地位和重要依托功能。

二　社会组织参与社会治理评价指标体系

（一）评估设计

1. 评估原则

通过国内外理论分析和评述，本文遵循了明确评估指标设计的原理—数据准备—挖掘工具选择与“过拟合”处理—数据仓库构建—评估指标体系确定的流程。

（1）明确评估指标设计的原理

从本质上来说，评估指标设计是一个逐层赋权聚类问题。

（2）数据准备

数据准备阶段需要完成四个方面的工作：廓清数据挖掘的任务是进行指标的赋权聚类；进行数据选择，这需要从各种相关数据库、零散数据如统计年鉴、已有各类零散指标等建成任务数据库；进行数据预处理，即对数据选择过程产生的绩效评估数据进行甄别和再加工，检查数据的完整性、一致性；开发数据仓库，按照数据挖掘的步骤，在数据预处理完成之后，需要开发数据仓库和数据集市。

（3）挖掘工具选择与“过拟合”处理

神经网络通过不断学习，能够从未知模式的大量复杂数据中发现规律，并从数据样本中自动学习以前的经验，不需要繁复的查询和表述过程，并且能够自动逼近那些最佳刻画了样本数据规律的函数。同时，在聚类分析方面，人工神经网络能够自动优化级别并确定权重。鉴于神经网络的这些优点，利用 RBF 神经网络挖掘技术进行指标挖掘。然而，由于神经网络特有的“神经过敏”问题，在指标挖掘过程中会将许多本来不该软聚类的指标按照“软”的方式聚类，这样就会产生在同一个指标级别中夹杂着许多“异类”指标，需要用硬聚类的方式将其剔除，用数据挖掘的术语来说就是正则化，就是将“歪”的消除掉的意思。本文采用 BIRCH 分层聚类的硬聚类技术来对软聚类结果进行两次分层聚类，硬化它的软问题。

（4）数据仓库构建

从流程的继起关系来说，数据仓库是将各种传统的数据库、各种零散数据、各种潜在的信息通过主题聚焦、标准化、归一化等方式开发为面向主题的、集中的、稳定的、随时间不断变化的管理决策数据集合，但它本身还不是数据挖掘，仅仅是“有向数据”，它能发挥多大作用，还需要通过数据挖掘来实现；而数据挖掘也就是在已有数据仓库的基础上，利用各种数据挖掘技术来发掘数据仓库所隐含的知识、规则、模式等。课题组利用 Microsoft SQL Server 2005 软件的“表”功能，在处理原始数据——政府报告、年鉴、学术论文——国内外学者构建的评估指标时对其进行了 ETL，即抽取 (Extract)、转换 (Transform)、加载 (Load)，并按照自下向上模式，在先构建出数据集市的基础上建立了面向“四级指标”的评估指标数据仓库。

（5）评估指标体系确定

由于指标体系的设计实际上是一个在诸多可能的备选项中分层赋权聚类的过程，此处基于该思路，利用 Microsoft SQL Server 2005 软件中的 Microsoft Visual Studio 所提供的“神经网络”和“聚类分析”两个数据挖掘工具展开分层赋权聚类，并将其中的“过拟合”正则化，从而产生了一套基于海量数据挖掘、探索性的评估指标体系。聚类算法的目的在于如何把事例科学地分配到聚类中。在 Microsoft 系统中，聚类算法有两种截然不同的实现方式：通过 K-means 算法实现的硬聚类方式和通过期望最大化 (Expectation Maximization，EM) 方式实现的软聚类算法。硬聚类是基于 K-means 算法的聚类模式。K-means 算法以距离值的平均值对聚类成员进行分配。若对象属于一个聚类，则该数据一定比较靠近聚类的中心，距离通过使用欧几里得 (Euclidean) 距离近性度量。毕竟，若一个对象被分配到一个聚类，则该聚类中的中心位于所有被分配到该聚类的对象的中间，因此 K-means 算法的名字——K 的意思是打算分组的聚类数量。这种技术被称为硬聚类 (Hard Clustering)，因为每个对象都只能分配到一个聚类，聚类与聚类之间不相互连接，并且也不相互重叠。软聚类 (Soft Clustering) 是基于 EM 算法的聚类。EM 算法使用概率而非严格的距离进行度量，通过度量某对象的概率来决定该对象属于哪一个聚类。它不是为每一维选择一个点，然后计算距离，而是把每一维作为一个钟形曲线，计算平均差和标准差。当一个点落到一个钟形曲线内的时候，它以某一概率分配到某一个聚类，本文把这种技术称为“软聚类”，因为该算法允许聚类之间的重叠，并且允许模糊的边界。这种算法可以找出连接的聚类稠密区。

本课题的研究目的是，在评估指标分层聚类挖掘上，要求构建评估指标体系既要兼顾软聚类，又要兼顾硬聚类，解决这种聚类二重性的出路在于利用层次聚类方法，先软后硬。本文发现在 Microsoft SQL Server 2005 软件中改进 RBF 神经网络与 BIRCH 聚类两种工具组合可以有效解决这个问题，前者使分层聚类可以先用软聚类方式进行，后者则针对软聚类工具所具有的“过拟合”现象，对其进行“硬化”处理，即硬聚类，使聚类出的指标体系具有可操作性，这样就兼顾了指标聚类过程中的软硬二重性问题。本文考察了政府绩效评估指标设计的需求、各种聚类方法之后决定运用“RBF 神经网络 +BIRCH 分层聚类 = 综合聚类挖掘”的方式，在 Microsoft SQL Server 2005 软件系统中实现指标挖掘。

为了保证挖掘过程中数据的质量，本文通过 Microsoft Visual Studio 的“解决方案资源管理器”将之前建立的数据仓库激活，利用“多维数据库”中的“多维数据检验功能”对数据进行检验。接着，在“解决方案资源管理器”中选择“挖掘结构”的“Microsoft 神经网络”，这时软件提示“Microsoft 神经网络”算法使用梯度法来优化多层网络参数，以预测多个属性。它可用于离散属性的分类和连续属性的回归，这正好符合课题指标设计的需要。选择了“Microsoft 神经网络”之后，就可以把数据仓库中的所有数据集市导入神经网络挖掘结构，数据导入完成后确定了“事例”与“嵌套关系”，其中“嵌套关系”必须是一对多关系，这符合 RBF 神经网络两层预测的基本思路。经过综合聚类挖掘后，课题组得到了评估指标体系（见图 1）。

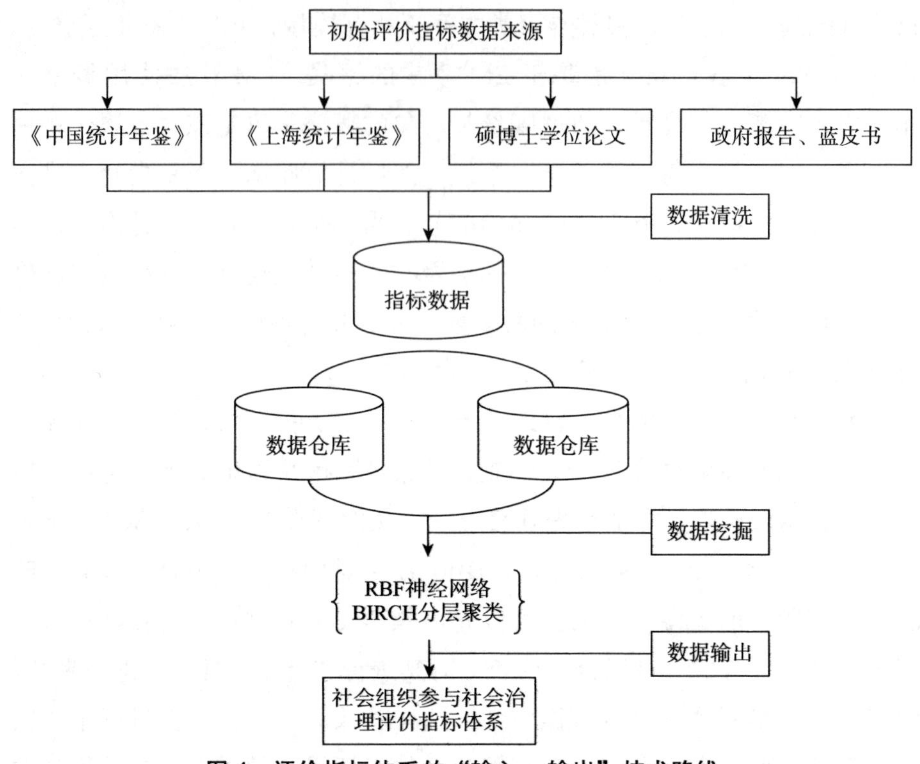

图 1　评价指标体系的“输入 - 输出”技术路线

2. 社会组织参与社会治理评价的目标

课题组以“1+6”系列文件要求为指导，在现有评价体系的基础上，提出“立体多维、指标科学、方法多样、程序完善、高效易用”的社会组织参与社会治理评价模型，力图对市、区、街镇社会组织参与社会治理的实际情况进行精准测量，为领导决策及社会组织发展提供有效参考。在指标选择上，本文围绕五大维度展开：（1）参与能力，着眼于“强”，包括万人社会组织比，社会组织承接服务项目的年度金额，5A、4A 级社会组织数量，社区社会组织数量，等等；（2）参与领域，着眼于“广”，包括社会组织参与治理领域等；（3）参与评价，着眼于“好”，包括居民知晓度、认同度、满意度等；（4）参与影响，着眼于“宽”，包括政府奖励、媒体报道等；（5）参与支持，着眼于“足”，包括政府购买金额，相关保障制度、管理情况，等等。

课题组力求将指标做细做深，通过普查和抽样两种形式，结合定性、定量两种方法集结相关数据，将结果以表格形式呈现。

3. 社会组织参与社会治理评价的指标体系

通过综合聚类挖掘后，在数据挖掘结果构建的评估指标体系基础上，课题组采用德尔菲法，邀请该领域的 3 名专家学者、1 名政府工作人员对指标体系进行打分评价，经过两轮打分，保留得分较高的指标，将得分最低的指标删除，并使用层次分析法确定评估指标的权重，具体操作如图 2 所示。

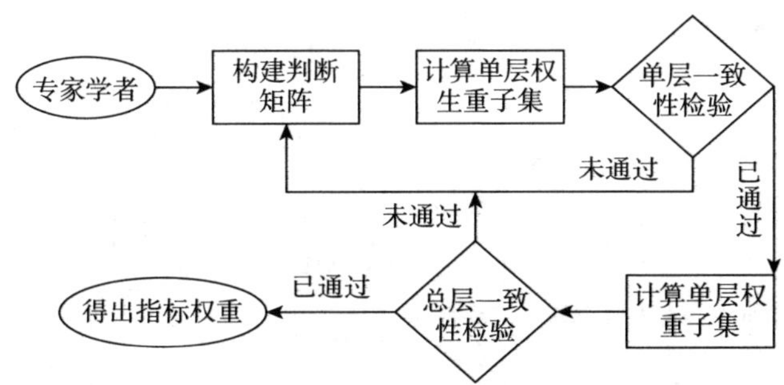

图 2　使用层次分析法确定指标权重的过程

在最终获得的评价指标体系中，一级指标包括能力指标、行为指标、绩效指标。能力指标之下包括二级指标：辖区拥有的社会组织、辖区拥有的社会组织人财物、辖区内社会组织年度总收支情况。行为指标之下包括二级指标：服务平台覆盖情况、政府购买服务支持情况、合作机制建设、合作关系质量。绩效指标之下包括二级指标：社会组织参与治理领域的情况、社会组织参与社区治理的程度、社会组织参与政府决策的情况、主 / 客观效果（公众知晓度、认同度、满意度，媒体报道数量，政府表彰、奖励）。该指标体系综合考虑了定性与定量、主观与客观、内部与外部等。指标体现在“区（街镇）社会组织资产评估指标体系”（见表 1）、“政府支持与合作水平评估指标体系”（见表 2）、“参与治理水平评估指标体系”（见表 3）三个方面，这三个方面构成了社会组织参与社会治理评价指标。根据专家打分计算，每个方面的权重分别为：（1）社会组织资产评估指标（100 分），权重 30%；（2）政府支持与合作水平评估指标（100 分），权重 30%；（3）参与治理水平评估指标（100 分），权重 40%。

表 1　区（街镇）社会组织资产评估指标体系

一级指标	二级指标	三级指标	用途	评价标准	指标分值与权重
能力指标	辖区拥有的社会组织	万人拥有社会组织比	评估指标	11 个	满分 10 分，权重 0.3，少一个减一分
		社区社会组织数量	描述指标	无	
		拥有 3A 级及以上社会组织的数量	评估指标	标准数量 = 辖区社会组织总数 ×0.5%	满分 10 分，权重 0.3，少一个减一分
		拥有社会组织的类型	描述指标	社会团体、民办非企业、基金会（结构比例）	
		拥有民办非企业的类型数量	评估指标	教育类、卫生类、文化类、科技类、体育类、劳动类、民政类、社会中介服务类、法律服务类、其他（覆盖率）	满分 10 分，权重 0.3，少一类减一分
	辖区拥有的社会组织人财物	注册志愿者人数占辖区常住人口比	评估指标	≥ 10%	满分 10 分，权重 0.3，少一个百分点减一分
		社会组织从业人员占非农人口比	评估指标	3%	满分 10 分，权重 0.3，少一个百分点减 3 分
		社会组织办公用房面积	描述指标		
		社会组织净资产总额	描述指标		
		捐款金额占 GDP 比重	评估指标	0.3%	满分 10 分，权重 0.3，少 0.1% 减 3 分
		每万人拥有的社工人员数	评估指标	6 个	满分 10 分，权重 0.3，少 1 个减 2 分
	辖区内社会组织年度总收支情况	社会组织年度总支出金额占辖区 GDP 比重	评估指标	2.5%，测量社会组织的资源获取能力和在社会服务中的地位和作用	满分 10 分，权重 0.3，少 1% 减 4 分
		年度总收入金额	描述指标		
		政府购买服务收入及政府补助收入占社会组织年度总收入比	评估指标	30%	满分 10 分，权重 0.3，少 10% 减 3 分
		年度收支比	评估指标	1:0.7	满分 10 分，权重 0.3，少 0.1% 减 1.5 分

表 2 政府支持与合作水平评估指标体系

一级指标	二级指标	三级指标	用途	标准	指标分值与权重
行为指标	服务平台覆盖情况	有无成立社区基金会	评估指标	100%	满分 10 分,权重 0.3,没有为 0 分
		有无成立民间组织服务中心	评估指标	100%	满分 10 分,权重 0.3,没有为 0 分
		有无成立社区社会组织联合会	评估指标	100%	满分 10 分,权重 0.3,没有为 0 分
		社会组织中建立党组织的比例	评估指标	100%	满分 10 分,权重 0.3,没有为 0 分
	政府购买服务支持情况	购买服务的信息是否公开	评估指标	是	满分 10 分,权重 0.3,没有为 0 分
		是否建立规范的购买服务流程	评估指标	是	满分 10 分,权重 0.3,没有为 0 分
		年度购买服务的金额	描述指标		
		购买服务的总金额与辖区常住人口比	描述指标		
		是否建立政府购买服务绩效评价机制	评估指标	是	满分 10 分,权重 0.3,没有为 0 分
		政府购买服务的资金到位率	评估指标	100%	满分 10 分,权重 0.3,少 10% 减 1 分
	合作机制建设	是否建立社区社会组织、社区建设和社会工作的“三社联动”机制	评估指标	是	满分 10 分,权重 0.3,没有为 0 分
		沟通协调频次	描述指标		
	合作关系质量	社区治理中重复购买社会组织服务的比重	评估指标	60%	满分 10 分,权重 0.3,少 10% 减 2 分

课题组根据上述内容构建了面向街道（镇）的社会组织参与社会治理评估模型（见图 3），具体操作方法为，课题组在指标数据采集中将综合使用总量分析（面向总体性的、易于收集的准确性数据）和抽样分析（面向不易大范围采集数据），在模型构建中将以层次分析法为基本技术，综合平衡计分卡、3E 评价、模糊综合评价法等其他相关评价技术。具体步

表 3　参与治理水平评估指标体系

一级指标	二级指标	三级指标	用途	标准	指标分值与权重
绩效指标	社会组织参与治理领域的情况	社区决策	评估指标	服务覆盖率 100%	满分 10 分，权重 0.3，少 10% 减 1 分
		纠纷调解			
		健康养老			
		教育培训			
		公益慈善			
		防灾减灾			
		文体娱乐			
		邻里互助			
		居民融入			
		农村生产技术服务			
	社会组织参与社区治理的程度	传播信息、发布消息	评估指标		满分 10 分，权重 0.3，少一项内容减 2.5 分
		咨询（在会议上表达意见以及意见作为决策的参考）			
		合作生产			
		共同决策			
		社会组织参与社区治理事务的问题解决率	评估指标	100%	满分 10 分，权重 0.3，少 10% 减 1 分
		社会组织年度开展活动的次数	描述指标		
		街道 / 社区拥有的群团数量	描述指标		
	社会组织参与政府决策的情况	街道 / 社区党委人员有无社会组织成员	评估指标	有	满分 10 分，权重 0.3，没有为 0 分
		党代表、人大代表和政协委员中有无社会组织成员	评估指标	有	满分 10 分，权重 0.3，没有为 0 分
		街道 / 社区进行决策，制度政策时有无召开社会组织参与的座谈会	评估指标	有	满分 10 分，权重 0.3，没有为 0 分
		街道 / 社区的工作计划、年度规划有无听取社会组织的意见、建议	评估指标	有	满分 10 分，权重 0.3，没有为 0 分

续表

一级指标	二级指标	三级指标	用途	标准	指标分值与权重
绩效指标	主观效果	公众知晓度	评估指标	100%	满分10分，权重0.3，少10%减1分
		公众认同度	评估指标		
		公众满意度	评估指标		
	客观效果	媒体报道数量	描述指标		
		政府表彰、奖励	描述指标		

骤包括：（1）调查对象的选择采用分层抽样和目的抽样两种抽样方法相结合的方式（见图4）；（2）研究过程设计选择定量与定性研究结合的方法，通过现场观察、访谈、问卷和公开数据等进行分析、评价（见图5）。

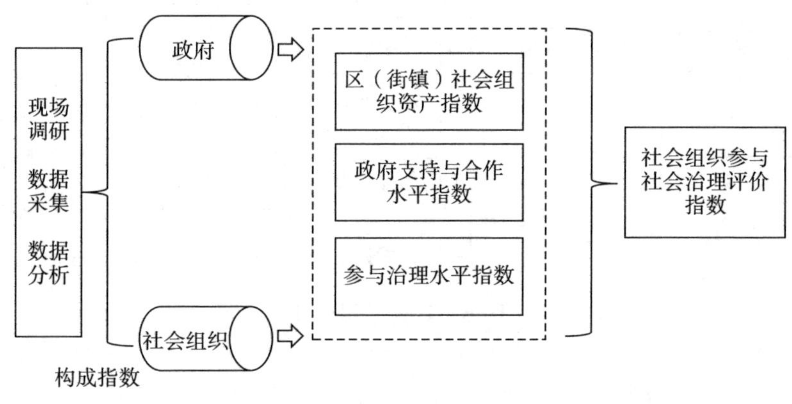

图3 面向街道（镇）的社会组织参与社会治理评估模型

研究为每个评估单元提供详细的评估分析报告，标明综合评估和维度评估的分布水平；各维度、各指标对评估结果的影响程度；评估单元在社会治理中的问题点、关键点。此次评估应当既是“考试”，又是“体检”。评估结果为评估单元开出治理“诊断书”，对数据进行汇总比较，进而判断每个评估单元的总体与分项情况（见图6至图9），并据此制定出评估单元在引导社会组织参与社会治理时的行动路线图。随着评估数据的积累，还可以增加时间维度的动态变化评估数据，持续观察变化的情况。

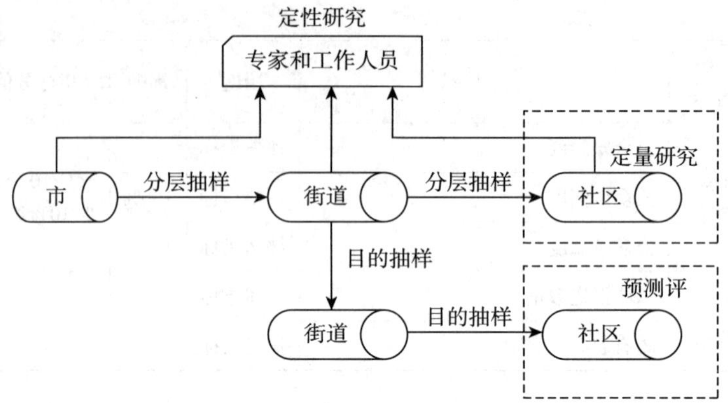

图4　调查对象的选择

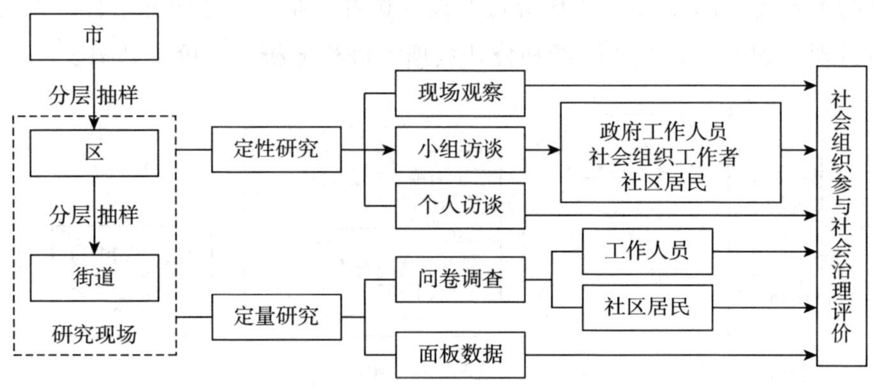

图5　研究过程设计

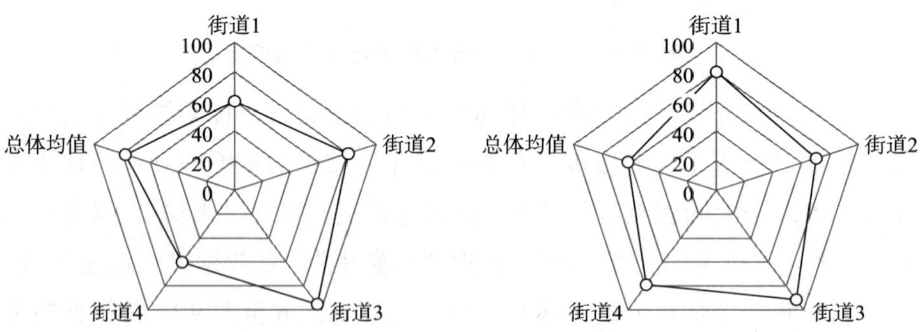

图6　评估对象的能力指标诊断　　图7　评估对象的总体指数诊断

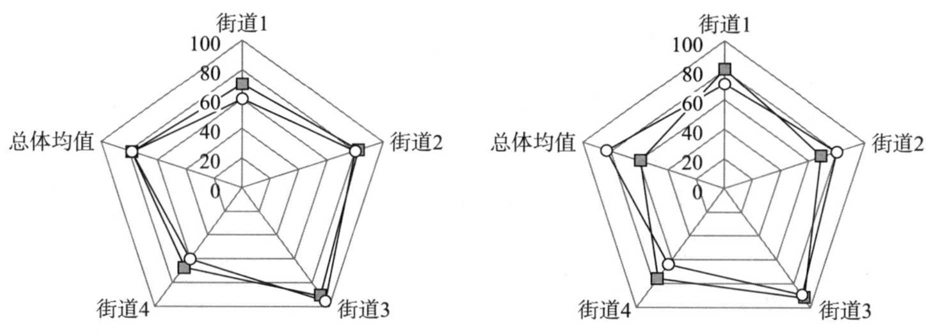

图 8　行为指标与总体指数对比　　**图 9　能力指标与绩效指数对比**

最后，针对“如何计算上海市的社会组织参与社会治理总体指数”以及与其他城市进行横向对比，课题组在面向街道（镇）的评价模型基础上进行了调整，提出了“超特大城市社会组织参与社会治理评价指标体系与评估模型”。面向整体情况的测量，主要由三个维度构成，即“参与能力、政策环境、参与绩效”，具体测量题项如表 4 所示。

表 4　超特大城市社会组织参与社会治理评价指标体系

一级指标	二级指标	三级指标	评价标准	指标分值与权重
参与能力	数量指标	万人拥有社会组织比	11 个	满分 10 分，权重 0.3，少一个减一分
		拥有 3A 级及以上社会组织的数量	标准数量 = 辖区社会组织总数 ×0.5%	满分 10 分，权重 0.3，少一个减一分
	结构指标	社区生活服务类、社区公益慈善类、社区文体活动类、社区专业调处类的比例	每万人拥有 1 个（四类各一个）	满分 10 分，权重 0.3，少一个减 2.5 分
		登记类型为“社会服务”的社会组织所占比例	10%	满分 10 分，权重 0.3，少 1% 减 1 分
	质量指标	年度接收到的捐款金额占当地 GDP 比重	0.3%	满分 10 分，权重 0.3，少 0.1% 减 3 分
		社会组织从业人员占非农人口比例	3%	满分 10 分，权重 0.3，少一个百分点减 3 分
		社会组织年度总支出金额占辖区 GDP 比重	2.5%	满分 10 分，权重 0.3，少 1% 减 4 分

续表

一级指标	二级指标	三级指标	评价标准	指标分值与权重
参与能力	平台指标	枢纽型组织平台建设水平（有无成立社区基金会/民间组织服务中心/社会组织联合会）		满分10分,权重0.3,少1个减3分
		社会组织中建立党组织的覆盖率	100%	满分10分,权重0.3,没有为0分
		建立协商共治平台的数量	100%	满分10分,权重0.3,没有为0分
政策环境	政府扶持程度	是否建立规范的购买服务流程	是	满分10分,权重0.3,没有为0分
		关于帮扶社会组织发展的政策、文件数量	在当地政府门户网站进行关键词检索。	1份文件记为1分,满分10分
		是否有社会组织孵化基地	是	满分10分,权重0.3,没有为0分
		是否把政府购买服务所需资金列入财政预算，设立专项	是	满分10分,权重0.3,没有为0分
	购买服务支持情况	政府购买服务收入及政府补助收入占社会组织年度总收入比	30%	满分10分,权重0.3,少10%减3分
		政府购买服务的资金到位率	100%	满分10分,权重0.3,少10%减1分
	参与公平度	属地外的社会组织参与数量	20%	满分10分,权重0.3,少1%减0.5分
		购买服务的流程是否公开	是	满分10分,权重0.3,没有为10分
	购买信息	购买服务的信息是否公开	是	满分10分,权重0.3,没有为0分
		购买服务的信息是否完整	是	满分10分,权重0.3,没有为0分
参与绩效	主观感受	公众知晓度	30分	满分100分，权重0.4，少1分减0.1
		公众认同度	30分	
		公众满意度	40分	

基于超特大城市社会组织参与社会治理评价指数具体计算过程如下，“参与能力”有10个测量指标，每个10分，总分100分，权重为0.3，将10个测量指标的分值进行加总后乘以0.3即可计算得出参与能力指数；“政策环境”有10个测量指标，每个10分，总分100分，权重为0.3，将10个测量指标的分值进行加总后乘以0.3即可计算得出政策环境指数；“参与绩效”有3个测量指标，公众知晓度为30分，公众认同度为30分，公众满意度为40分，总分100分，权重为0.4，将3类主观测量指标的分值进行加总后乘以0.4即可计算得出参与绩效指数；最后将计算得到的参与能力指数、政策环境指数和参与绩效指数相加得到社会组织参与社会治理评价指数，评估模型如图10所示。

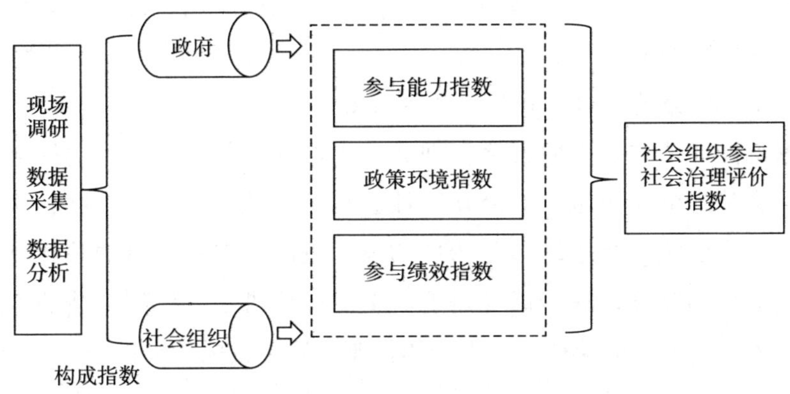

图10　超特大城市社会组织参与社会治理评估模型

三　关于开展社会组织参与社会治理评估工作的建议

（一）构建上海社会组织参与社会治理评估“三位一体”工作格局

目前，上海社会组织参与社会治理评估存在分散化、非专门化的现象，应当着力科学合理地整合散布于各个体系之中的评估内容，协调各条线和部门相互独立的评估工作。社会组织参与社会治理评估工作体系包括以下三个方面的内容。

1. 职能部门牵头进行的评估工作

建议上海市、区两级民政部门牵头开展社会组织参与社会治理的评估工作，在综合分析目前已有评估指标与工作机制的基础上，整合各类评估指标，探索分析更加准确反映社会组织参与社会治理水平的创新指标。对上海城市社会组织参与社会治理整体水平、区县社会组织参与社会治理的水平进行年度跟踪测评。

2. 第三方机构评估

建议采取购买服务方式，依靠第三方机构对上海市、区两级社会组织参与社会治理状况进行整体评估，对不同领域的参与状况进行专项评估。第三方机构评估侧重于对上海社会组织参与社会治理发展态势的趋势性评估、体现社会组织参与社会治理关键点的理论性评估、体现国际视野的战略性评估。

3. 面向社会治理对象和参与主体的主观性评估

主观性评估主要面向社会治理标的人群和参与主体，评测社会组织参与社会治理的实际成效，公众对社会组织治理行为的知晓度、认同度和满意度；确定社会组织参与治理的体制机制和聚焦项目的关键点；通过主观性评估制度，逐步确立自下而上的评估机制，提高评估的多元性和多主体性水平，推动社会治理合作机制和协作氛围的形成。

（二）开展区、街（镇）两级社会组织参与社区治理状况综合评估

（1）推广由社区居民作为评估主体的自下而上的评估工作。通过评估改进，促进社会组织参与能力提升和参与环境的根本性转变。

（2）根据社会组织参与社会治理评估工作数据，建立区、街（镇）两个层面的治理数据库。对各单位治理状况动态和水平波动进行分类和整体排名。基于数据的精准分析，以数据化、可视化的方法，分析社会组织参与基层社会治理的发展动态和发展趋势，精准确定优势劣势，讨论社会组织参与难的核心问题，解决社区治理难题，打好社区治理科学化的数据基础。

（3）将自下而上的群众评估与各级各类行政评估有机结合起来，逐

步简化合并多轨道评估的内容，做好对社会组织参与社区治理评估的系统化、全覆盖、清晰化、简约化的“一张表”评估。

（三）建立多元的评估工作体系

（1）根据当前评估指标的逻辑结构，建立能力性评估指标、功能性评估指标和创新性评估指标。以科学评估为基础，提供社会组织能力存量表、参与治理状况表、创新发展分析表，三类评估表为各级政府决策提供有益的咨询意见。

（2）指标体系注意区分基础性指标和关键性指标。基础性指标的评估为社会组织提供基本体检表，显示社会组织参与社会治理基本状况和基础水平；关键性指标分析影响社会组织参与水平的关键点和核心因素，为提升社会组织参与水平“关键一招”提供决策咨询建议。

（四）建立市、区两级社会组织参与社会治理的数据库和动态监测体系

在上述评估工作的基础上，逐步收集历史数据和动态信息，建立上海市、区两级社会组织参与社会治理数据库，构建上海城市社会组织发展的动态监测体系，具体包括：（1）研究社会组织参与社会治理的关键性指标构成，积累关键指标的历史数据；（2）分析社会组织参与社会治理整体水平变化与发展趋势，对上海市区、县社会组织发展水平进行横向对比监测；（3）在分析社会组织参与社会治理发展的关键指标的基础上，研究社会组织参与水平提升的规律性问题，针对聚焦领域和工作着力点提出指导性意见；（4）分析社会组织参与社会治理的难点和薄弱点，在科学分析相关指标的基础上，研判社会组织参与社会治理风险和发展趋势，对上海社会组织参与治理的安全水平进行精确监控。

政府购买社会组织服务

上海作为全国最早探索政府购买社会组织服务的城市之一，经过长期坚持不懈的发展和完善，购买服务制度日益完善，购买服务规模不断扩大，购买服务项目持续优化。目前，政府购买社会组织服务已经成为上海各级政府部门提供社会服务的普遍方式。全市建立起统一的政府购买社会组织服务供需对接平台，出台了政府购买社会组织服务规范合同示范文本，广泛开展各类公益创投和供需对接活动，择优推荐各领域社会组织的品牌服务项目，促进了社会民生的持续改善，也对社会组织的培育发展和规范化运作起到了重要的推动作用。

政府购买社会组织服务的问题与对策研究 *

崔杨杨 **

一 政府购买社会组织服务的理论基础

我国政府购买社会组织服务工作已经开展了二十余年，经历了从初步萌芽到蓬勃兴盛的发展之路。学术界和实务界在政府购买公共服务的必要性和可行性问题上逐渐达成共识。2013 年 7 月 31 日，李克强总理主持召开国务院常务会议，研究推进政府向社会力量购买公共服务。2013 年 11 月 12 日，党的十八届三中全会通过了《中共中央关于全面深化改革若干重大问题的决定》，指出要加大政府购买公共服务力度。目前多数研究默认将政府购买公共服务、公共服务合同外包和政府购买社会组织服务等同起来，认为这三个概念之间大同小异。值得注意的是，政府为什么要向社会组织而不是其他承接主体购买公共服务这个核心议题，还有待更深入细致的探讨。

（一）政府购买社会组织服务的制度逻辑

1. 公共服务供给的公共性与回应性

首先，不同于纯市场化运作的政府采购，公共服务的内在属性要求

---

* 2020 年度上海民政专项课题成果。

** 崔杨杨，中共上海市委党校（上海行政学院）社会学教研部讲师。

供给过程具备很强的公共性。承接购买服务的供给方如果以逐利为目的，则容易造成公共价值偏差。因此，相较于政府采购，公共服务供给过程需要参与主体能够以实现公共利益最大化为组织愿景，社会组织作为非营利组织，更加契合公共服务的核心目标，并且呈现行政公共性和社会组织公共性交叠与融合的复合型公共性。[①]同时，公共服务也需要回应民众的“急难愁盼”问题，社会组织扎根于社会领域，更容易倾听民众的心声，增强公共服务的回应性。

2. 社会组织的专业性与志愿性

就承接主体的性质而言，相较于企业，社会组织具备突出的公共服务专业能力，拥有一支高水准的社会工作专业队伍。社会组织在社区居民之中有社会信任度，能够及时回应居民需求，体现出较强的专业性。[②]特别是在民生保障、社会治理、行业管理、公益慈善等公共服务领域，很多服务项目都是不对服务对象收费的，利润空间小，鲜有企业愿意进入，社会组织具有崇高的志愿精神，解决了政府在这一领域供给能力不足的问题。

3. 国家与社会的互补性与共生性

经过几十年的快速发展，我国逐渐从“强国家、弱社会”向“强国家、强社会”转型。[③]研究表明，国家和社会之间并不是非此即彼的关系，可以达到强强联合的双赢局面。而且，国家和社会之间具有互补性，社会能够通过自下而上的方式填补国家权力难以触及的一些空白点。此外，国家和社会经过不断磨合与相互嵌入，逐渐形成了共生场域，彼此资源依赖程度不断加深。政府购买服务为国家与社会的关系带来了新的变量，即延续传统的大政府模式，也激发出新的竞争性社会组织发展模式。[④]

---

① 刘志辉、杨书文：《政府购买社会组织公共服务的公共性论纲》，《理论月刊》2019 年第 10 期，第 116~123 页。

② 徐家良：《政府购买社会组织公共服务制度化建设若干问题研究》，《国家行政学院学报》2016 年第 1 期，第 68~72 页。

③ 白平则：《论我国国家与社会关系改革的目标模式：“强社会、强国家”》，《科学社会主义》2011 年第 3 期，第 66~69 页。

④ 管兵：《政府向谁购买服务：一个国家与社会关系的视角》，《公共行政评论》2016 年第 1 期，第 131~150、185 页。

（二）政府购买社会组织服务的现实需求

1. 深化行政体制改革与转变政府职能

行政体制改革逐渐步入深水区，政府需要简政放权，转变职能，把适合市场和社会做的事情，交给企业和社会组织去做。在传统的计划经济体制下，我国公共服务大多由事业单位提供，政府通过全额财政拨款供养了数量庞大的事业单位人员，出现大量人浮于事、资源浪费的现象，甚至形成恶性循环的逆淘汰机制。[①]政府购买社会组织服务实现了从养人到买事的转变，降低了公共财政的负担，将市场竞争机制导入公共服务供给过程，使政府从“划桨”转向“掌舵”，能够更好地发挥政策制定和管理监督职能。

2. 提高公共服务的供给效率

中国经济进入新常态，政府的公共财政资金也日益紧张，政府不能再采用大包大揽的公共服务供给形式，需要提高公共服务的供给效率，用最小化成本达到最大化效益。句华的研究说明了政府购买服务的益处，中国政府采购总体的资金节约率十分惊人，年平均节约率超过10%，地方政府采购的资金节约率略高于全国，而服务类项目在所有类别中节约资金的效果最佳。[②]政府购买社会组织服务主要以项目化运作为主，与自主生产相比经济效率更高，而社会组织提供服务的社会效益也十分明显，释放社会组织活力，可以激发社会和民众的参与积极性。

3. 引导社会组织健康有序发展

截至2021年底，我国社会组织总量为901870家，比2020年增加了7708家。其中，教育、社会服务两个领域的社会组织数量占比分别是31.97%和15.24%，两者占总量的近一半。党的十八届三中全会明确提出“激发社会组织活力”的战略任务，但是由于社会组织规模小、数量多、结构松散，内部治理能力十分有限，很多社会组织始终没有很好地发展

① 王浦劬：《政府向社会力量购买公共服务的改革意蕴论析》，《吉林大学社会科学学报》2015年第4期，第78~89、250页。

② 句华：《中国地方政府公共服务合同外包的发展现状——基于二手数据的分析》，《北京行政学院学报》2012年第1期，第24~29页。

起来。政府购买服务为社会组织发展提供了政策指引、发展空间、资金支持和制度规范。[①] 历史证明，社会组织的发展并不是一帆风顺的，政府购买社会组织服务能够引导社会组织健康有序发展。

二 上海市政府购买社会组织服务的发展概况

近年来，上海市政府购买社会组织服务在项目总金额、项目数量、社会组织数量、审计评估参与率等方面都有明显增长。在社会组织承接的政府购买服务项目中，社会服务需求遥遥领先。党的十八大以来，政府购买社会组织服务逐步建立起较为完善的政策体系，中央和上海市政府都出台了一系列措施支持政府购买社会组织服务。

（一）政府购买社会组织服务的现状

1. 市级层面概况

近年来，上海市政府购买社会组织服务总体向好，呈现稳步增长的态势。在全市层面，民政局社会组织年检数据显示，2017~2019 年，政府购买社会组织服务项目总金额增长了 70.64%，项目数量增长了 29.63%，承接社会组织数量增长了 18.64%，参与审计或评估项目比例提高了 4.95 个百分点，20 万元以下项目数量占比略有下降（见表 1）。

按照社会组织服务所属领域划分，2019 年所有项目中社会服务占据 60% 以上的项目份额，排名第二的工商服务业只占 8%，而卫生、体育、教育、科学研究等的占比均在 5% 以下（见图 1）。这表明，在社会组织承接的政府购买服务项目中，社会服务需求遥遥领先。

表 1　上海市 2017~2019 年政府购买社会组织服务统计情况

	2017 年	2018 年	2019 年
项目总金额（万元）	97067	117632	165633

① 崔正、王勇、魏中龙：《政府购买服务与社会组织发展的互动关系研究》，《中国行政管理》2012 年第 8 期，第 48~51 页。

续表

	2017 年	2018 年	2019 年
项目数量（个）	4904	6056	6357
社会组织数量（家）	1041	1138	1235
参与审计或评估项目（%）	54.10	54.28	59.05
20 万元以下项目（%）	84.24	84.91	80.10

资料来源：社会组织年检数据。

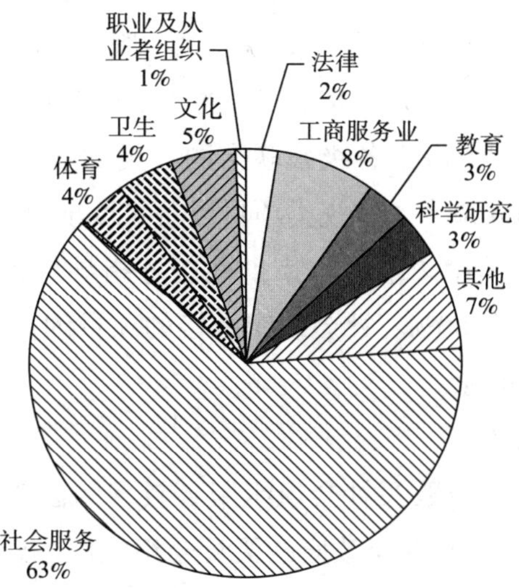

图 1　2019 年政府购买社会组织服务所属领域

必须说明的是，社会组织年检数据为各社会组织自主填报，并非强制填写，较大概率存在漏报、不报等情况。此外，全市层面各个委办局和群团组织负责相关领域的政府购买社会组织服务项目。

2017 年以来，上海市文化和旅游局的政府购买服务共执行预算 8804.13 万元，其中 2017 年 1900.01 万元、2018 年 2904.69 万元、2019 年 3093.37 万元、2020 年 1~9 月 906.06 万元。从类型来看，社会管理服务 4606.11 万元、行业管理与协调性服务 79.80 万元、技术性服务 449.32 万元、政府履职所需的辅助性事项 3668.90 万元。其中，政府履职所需的辅助性事项占比较高，占执行总额的 41.67%。

团市委近三年购买社会组织服务的主要项目资金达到2655.1万元，主要集中在12355上海青少年权益和服务保护专项服务项目、社区青少年服务管理和预防犯罪工作服务项目、青年社会组织联系服务引导项目和青少年社会工作专业人才队伍建设服务项目。截至2020年，团市委常态化联系的组织数量为2435家。

2018~2020年，上海市妇联的政府购买服务项目总金额分别是904.5万元、923.3万元和967.292万元。上海市妇联向社会力量购买“妇女儿童家庭服务项目”和“寻找公益创变客——妇女儿童家庭公益服务项目”两个方面的服务。截至2020年，妇联联系、服务3189家女性社会组织，直接参与购买服务的社会力量821家，主管20家市级女性社会组织。

2018~2020年，上海市各级残联会同各类助残服务机构开展政府购买助残服务项目700余个（常规类项目以每年度项目数计入合计数），总金额超过6亿元。其中，纳入本市助残服务指导性目录的项目占80%、连续性常规类项目占80%。社会组织承接的项目约占30%，承接项目的社会组织数量近150家。

2. 区级政府概况

在区级层面，政府购买社会组织服务较多的区年度项目金额超过1亿元。例如，静安区2019年政府购买社会组织服务资金规模达到1.1亿元，共有411个项目，但是2020年由于巡视组和纪委检查，政府购买服务资金大幅削减，只有7000多万元。杨浦区2019年全区政府购买社会组织服务项目总金额约16375万元，2020年为17757万元，投入增幅为8.4%。2019年项目总数为618个，2020年为624个，项目总数增加约1%，总体变化不大。2019年项目平均金额为26.50万元，2020年上升到28.46万元。由于财政紧张，政府购买社会组织服务项目的立项和预算数额都有不同程度的变化。2020年杨浦全区承接购买服务项目的社会组织共有333家。按照社会组织服务所属领域，社会服务类社会组织占比最大，达到43.16%。

3. 街镇政府概况

在街镇层面，政府购买社会组织服务的规模差异较大。黄浦区五里桥街道2020年政府购买社会组织服务金额为600万元左右，共有14个项目，平均项目金额为41.9万元。浦东新区金杨街道2020年政府购买社会组织服务总金额为2000万元左右，共有约70个项目，其中100万元用于购买社会组织服务中心运营服务。宝山区张庙街道2018~2020年政府购买社会组织服务项目数量28个，总金额773.95万元，平均项目金额为27.64万元。其中，宝山区公益服务项目16个，金额590.1157万元；创投项目3个，金额45万元；街道自主购买项目9个，金额138.83万元。承接项目的社会组织共22家，项目的重点在社区治理领域，如“自治金”、活力楼组、社区达人、社区微更新等。

（二）完善政府购买社会组织服务管理创新

1. 完善政府购买服务管理办法

2015年5月，上海市政府发布《关于进一步建立健全本市政府购买服务制度的实施意见》，同时发布《上海市政府购买服务管理办法》，对上海市政府购买服务的购买主体、承接主体、购买内容、预算管理、政府采购、合同管理、绩效评价、信息公开和监督管理等做出详细规定。2016年7月，上海市财政局、上海市民政局、上海市社团管理局联合发文《关于进一步支持和规范本市社会组织承接政府购买服务工作的通知》，支持和规范本市社会组织承接政府购买服务工作，促进和引导社会组织健康发展。2016年12月，上海市财政局、上海市民政局、上海市社团管理局在全国率先出台《上海市政府购买社会组织服务项目绩效评价管理办法（试行）》，提出要按照“合理公正、专业客观、简便易行、有效促进”的原则，开展政府购买社会组织服务项目的绩效评价。2021年5月，上海市财政局出台新的《上海市政府购买服务管理办法》，结合地方政府部门职能特点，明确了指导性目录与禁止性事项相结合的管理模式，并对预算管理、全过程绩效管理、信息公开等重点环节做了较为详细的规定。

2. 制定双重指导目录

2015年，上海市财政局制定了《上海市市本级政府购买服务实施目录》，将19项基本公共服务、12项社会管理服务、3项行业管理与协调服务、9项技术服务、13项政府履职所需的辅助性服务及其他服务事项推向市场，由符合资质的社会组织承接。2016年、2017年连续两年修订了《上海市市本级政府购买服务实施目录》。各区县也依据中央和上海市相关规定编制了辖区内的政府购买服务实施目录。

2014年，上海市委开展“创新社会治理、加强基层建设”一号课题调研，针对“购买主体找不到好的社会组织的问题”，提出了编制承接政府购买服务社会组织推荐目录的要求，由市社会团体管理局具体负责落实。2015年7月，《上海市承接政府购买服务社会组织推荐目录》在“上海社会组织网”发布，为社会公众提供查询服务。在2017年第七届公益伙伴日中，市民政局、市社团局等集中发布了一批承接政府购买服务的社会组织推荐目录，优化了2015版推荐目录，共有189家社会组织入选。2018年，上海市民政局修订出台《上海市承接政府购买服务社会组织推荐目录（2018版）》，共250家社会组织入选。

3. 建立双重管理平台

从2015年起，上海市财政局牵头建成并试运行了上海市政府购买服务管理平台，基本实现预算公开，并对实施采购、合同签订、验收评价予以全程管理，不断提高政府购买服务的规范化管理水平。黄浦、宝山、长宁、青浦等区也积极开展政府购买服务管理平台试运行前期准备工作，将各区政府购买服务纳入市财政局统一管理平台，政府购买服务的购买主体、承接主体共同使用并向公众开放，实行全市政府购买服务资源共享，同时确定平台功能、架构、职能部门工作职责以及工作流程等，加强在预算编制、预算公开、实施采购、合同签订、绩效评价、政策发布、建议咨询处理、监督办理等方面的政府购买服务管理。

2019年9月，上海市政府购买社会组织服务供需对接平台正式上线运行，重点解决购买主体和承接主体信息不对称、相互难对接等问题。通过探索建立信息充分、多方参与、使用便捷、全市统一的政府购买社会组织服务供需对接平台，鼓励、支持优秀社会组织跨区域承接政府购买服务。供需对接平台发布的信息为政府采购限额以下的面向社会组织购买服务的项目信息，与市财政部门政府购买服务管理平台相互错位、信息共享。

作为购买服务主体的相关政府部门和作为承接服务主体的社会组织都可以发布、查询和使用政府购买社会组织服务的相关信息，有利于实现供需双方的信息对称和供需匹配，同时有利于打破区域之间的壁垒，实现社会组织的跨区域竞标服务，促进公平竞争，形成社会组织品牌规模效应。平台上线不久，已有 1500 个政府购买社会组织服务项目在该平台上发布，其中六成以上是基本公共服务类项目，预算总金额逾 3 亿元，20 万~50 万元的项目数量最多，占比超过 35%。与此同时，也有 200 多家社会组织发布了近 500 个可供政府购买的服务项目。

三　政府购买社会组织服务面临的普遍性问题

近年来，政府购买社会组织服务仍然面临一些普遍性问题，从宏观到微观的视角来看，主要包括制度体系不够健全、管理体制并未理顺、操作流程有待完善和治理技术亟待提升四个方面。

（一）制度体系不够健全

1. 政府购买公共服务领域缺少综合性立法的法律规制

中央政府和地方政府就政府购买公共服务出台了不少规范性文件，较高层级的政策文件是 2013 年 9 月国务院办公厅印发的《关于政府向社会力量购买服务的指导意见》和 2020 年 1 月财政部出台的《政府购买服务管理办法》。但是从法律效力层级来看，现有法律体系层级比较低，并不能满足法律主导的更高要求，不能进行长期的政策指导。政府购买公共服务的综合性立法需要反映政府购买公共服务的根本规律、基本原则和具体标准等，最好是由全国人大出台一部专门的“政府购买公共服务法”，进行法律规定。

2. 政府购买公共服务配套政策和实施细则缺乏整体性规划

目前政府购买公共服务的制度体系特别是配套政策和实施细则缺乏整体性规划。国家和地方各级政府出台的各类指导意见与管理办法更侧重于微观操作。随着实践的深入，政府购买公共服务的制度需求层次不断提高，在市场准入、招投标、财务资助、预算申报、人事管理等方面配套政策和实施细则的需求十分迫切。[①]因此，政府购买公共服务需要进一步完善配套政策和实施细则。

3. 政府购买公共服务与社会组织扶持政策的衔接不充分

2016年12月1日，财政部、民政部联合发布了《关于通过政府购买服务支持社会组织培育发展的指导意见》，规定"鼓励各级政府部门同等条件下优先向社会组织购买民生保障、社会治理、行业管理、公益慈善等领域的公共服务。政府新增公共服务支出通过政府购买服务安排的部分，向社会组织购买的比例原则上不低于30%"。但是在中央和地方政府出台的其他政府购买公共服务相关政策文件中，向社会组织倾斜的具体措施并未很好地落实，不同政策要求之间缺乏良好的衔接机制。同时，在现行税制下，很多社会组织需要像企业一样交税，这在一定程度上抑制了社会组织参与政府购买公共服务的积极性。研究表明，只有1/5的社会组织获得了免税资格，这让本就资金紧张的社会组织备感压力。[②]

4. 与政府购买社会组织服务相关的财税政策不尽合理

政府购买社会组织服务的预算管理、成本核算、财务审计等环节存在一些普遍性问题，需要进行财政政策调整。政府购买社会组织服务定价普遍模糊，对社工工资、专家培训费等预期过低，难以提供高水准的服务。人力资源成本开支是否能够列支没有统一的要求，大多数项目实际上很难列支。项目普遍不允许有资金结余，结余部分将被政府回收，因此社会组织即便做假账也会做平收支。管理费比例和要求也缺乏统一规范，有的项目需要10%，有的项目可以达到15%，甚至有部分项目不允许出现管理费条目。

---

① 赵宇新:《政府购买服务的实践困境及破解之道》,《科学社会主义》2016年第6期，第117~120页。

② 王玉明、王沛雯:《政府向社会组织购买服务：问题与对策》,《广东行政学院学报》2014年第1期，第10~15页。

（二）管理体制并未理顺

1. 政府购买公共服务管理模式不统一

上海各级政府购买公共服务管理模式主要有四种：一是谁购买谁管理模式，二是相关职能部门联合管理模式，三是设立专门委员会牵头管理模式，四是财政部门牵头管理模式。[①] 当前上海大多数市级、区级和街镇政府采用谁购买谁管理模式。杨浦区探索了区民政局同区发改委、区编办、区机管局、区社建办、区财政局联合会审进行立项审核的形式。静安区使用财政资金购买社会组织服务，由静安区政府购买社会组织服务联合会审工作小组统筹管理，其成员由区地区办、区财政局、区发改委、区民政局、区委编办等部门和相关领域专家组成。区联审小组负责全区政府购买社会组织服务项目的立项评审、推进指导和绩效监管工作。2020 年 3 月财政部施行的《政府购买服务管理办法》明确县级以上地方人民政府财政部门负责本行政区域政府购买服务管理。究竟应该使用何种政府购买公共服务管理模式，是否应该做到全市统一，目前还没有相应的政策文件进行规范。

2. 不同部门对政府购买公共服务的认识不一致

政府购买公共服务不仅涉及购买方和承接方，财政部门、审计部门、纪检监察机关乃至巡视组都会对政府购买公共服务产生很大的影响。更重要的是，不同部门对政府向社会组织购买公共服务的认识不一致。有的部门认为这些公共服务应当由政府自主生产，不能交由社会组织去做。静安区在政府购买公共服务和支持社会组织发展方面一直走在全市前列，但由于审计部门和巡视组认定存在问题，2021 年政府购买社会组织服务预算资金大幅削减，这打击了政府购买社会组织服务的积极性，不利于公共服务供给的稳定和社会组织的良性发展。

3. 基层领导者对政策理解与执行不到位

政府购买社会组织服务的政策落地需要基层领导者对相关政策有正确的理解和执行，但从调研反馈来看，基层领导者之间缺乏足够的共识。

① 刘志欣:《政府购买公共服务制度研究》(市民政局内部资料)，2014 年第 3 期。

如果街镇的主要负责人赞同政府购买社会组织服务，那么相关事宜较为容易推进。但是如果不支持，政府购买社会组织服务工作就很难开展。一些政府购买公共服务项目比较依赖社会组织负责人与政府主要负责人之间的私人信任关系，因此如果基层领导者出现更换，那么许多前任领导负责的政府购买公共服务项目也可能被终止。

4. 风险识别和防控机制尚未形成制度性约束

在上海市快速推进政府购买社会组织服务的过程中，一些地方政府及其内设职能部门的风险意识还比较薄弱，风险识别和防控机制还没有形成制度性约束。政府、社会组织和公众各自逐利而存在利益博弈，政府作为购买主体方面临信息不对称的逆向选择风险、监管缺失的道德风险和认识偏差引发的执行难风险，作为承接方的社会组织有财力不足的生存风险、主体性丧失的风险，公共服务接受者有自然转接的被动性风险。[①] 因此需要加强风险识别能力，找准风险点进行积极预防，同时构建起制度性的风险防控机制。

（三）操作流程有待完善

1. 购买内容的边界日益模糊

对于政府购买社会组织服务能够买什么，上海市区街镇等多层级政府都出台了相应的购买服务指导目录。目录提供的是有相对弹性的三级目录指标，并没有严格说明三级目录的具体内容。落实到各个具体项目，购买方具有一定的自由裁量权。因此，实际操作中购买内容主要依据购买方需求来制定，存在购买内容泛化的边界日益模糊倾向。此外，许多社会组织提供公共服务主要依靠开展各种活动，出现了活动泛化而服务不到位的现象。

2. 社会组织竞争有效性不足

根据《政府采购法》和《招投标法》的相关规定，公开招标必须满足三家投标组织的要求，如果没满三家则自动流标。很多政府购买公共

① 崔光胜:《政府购买公共服务中的利益博弈与风险防控》,《湖北社会科学》2017 年第 2 期，第 40~45 页。

服务项目也沿用了此条规定，但是社会组织的竞争有效性不足，为了满足三家开标的规定，出现了大量的陪标现象。为了保证内定社会组织的中标率，其余的陪标组织投标书都会制作得比较差劲，并没有达到竞争提升服务质量的预期效果。同时，标书都由内定的社会组织负责购买，一本标书的平均价格在800~1000元，如果一年需要投标6个项目，则需要购买18本标书，这意味着该社会组织在购买标书上将花费近2万元。此外，一些政府及其职能部门依旧设置不少隐性进入壁垒，为一些体制内的社会组织或自己培育的社会组织量身定做服务需求，并保持封闭固化的长期合作关系，形成“二政府”的伙计关系。

3. 财务规范性衍生出刻板化

政府购买社会组织服务大多采用项目制形式，财务部门要求预算中的每一笔资金流水都有项目记录留痕。① 课题组调研发现，目前上海市政府购买社会组织服务的财务规范过度细化乃至刻板化。这种刻板化管理保证程序完备，但也导致项目执行缺乏灵活性。同时，财务规范严苛给社会组织带来了大量的执行成本，无法将更多的精力放在提升项目的服务效果上。实践中，对于同一个项目，相对于企业承接，社会组织承接的财务规范要求高很多，这不利于调动社会组织参与政府购买服务的积极性。

4. 绩效评估的科学性不足

按照政府购买服务管理的要求，近年来上海市政府购买社会组织服务普遍进行了绩效评估，但是目前财务审计、项目评估和财政绩效三个不同概念之间的界限并不清晰，很多项目评估出现偏重财务审计轻视服务绩效的现象。首先，同类项目的运营管理与审计工作多为独立开展，缺乏同类项目间的沟通交流与横向比较，存在侧重台账管理的情况。其次，存在为了评估而评估的现象。一些评估机构反映，购买方很多时候需要的只是在最后提供一份评估报告满足管理程序，对绩效评估的结果则毫不关心，没有建立起全流程的绩效评估体系，绩效评估的科学性不足并趋于形式化。

① 顾丽梅、戚云龙:《政府购买社会组织服务资金管理困境与对策研究》,《浙江学刊》2019年第5期，第159~164页。

（四）治理技术亟待提升

1. 供需双方信息不对称

供需双方在信息发布和信息获取上存在信息不对称的情况。课题组调研发现，上海市政府购买服务管理平台自 2017 年建立以来，发挥的实际功效有待增强，基层政府参与的积极性不高，信息的有效性不强。自 2019 年市民政局建立上海市政府购买社会组织服务供需对接平台以来，该平台对 50 万元限额以下的项目起到了良好的信息分享作用，但是平台没有强制性，各委办局、区政府和街镇政府没有行政压力与考核约束，所以该平台的信息分享情况并不稳定。很多委办局和街镇政府会通过自己的网站或公众号发布政府购买公共服务招标信息，相对碎片化，社会组织难以及时获取。

2. 数字化治理水平不高

2010 年，上海正式提出“创建面向未来的智慧城市”战略，拉开了智慧城市建设的序幕。在智慧城市的大背景下，公共服务、社会治理等领域的信息化、数字化和智能化水平不断提升，数字政府建设在促进制度优势向治理效能的转换过程中发挥了重要的渠道和支撑作用，有利于全面推进国家治理体系和治理能力现代化。① 但是在政府购买社会组织服务领域，信息化尚未完全覆盖，数字化治理程度不深，智能化还未起步。在微观层面，项目管理主要依赖纸质台账，许多工作记录需要进行手写填报，承接项目的社会组织还需要填写大量重复性的总结报表。在宏观层面，部门壁垒和数据孤岛现象十分普遍，无法互联互通、整合利用，难以为社会组织和公众提供整合高效的公共服务。

3. 第三方评估缺乏规范

近年来政府大力推进第三方评估工作，第三方评估逐步被应用到政府购买公共服务项目中，但是第三方评估的发展历程不长，乱象丛生，亟须对第三方评估进行规范化要求。政治合法性缺位、法律合法性缺失、

① 汪玉凯：《数字化是政府治理现代化重要支撑》，《国家治理》2020 年第 14 期，第 3~7 页。

专业合法性有限以及社会合法性不足等促发了第三方评估的实践困境。例如，委托方要求第三方评估机构对某些承接组织轻审，没有违规性大问题即可通过；第三方评估机构提出的改进意见流于形式，“建议年年提、问题年年在”；社会组织对第三方评估出具的监测报告不认可，认为评估员不专业。[①]亟待加强对第三方评估的管理，使其评估标准能够更加贴近公共服务需求，提高第三方评估的合法性和权威性。

四　政府购买社会组织服务的对策建议

政府购买社会组织服务的主要目标是解决近年来反映突出的棘手问题，使政府购买公共服务能够实现高质量发展，对此可以从“注重建章立制，健全制度体系”“加强顶层设计，理顺管理机制”“提高管理效能，完善操作流程”“深化改革创新，提升治理技术”四个方面入手。

（一）注重建章立制，健全制度体系

1. 制定综合性立法与配套法律制度相统一的法律体系

目前我国政府购买公共服务还是依靠规范性文件，缺乏制度化的法律体系。建议在国家层面立法，出台一部综合性的政府购买公共服务法律法规，包含基本原则、内容范围界定、管理机制设置、法定程序、监管评估及纠纷处置等。这种立法的优势是权威性、统一性和可操作性强，单独立法解决了法出多门、效率低下的制度性问题。在统一的综合性立法之下，还需要与之相配套的法律制度，如社会组织法、政府购买服务招投标法等。[②]此外，中央各部门和地方各级政府也需要针对具体的政府购买公共服务行为出台配套的管理办法和具体措施，形成自上而下与自下而上相结合的法律体系。在国家没有立法之前，上海市可以考虑制定框架性的“政府购买公共服务”的地方性法律，解决上海市政府购买公

---

① 高丽、徐选国:《政府购买社会服务第三方评估的合法性困境及其重构》,《社会建设》2019年第6期，第43~52页。

② 王浦劬、郝秋笛等:《政府向社会力量购买公共服务发展研究——基于中英经验的分析》，北京大学出版社，2016。

共服务的整体推进难题。[①]

2. 围绕《政府采购法》不适应政府购买服务之处探索新路径

《政府采购法》目前已成为政府购买公共服务领域的上位法，政府购买公共服务被纳入政府采购的体系框架之中，但是也存在很多适应性问题。如果难以出台综合性法律，那么至少需要针对《政府采购法》不适应政府购买公共服务之处，向全国人大和中央政府提出修改《政府采购法》的建议或者出台“政府购买公共服务管理条例”。具体建议包括以下三点。第一，允许社会组织作为政府购买服务代理机构。目前企业性质的采购代理机构投标成本过高，加大了社会组织的财务负担。而且社会组织作为代理机构不再单独收取标书费用，由购买方统一支付。第二，建立专门的政府购买服务专家数据库。目前混用数据库导致大量的公共服务项目选用了专业不对口的评审专家，降低了招标评审的公信力。第三，专家评审过程向公众公开。允许投标组织和服务对象等群体旁听评审过程，以达到以评促建、教学相长的目标。

3. 调整财税、金融和优惠政策等扶持社会组织参与购买服务

目前政府购买社会组织服务的资金大部分来自部门预算，缺乏公共服务供给的可持续性和资金来源的稳定性，建议纳入统一的财政预算，同时与各项资助政策相结合。在社会组织发育程度较高、作用较明显的国家，政府一般通过购买服务等方式对社会组织进行扶持、引导，政府与社会组织之间双向互动良好。建议适时调整财税政策、金融政策和优惠政策等扶持社会组织，鼓励其积极参与政府购买公共服务。具体来说，通过财政拨款等方式，给予资金支持；鼓励金融结构对符合条件的社会组织给予信贷支持；完善对社会组织运营的税收优惠；政府对社会组织举办的规模较大、前景较好、社会急需的公共服务，给予贴息支持。

（二）加强顶层设计，理顺管理机制

1. 统一思想、达成共识，坚定深化改革的决心

推进政府购买公共服务需要统一思想、达成共识。首先，政府不同

① 刘志欣:《政府购买公共服务制度研究》（市民政局内部资料），2014 年第 3 期。

部门之间对政府购买公共服务的认识要相对一致，尤其是审计、纪检等监督主体对社会组织不甚了解，需要通过建立沟通交流渠道和开展专题教育培训等形式消除一些部门和条线的刻板印象，这有利于拧成一股绳、心往一处想、劲往一处使。其次，推动基层政府主要领导的认知转变，从“要我买”变成“我要买”。基层政府如果把政府购买社会组织服务当成上级指派的任务敷衍执行，那么项目效果会大打折扣。只有基层政府主要领导对购买社会组织服务理解透彻、达成共识，才能激发出最大效能。

2. 建立政府购买公共服务的统一平台和综合管理机制

目前上海市级层面主要有上海市政府购买服务管理平台和上海市政府购买社会组织服务供需对接平台这两个平台，但其实际使用率不及预期，缺乏强制性的保障措施。同时，两个平台之间相互独立，缺乏统一协调和数据对接。从管理规范的角度出发，建议在市、区、街镇三级政府建立统一的政府购买公共服务平台，不同部门的政府购买公共服务数据均要录入这一平台，以纳入考评体系等强制性手段保障数据传送的及时性和完整性。

目前政府购买公共服务在实施过程中出现的很多问题源于项目前期的服务需求评估、可行性分析和预算编制管理的缺失，对购买方即政府缺乏有效的制度约束。因此，需要鼓励各级政府建立综合管理机制，借鉴联合管理或者委员会牵头管理的形式，将发改委、编办、财政、民政、审计、纪检监察等职能部门联合起来，解决多头管理、重复购买和过度购买的弊端，增加规划立项、项目实施和绩效评估的科学性。

3. 强化风险意识，建立风险识别和防控机制

政府购买社会组织服务的风险是客观存在的，但可识别、可控制，因此不必因对风险过度担忧而质疑购买服务本身的合理性。政府购买社会组织服务要强化风险意识，建立以预警为主的风险识别和防控机制。具体来说：一是要完善风险责任评估机制，使购买方、承接方或第三方明确各自承担的风险和职责范围，杜绝相互推诿的“踢皮球”现象，一旦造成严重后果，相应主体必须承担应有责任；二是要建立购买风险

监控机制，找准风险点进行重点预防，降低风险发生概率；三是要建立“阳光”监督机制，“阳光”是最好的防腐剂，要将政府购买社会组织服务的相关信息主动向服务对象、社会公众和新闻媒体等外部监督主体公开。

（三）提高管理效能，完善操作流程

1. 设置正负清单，明确政府购买公共服务范围

关于政府购买社会组织服务的范围，西方国家有政府职能标准和民生标准等界定标尺。美国在服务边界的确定上倾向于将“政府固有职能”作为辨别某项政府职能可否外包的标准，采取了类似“负面清单”的方式，即列明不允许外包的事项，未列入的属于可以外包的事项。[①]民生标准即依据公共服务与民生密切程度来判定，如果密切就购买，否则就不购买。如法国就将社会公共服务项目进行分类，视其关系民生的重要性和关键程度来决定购买的深度和广度。[②]国内有学者从政府购买的必要性视角提出禁止性购买范围、确定性购买范围和裁量性购买范围三种划分方法。[③]也有学者更细致地结合行政任务、公共服务的功能、公民基本权利、政府职能转移四个标准，分出不属于购买范围的事项、不能购买的事项、可以购买的事项、应当购买的事项四类。[④]

南京市在全国率先出台了《2017—2018年度南京市政府购买服务负面清单》，明确了7大类36项230个政府职责项目不得通过购买服务的方式完成。因此，建议上海市级层面统一出台政府购买公共服务的“正面清单”和“负面清单”，以详细列举的形式明确政府可以购买和禁止购买的公共服务范围。此外，对于一些不在正负清单内无法直接判

① 常江：《美国政府购买服务制度及其启示》，《政治与法律》2014年第1期，第153~160页。

② 项显生：《我国政府购买公共服务边界问题研究》，《中国行政管理》2015年第6期，第38~45页。

③ 李海平：《政府购买公共服务法律规制的问题与对策——以深圳市政府购买社工服务为例》，《国家行政学院学报》2011年第5期，第93~97页。

④ 付士成、李昂：《政府购买公共服务范围研究——基于规范性文件的分析与思考》，《行政法学研究》2016年第1期，第107~116页。

定的公共服务事项，建议由各级政府的综合管理机构自主裁量决定是否购买。

2. 完善定价方法，增强财务管理的有效性

建议由市政府主导制定政府购买公共服务的定价方法，根据以事定费原则对公共服务标准、社工师的薪酬待遇做出规定。正视人力成本的支出，允许列支人员薪酬和福利经费，结合出台社工师的薪酬指导价。政府购买公共服务的特殊性在于，很多公共服务都是通过人来完成的，因此，不允许列支人头费或者把人头费做进活动项目里的方式都不甚科学。建议按照项目所需要的人力资源来计算人头费，直接列入项目预算，由市财政局牵头出台政府购买公共服务财务管理细则，将允许单独列支人头费作为细则内容落地。

建议放松对管理费的严格限制，由购买双方约定好管理费，30% 以内都是合理的。允许打统账，管理费提取好放进统一账号用于社会组织管理和发展，有异议在前置测算可以提出。按照社会组织的规范化评估等级和组织规模确定管理费比例，在 10% 到 30% 区间浮动计算。对于投标费、评估费等隐性支出，由购买主体和承接主体在签订合同时协商由何方支付。

3. 鼓励跨域竞争，减少隐性进入壁垒

各级政府应该加大力度鼓励社会组织跨域竞争。课题组在调研过程中发现，很多基层政府已经出现地方保护主义的苗头，购买主体设置隐性进入壁垒，外域的社会组织很难进入。跨域竞争的减少带来政府购买的内部化，形式性购买现象突出，社会组织成为政府部门的伙计而非伙伴。从长远来看，地方保护主义和隐性进入壁垒消解了政府购买服务制度的有效性。

政府购买社会组织服务需要形成充分的市场竞争，必须遵循市场而非政治的规律，通过社会组织之间的公平竞争和服务能力强弱较量实现优胜劣汰。各级政府必须秉承公开透明的原则，给予社会组织更多参与跨域竞争、做大做强的机会，实现信息资源流通共享。

（四）深化改革创新，提升治理技术

1. 加大信息公开力度，建设跨层级跨部门购买公共服务数据库

政府购买服务信息平台信息公开力度需进一步加大，对项目的绩效评价、追踪监督检查、民众意见、相关数据等都应该进行公开。健全和完善上海市政府购买服务管理平台和上海市政府购买社会组织服务供需对接平台，鼓励购买主体、承接主体积极参与，实现市区街镇信息资源一体化。通过平台及时发布和公开政府购买服务相关信息以及政策法规、通知公告等内容，实现政府购买服务的事前、事中、事后公开，提高政府购买服务的公开性、透明度。

除了上海市政府购买服务管理平台和上海市政府购买社会组织服务供需对接平台以外，上海市各委办局、区政府和街镇政府都有自己的管理平台，大多数互不相通，这导致一些项目重复购买难以察觉，优秀社会组织难以跨域发展。因此需要通过技术手段整合跨层级跨部门的购买公共服务数据库，以政府购买服务管理平台和政府购买社会组织服务供需对接平台为基础，统一管理全市的政府购买服务信息资源，并努力实现及时快速向公众发布。

2. 推进数字化转型，构建政府整体性治理体系

近年来，一些地方政府做出了数字化建设尝试。2019 年 11 月，杨浦区上线运行社会组织信息化评估管理系统“益信通”，在区内 12 家社会组织中开展试用。针对政府购买公共服务实践中存在的社会组织做台账吃力、项目进度跟进不及时、购买主体无法了解项目全轨迹运行等诸多薄弱环节，运用信息化手段，为社会组织运作自我监督、购买主体绩效评估、专业督导过程跟踪、服务对象反馈评价等提供更为便捷的渠道。未来要着力推进数字化转型，利用信息化、数字化和智能化手段，强化政府部门远程监管和统筹协调能力。借鉴杨浦经验，通过线上数据流与线下业务流的结合，再造政府购买社会组织服务的管理流程，推动部门间协同治理，构建政府整体性治理体系。

3. 规范第三方评估，提高政府管理人员的监管能力

政府购买服务第三方评估起步不久，存在使用不够规范的现象，这使政府和社会组织最终都将矛头指向第三方评估。建议推动政府购买公共服务第三方评估专业化、职业化，完善第三方评估主体资质管理机制，提高第三方评估的声誉激励作用，探索出一套符合实际需求和易于实践操作的评估方法。对于金额较小的政府购买服务项目，建议以自评为主，开展第三方评估之前进行必要性论证。出台第三方评估机构的正面清单和负面清单，避免行业乱象，增强第三方评估的合法性和权威性，引导政府购买公共服务第三方评估健康发展。

推进政府购买公共服务第三方评估规范化建设，同时要提高政府购买公共服务项目管理人员的监管能力。应当注重提升政府监管效能，购买主体督促社会组织严格履行合同，及时掌握服务项目实施进度，并根据实际需求和合同规定积极帮助社会组织做好与相关政府部门、服务对象的沟通协调工作。政府不能将监管责任完全交于第三方监管或者第三方评估，必须要提高自身监管水平。

政府购买社会组织服务定价研究*

崔杨杨**

上海市作为全国最早探索政府购买社会组织服务的城市之一，走出了一条富有上海特色的渐进式发展道路，逐步扩大购买服务资金规模，并且着重培育社会组织健康成长，但同时存在项目难以持续开展、成本导向定价逻辑、社会组织扶持差异等现实问题。从整体上看，上海市目前呈现定价政策碎片化、公开招标限价化和定向委托比价化三个特征。虽然上海市政府购买社区养老服务的购买金额整体偏低、政府主导收费价格并且社会组织多有亏损，但是项目承接竞争激烈。购买服务的合理定价能够实现政府购买服务经济效益，促进社会组织提升服务效率，便于购买服务项目绩效评估。

上海市政府购买社会组织服务定价需要确立四个基本原则，具体包括价格反应灵活，发挥市场决定价格作用；分类分级定价，充分考虑项目成本差异；综合评估价格，吸纳多元主体专业意见；允许项目结余，适当维护承接主体利益。同时，该定价机制需要明确优质优价而非低质低价的基本标准，建立购买双方的定价体系协商机制，对于急需的公共服务可适当提高定价等三点特殊要求。

政府购买社区养老服务应当采用综合定价法，既客观评定出服务供

* 2018 年度上海市决咨课题民政专项课题成果。

** 崔杨杨，中共上海市委党校（上海行政学院）社会学教研部讲师。

给的全部成本，又给予社会组织一定的绩效奖励。本研究总结出定价基本标准：政府购买服务价格≥服务总成本－服务总收益。服务总成本＝办公经费＋人员经费＋专业项目服务费＋管理费＋税费；服务总收益＝入托/入住服务收费＋政府补贴＋其他项目收益。其中，入托/入住服务收费＝入托/入住单价 × 服务时间 × 老人数量。

本研究将日间照护中心和长者照护之家作为调研对象，根据购买方式的差异得出五种主要定价模型。第一，收支平衡法：政府购买服务价格＝服务总成本－服务总收益。第二，微利定价法：政府购买服务价格＝（服务总成本－服务总收益）×（$1+r$）。第三，自负盈亏法：服务总收益≥服务总成本。第四，购买纯管理服务法：政府购买服务价格＝管理人员费用＋项目管理费。第五，风险定价法：政府购买服务价格＝床位风险点 ×（服务成本－服务收益）。收支平衡法和自负盈亏法是当前实践中较为常用的定价形式，购买纯管理服务法也有一些实践案例，但微利定价法和风险定价法鲜有应用。本研究发现，微利定价法是今后可以尝试推进的方法，以扶持社会组织成长。自负盈亏法和购买纯管理服务法根据具体情境也有相应的应用空间。

一　上海市政府购买社会组织服务的发展

（一）上海市政府购买社会组织服务概况

从20世纪90年代开始，上海市作为政府购买公共服务的领路者，一直走在全国前列。1996年，上海市浦东新区政府率先通过服务外包形式，由上海基督教青年会运营罗山会馆，打破了以往依靠政府单方面投入和管理的机制。2000年，上海市在机构养老方面探索政府购买公共服务，对民办养老院的床位给予开办和运营补贴。2003年，上海市、区两级政法系统成立了三个专业性社会组织，通过购买的形式提供社区矫正、青少年关怀和社区戒毒专业服务。2009年下半年，上海市民政局在全市层面开展公益招投标和公益创投项目，通过开放、透明和竞争的方法为社会组织注入资金和提供政府支持。①

社会组织的发展和成熟是政府购买社会组织服务的基础条件。上海市作为社会组织的发展重镇，各级政府给予社会组织充分的成长空间，出台大量推进社会组织发展的政策规章，社会组织呈现高速增长的态势。2001 年，上海全市仅有社会组织 3878 家，其中社会团体和民办非企业单位在 2000 家左右，而基金会仅有不到 50 家。到 2017 年底，上海市社会组织的数量已经达到 14931 家（见图 1）。2001~2017 年，上海市社会组织的数量迅速增长，总数增长了约 3 倍，上海市对社会组织的扶持力度可见一斑。虽然社会组织数量成倍增加，但是上海市的社会组织仍然存在“大政府”的惯性，社会组织自主发展动力不足，组织规模小、成立时间短、专业性不强、对政府的依赖严重。

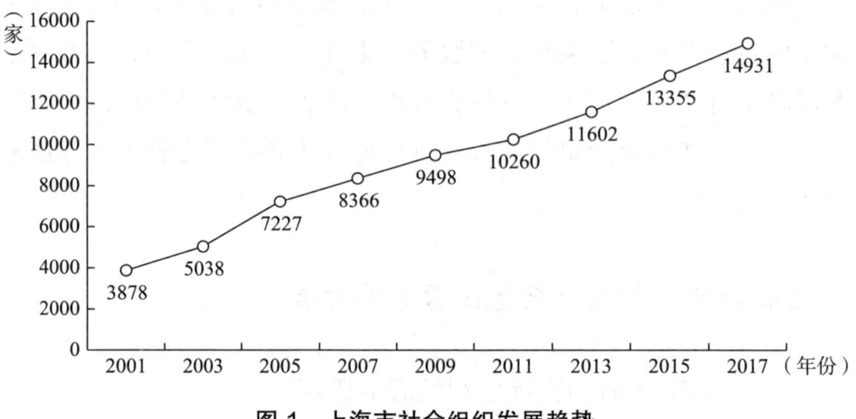

图 1　上海市社会组织发展趋势

资料来源：上海市社会组织网，http://www.shstj.gov.cn/node2/node3/n8/n132/n133/u8ai9543.html。

（二）上海市政府购买社会组织服务的特点

上海市政府购买社会组织服务走出了一条富有上海特色的渐进式发展道路，扩大政府购买服务资金规模，并且着重培育社会组织健康成长。

① 敬乂嘉：《政府与社会组织公共服务合作机制研究——以上海市的实践为例》，《江西社会科学》2013 年第 4 期，第 165~170 页。

1. 探索渐进式发展道路

上海市作为全国最早开始进行政府购买社会组织服务试验的地区之一，已在该领域深耕 20 余年，走渐进式发展道路，不急于求成。在 2009 年之前，主要是浦东新区、静安区等区县的局部试点，购买方式多以定向委托为主，到公益招投标正式启动才开展全市层面的大规模、竞争性政府购买服务。公益招投标在服务提供、成本节约、公平竞争、培育社会组织等方面都取得了突出成效。渐进式发展为上海市政府购买社会组织服务发展奠定了牢固的基础，很少出现购买资金滥用和社会组织非理性扩张等问题。

2. 扩大政府购买服务资金规模

最初上海市政府购买社会组织服务的资金并不明确，偶然性比较大，民政系统主要利用福利彩票公益金的资金，但是福利彩票公益金有特定的受益人群，因此资金覆盖面有限。政府逐渐将购买社会组织服务的资金纳入预算内，进行标准化管理，并保障了资金的延续性。目前政府购买社会组织服务资金主要有三个来源：（1）专项发展资金，如闵行区、静安区、虹口区等相继设立了社会组织发展专项资金；（2）财政预算资金，如上海市政法系统每年拨款 6700 多万元；（3）政府性资金，上海从 2009 年开始利用福利彩票公益金探索建立了公益创投和公益招投标制度。[①] 截至 2017 年底，市区两级累计投入资金 5.63 亿元，实施公益项目 1618 个，支持社会组织超过 500 家。

3. 培育社会组织健康成长

上海市在 2009 年以前只有较少由体制内发起的社会组织，社会力量并不充分。因此，政府购买社会组织服务不仅要规范服务供给模式与流程，还要发挥培育社会组织和鼓励多元参与的作用。上海公益招投标和公益创投同时启动，推动创新型社会组织的成长，通过引入“公益创投”概念，选取优秀社会服务项目，资助处在初创期的社会组织。2016 全年，

① 肖春平、曾永和：《上海：探索完善政府购买社会组织服务机制》，《中国社会组织》2013 年第 10 期，第 15~17 页。

全市社会组织总收入中来自政府的资金达到 113 亿元。①

（三）上海市政府购买社会组织服务存在的问题

上海市政府购买社会组织服务在取得突出成效的同时，也暴露出一些问题，需要进一步改革和完善，主要体现在以下三个方面：项目难以持续开展、成本导向定价逻辑和社会组织扶持差异。

1. 项目难以持续开展

目前政府购买社会组织服务多采用项目制的形式，按年度举行招投标或定向委托事宜，每年都会经过预算立项并签订购买合同。因此，很多项目都是一个年度的短期项目，而下一个年度随着政府计划调整或是负责人更迭而陷入不确定性之中。在上海市公益招投标实践过程中，前四个年度共有 678 个项目，但延续性项目占比不大，大约为 13%。短期项目不利于培养初创性质的组织，也不利于为民众提供连续性的服务。

2. 成本导向定价逻辑

在当前财政预算约束和项目运作模式的双重作用下，政府购买社会组织服务的主要逻辑是成本导向定价，而非需求导向定价。成本导向定价是按预算来确定服务价格和选定承接组织，而需求导向定价是按满足民众服务需求来估算服务价格并挑选承接机构。②因为有预算上限的硬性约束难以突破，某一组织能在既定总价内提供更多的服务内容就更有可能中标，但是服务质量无法保证。这驱使社会组织压低供给价格，而忽视提高服务水平。

3. 社会组织扶持差异

目前上海市的社会组织主要存在由体制内发起和由体制外发起两种形式，体制内发起的社会组织在政府信任度和资源可及性方面具备体制外组织难以比拟的优势，体制内社会组织更容易获得各种购买服务项目。在政府购买社会组织服务初期，社会组织相对匮乏，因此地方政府愿意

---

① 傅闻捷:《上海积极扶持优秀社会组织承接政府购买服务》，http://www.sohu.com/a/192201250_362042，最后访问日期：2023 年 10 月 8 日。

② 彭少峰、杨君:《政府购买社会服务新型模式：核心理念与策略选择——基于上海的实践反思》,《社会主义研究》2016 年第 1 期，第 91~97 页。

接受跨区域投标和草根组织的介入，但是随着政府购买社会组织服务的发展，一些地方政府开始自己发起类似的社会组织或者由离退休公职人员等成立社会组织来承接项目，这类组织由于天然的“血缘”关系，能够轻易取代外来的社会组织，因此体制外社会组织在购买服务激增的形势下反而处境日益艰难。

二　上海市政府购买社会组织服务定价现状、问题与必要性

（一）上海市政府购买社会组织服务定价的一般特征

从整体上看，上海市政府购买社会组织服务定价还处于较为初级的发展阶段，没有形成系统的定价政策和定价标准，呈现定价政策碎片化、公开招标限价化和定向委托比价化三个特征。

1. 定价政策碎片化

无论是养老、助残、济困、扶幼还是其他公共服务领域，政府购买社会组织服务在定价方面并没有统一的政策或标准，定价略显混乱。[①] 因此各级政府在实践时主要依据自身财力和心理预期来决定购买服务金额。政府购买社会组织服务定价政策目标是复杂多重的，既包含经济性指标，也包含政治性要素和社会性需求。[②] 首先，公共服务的属性不同于可量化的物品，具有较强的定制特性，在购买服务早期很难精确定价。其次，政府的成本定价逻辑导致即使是同一类型服务，不同地区政府给出的价格差异较大，而社会组织只有接受报价或退出合作两种选择，讨价还价的空间不大。

2. 公开招标限价化

当公开招标时，政府给出一个招标上限价格，而投标组织基本按照略低于这一限价的原则来制作项目预算表。根据上海市目前政府购买服

① 徐家良:《政府购买服务与社会组织发展》,《杭州》(周刊) 2018 年第 11 期，第 42~43 页。

② 崔军、张雅璇:《政府购买服务定价的核心推定与策略安排》,《行政管理改革》2016 年第 8 期，第 47~52 页。

务的管理政策，一般20万元及以上的项目需要进入政府购买服务管理平台进行招投标，20万元以下的项目不做强制要求。投标组织很难对服务标价提出异议，只有通过自我调整来满足服务标的。而且当前服务评标体系并不健全，投标价格作为影响因素占比不小，因此社会组织给出的价格越低越有机会中标。

3. 定向委托比价化

当使用定向委托时，政府不再需要给出一个明确的价格，一般是与自己先前相似项目或其他政府机构同类项目进行比价，再由社会组织提交预算表，双方讨论后给出最终的合同金额。进入定向委托方式的社会组织一般与委托方建立起互相信任的关系，但政府的预算上限也已基本确定，很难调高购买合同金额。而且为了简便易行，目前定向委托的合同价格一般不会超过20万元。一些大的项目通过拆分为数个20万元以下小项目的形式来规避政府购买服务招投标程序。

在以上两种主要方式中，无论是公开招标还是定向委托，受限于政府预算，社会组织对购买服务定价的实际影响比较小，只能选择遵循既定价格来制定预算表和项目计划。[①] 这在一定程度上导致社会组织用削减成本的方式来实现项目收支平衡，难以保证服务质量，也缺乏服务对象满意度的反馈。

（二）上海市政府购买社区养老服务定价的现状与问题

针对上海市政府购买社区养老服务定价，本文收集档案资料和调研访谈信息，总结出以下四点现状，力图揭示存在的问题。

1. 购买金额整体偏低

在上海市政府购买社区养老服务的项目中，承接组织普遍反映购买服务金额偏低。为了规避20万元及以上项目的公开招投标程序，部分地区将购买金额设置到20万元以下，社会组织只能按照这一额度来配置服务人员和开展活动。在社区养老服务的总成本中，人力成本占了绝大

① 许源：《政府购买社会组织服务定价机制研究》，《学会》2015年第7期，第14~20页。

部分，如果使用原来的护理员队伍，由街道负责护理员工资，那么社会组织仅需每年向每人支付数千元的奖金，能够在 20 万元以内实现收支平衡。但若是外聘护理员，则工资和五险一金都需要由承接组织负责，人力成本会大幅增加，此时如果仍然设置 20 万元以下的限额，社会组织按质按量配置相应人员并完成服务要求，则必然会出现亏损。

2. 政府主导收费价格

不同于其他纯支出的服务项目，社区养老服务的特点在于能对服务对象收取一定的费用来弥补支出的空缺。如果政府购买社区养老服务的金额较低，那么提高服务收费价格也能保障项目的正常运作。但是在日间照护中心和长者照护之家的项目中，社会组织和企业的协商议价能力较弱，主要由政府决定收费价格。有的中心城区日间照护中心收费低至 160 元 / 月，一些地区的长者照护之家，政府采用自负盈亏的模式让第三方承接，但同时限定了服务价格，因此社会组织亏损的风险陡增。

3. 社会组织多有亏损

本研究深度访谈了 10 余家社会组织和企业，除了少数项目能实现收支平衡，大部分项目都有不同程度的亏损。尤其是在项目早期，老人入托 / 入住率不高的情况下，如果政府不提供资金支持，那么社会组织需要自掏腰包，投入大量资金进行补贴。而且政府购买服务的资金有时不能及时到位，需要社会组织垫付前几个月的运营开支。没有雄厚资金的社会组织难以为继，因此承接社区养老服务的少有纯公益背景的社会组织，多是社会组织和企业两块牌子一套人马，而且拥有华润、复星、世联行等大型商业集团作为支撑。

4. 项目承接竞争激烈

在前述三点的客观约束下，按照逻辑来讲社区养老服务的吸引力并不高，但是实际上社会组织和企业对承接社区养老服务的热情不减反增，竞争非常激烈。这是因为承接组织看中了社区养老服务项目的平台和宣传作用，借承接日间照护中心或长者照护之家打开服务地区的长护险业务和居家养老服务。设施点是否亏损并不是承接组织的首要考量因素，即使出现亏损，它们也会做下去。在这种情形下，街镇政府也相对缺乏动力去改变当前购买服务的定价现状。

（三）上海市政府购买社会组织服务定价的必要性

当前上海市政府购买社会组织服务的定价存在一些不足之处，建立良好的定价机制势在必行。购买服务的合理定价能够实现政府购买服务经济效益，促进社会组织提升服务效率，便于购买服务项目绩效评估。

1. 实现政府购买服务经济效益

政府购买社会组织服务最直接的目的就是提升经济效益，把一些政府没有精力做或做不好的服务交由社会力量去完成。只有明确了政府购买服务的定价机制，才能让政府从“买得多”向“买得好”转变，为民众谋福利。

2. 促进社会组织提升服务效率

当政府能够进行合理定价时，社会组织也需要通过提升服务效率来满足政府需求。社会组织的良性发展不能简单依靠政府的补贴和投入，而是需要表现出专业性和独立性。在上海市政府购买社会组织服务的推动下，一些大型的、跨区域的社会组织不断涌现出来，它们的竞争优势就是用服务效率和服务质量建立起的口碑与声誉。

3. 便于购买服务项目绩效评估

政府购买社会组织服务定价作为购买流程中最初始的一环，直接影响了后续项目监管和项目绩效评估。定价的各个细分项清晰合理，就意味着购买服务内容得到明确，可以为绩效评估提供评判标准。最终完成项目时各类开支也不应当与购买定价出入过大，同时购买内容也不应该减少服务项目数量或降低服务水平。

三　上海市政府购买社会组织服务定价的一般原则与特殊要求

（一）上海市政府购买社会组织服务定价的一般原则

上海市政府购买社会组织服务定价不同于公用事业产品定价，如水、电、煤气等市场化产品，其自身调节能力较弱，市场规模不大。在对政府购买社会组织服务定价时需注意以下四个原则。

1. 价格反应灵活，发挥市场决定价格作用

在自由市场的环境影响下，政府购买社会组织服务的价格并非一成不变的。政府购买服务的人力成本、活动开支明细等需要与市场接轨，根据市场价格及时调整，避免出现较大差异。例如，政府购买居家服务的价格是 19 元 / 小时，而市场居家服务的价格是 35 元 / 小时起。如果已有明细定价与市场价格差距过大，那么需要适当提高政府购买服务的价格，充分发挥市场的决定性作用。

2. 分类分级定价，充分考虑项目成本差异

上海市作为我国特大城市的代表，自身的地区差异也比较明显，同类服务内容在不同地区会存在定价上的差异。同时，不同业务能力的社会组织在提供同类服务时质量差异也比较大。例如，上海市中心城区和郊区之间的用工成本会有上千元的差距，而提供养老服务的社会组织如果多是年轻护理员和专业技术人员，其服务质量和服务成本也会高于退休返聘人员和 4050 人员。因此不能采取“一刀切”的方式，以单一的价格和标准规定全市所有地区，而应分类分级定价，充分考虑不同项目的成本差异。

3. 综合评估价格，吸纳多元主体专业意见

目前政府拥有绝对的定价话语权，无论是购买服务价格还是收费价格都由政府说了算。因此部分项目的定价逻辑已经从“办好这些事至少需要多少钱”演变为“有多少钱办多少事”。购买服务价格过高会浪费公共资源，而购买服务价格过低不利于吸引好的社会组织参与，可能造成“劣币驱逐良币”，扰乱供给市场。[①] 因此需要综合评估价格，让社会组织和专业审计机构等多元主体提供参考意见，也要满足服务对象的利益诉求。

4. 允许项目结余，适当维护承接主体利益

在目前的政府购买服务定价体系中，主流方式是按照收支平衡进行

---

① 许源:《政府购买社会组织服务定价机制研究》,《学会》2015 年第 7 期，第 14~20 页。

估算，因此对项目结余的处理方式并不明确。有的项目采用回收的方式，有的项目虽然默认可以结余，但是承接组织也不清楚是否能留用，所以有的组织自动上交结余以免引起麻烦。政府购买社会组织服务虽然是公益性项目，但是扶持社会组织发展也是购买服务的目标之一，因此需要明确承接主体在绩效评估完成后可以留用项目结余，用于社会组织发展建设。

（二）上海市政府购买社会组织服务定价的特殊要求

政府购买服务在坚持一般原则的同时，也要确立一些特殊要求来保障公共服务质量、维护社会组织权益和满足民众迫切需求。上海市政府购买社会组织服务定价需要确定优质优价而非低质低价的基本标准，建立购买双方的定价体系协商机制，对于急需的公共服务可适当提高定价。

1. 确定优质优价而非低质低价的基本标准

政府购买社会组织服务应当将优质优价而非低质低价作为基本标准，在当前限价较为流行的定价策略中，提供低质低价服务的社会组织更容易胜出。如果社区养老服务通过降低护理员水平和活动质量来压低价格，就达不到为民众提供优质服务的公共目标，同时会导致劣币驱逐良币，那些提供高质量专业服务的社会组织的生存空间被挤压，直至被迫退出市场。

2. 建立购买双方的定价体系协商机制

政府在当前的购买服务定价体系中占据绝对的主导地位，这对提高社会组织的参与性和能动性有一定影响。良好的政府购买服务项目需要购买双方相互尊重，都能表达自己的意见，只有这样，政府购买社会组织服务政策才能平稳推行。因此需要建立购买双方的定价体系协商机制，政府让渡部分话语权给社会组织，让它们充分表达出承接方的意见。

3. 对于急需的公共服务可适当提高定价

公共产品的特殊性决定了很难形成竞争的自由市场，甚至出现“如果政府不需要，就不会有市场”的情况。[①] 由于公共服务的供给市场主要来自政府的培育和扶持，一些急需但供给不足的公共服务如果采用常规定价很难吸引社会组织参与。对于这部分公共服务内容，政府可以适当提高服务定价，鼓励社会组织积极投入供给市场之中，培育出稳定的供给市场后可以再通过市场价格调整到合适水平。

四　政府购买社会组织服务定价一般方法

（一）政府购买社会组织服务定价的基本方法

根据已有理论和实践研究，本研究总结出目前政府购买社会组织服务定价的基本方法，详细阐释了各种方法的内涵，并对其优缺点进行比较（见表 1）。总的来看主要分为两大类：成本型定价法和激励型定价法。其中，成本型定价法包括完全成本定价法、平均成本定价法和边际成本定价法，激励型定价法包括预算价格上限法和固定价格奖励法。

表 1　政府购买社会组织服务定价的基本方法比较

类型	定价方法	具体内容	优点	缺点
成本型定价法	完全成本定价法	包含社会组织服务提供的全部成本核算，既有项目活动和人力开支等直接成本，也有组织管理的间接成本	①不会使社会组织出现亏损； ②调动了社会组织的积极性	①购买金额相对较大； ②成本准确核算较为困难
	平均成本定价法	根据其他相似项目和历史数据统计，估算出社会组织提供服务的成本均值	①社会组织不会大幅亏损； ②不允许社会组织获得超额利润	①成本核算较为粗放； ②缺乏对服务质量的管制
	边际成本定价法	针对有一定服务收益的购买项目，用总成本扣除最大化服务收益	①政府的资金负担减轻； ②实现帕累托最优	①社会组织容易亏损； ②服务供给的不确定性大

① 詹国彬：《需求方缺陷、供给方缺陷与精明买家——政府购买公共服务的困境与破解之道》，《经济社会体制比较》2013 年第 5 期，第 142~150 页。

续表

类型	定价方法	具体内容	优点	缺点
激励型定价法	预算价格上限法	将政府能够给出的预算上限作为购买金额，不细化成本构成	①社会组织有微利空间； ②激励社会组织降低成本	①购买资金的随意性较强； ②服务难以有效监管
	固定价格奖励法	提前确定好购买服务价格，达到一定要求给予绩效奖励	①政府风险较小； ②激励良好绩效	①确定奖励额度比较困难； ②不公平和腐败风险

资料来源：马乃毅、姚顺波《污水处理费定价方法分类与比较研究》,《苏州大学学报》(哲学社会科学版)2010 年第 4 期，第 51~54 页。

研究发现，在政府购买社区养老服务定价中，不能单一适用某一种定价方法，应当采用综合定价法，既客观评定出服务供给的全部成本，又给予社会组织一定的绩效奖励。因为政府购买社区养老服务的服务收益普遍不高，使用平均成本定价法或边际成本定价法容易造成承接组织亏损，而没有绩效奖励则会使承接组织缺乏提高服务质量的动力。

（二）政府购买社会组织服务定价的基本标准

本研究总结出定价基本标准：政府购买服务价格≥服务总成本 − 服务总收益。服务总成本 = 办公经费 + 人员经费 + 专业项目服务费 + 管理费 + 税费；服务总收益 = 入托 / 入住服务收费 + 政府补贴 + 其他项目收益。其中，入托 / 入住服务收费 = 入托 / 入住单价 × 服务时间 × 老人数量。

服务总成本包括人员经费、办公经费、活动经费、项目管理费和税费五类。人员经费区分管理人员、外聘护理员 / 街镇护理员、护工、康复师、其他专业技术人员（社工、心理咨询师等）(见表 2)。针对社区养老计算，日间照护中心要求养老护理员、专业技术人员总数不少于 3 人，其与机构服务对象数配比一般不低于 1∶8，管理人员可以兼任。因此，如果使用 3 名外聘护理员，加金（指五险一金）每人每年最少 6.6 万元，合计 19.8 万元，不加金每人每年最少 4.2 万元，合计 12.6 万元。长者照护之家要求夜间工作人员不少于 3 人，加上管理人员和日间工作人员，一般 10 张床位至少要配备 7 人，因此人力成本比日间照护中心更高。

表 2 政府购买社区养老服务总成本

序号	成本项目	细分项	核算标准	预估金额
1	人员经费	管理人员	从业时间和经验	0.7 万 ~1.2 万元 /（月・人），8.4 万 ~14.4 万元 /（年・人）
		外聘护理员 / 街镇护理员	养老护理员上岗证或养老护理员职业等级证书：初级、中级、高级、技师	外聘护理员 0.35 万 ~0.6 万元 /（月・人），4.2 万 ~7.2 万元 /（年・人）；街镇护理员工资由街道支付，奖金 0.45 万元 1（年・人）
		护士	护士职称等级：护士、护师、主管护师、副主任护师、主任护师	0.5 万 ~0.8 万元 /（月・人），6 万 ~9.6 万元 /（年・人）
		康复师	康复治疗师资格证或康复保健师资格证	0.5 万 ~0.8 万元 /（月・人），6 万 ~9.6 万元 /（年・人）
		其他专业技术人员（社工、心理咨询师等）	相关职业技术证书	0.5 万 ~0.8 万元 /（月・人），6 万 ~9.6 万元 /（年・人）
		五险一金	按最低基数计算	0.2 万元 /（月・人），2.4 万元 /（年・人）
2	办公经费	环境布置、办公用品、水电煤、电话、网络费等	水电煤、电话、网络费等自付或由街道支付	根据实际使用测算，参考经费标准 0.6 万元 /（年・人）
3	活动经费	活动物资、讲座培训费、志愿者补贴等	依据具体开展的活动内容和频次确定	依据实际测算，日间照护中心参考经费标准：5 万 ~6 万元 / 年
4	项目管理费	用于社会组织运作	项目总金额 ×10%	
5	税费	依法纳税标准	项目 1~4 支出金额 ×5.65%	

在办公经费中，将环境布置、办公用品等均纳入其中。一些日间照护中心和长者照护之家在开办之时由承接组织负责软装设计工作，这类开支应当列入成本之中。如果由街镇支付水电煤、电话、网络费等费用，则不纳入成本计算范围。活动项目经费是依据实际开展的内容和频次来确定的，目前日间照料中心的活动较为丰富，经费使用在 5 万 ~6 万元 / 年 (见表 3)。项目管理费目前没有限额，既可能是 8%，也可能

是 15%，一般的标准是项目总金额的 10%。

表 3　活动项目经费参考标准

支出项目	费用	说明
生活照护服务	20000 元	理发、扦脚、助浴、间餐等
康复康乐活动	7000 元	康复康乐活动物资、医疗消耗品等
讲座培训费	6000 元	500 元 / 次、12 次 / 年
主题活动物资费	6000 元	500 元 / 次、12 次 / 年
志愿者活动补贴费	5000 元	共建活动志愿者交通补贴、饭贴等
社区融合活动费	6000 元	500 元 / 次、12 次 / 年
其他	0~10000 元	依据其他活动预算情况

因此，当日间照护中心有 24 张及以下核定托位数时，最少需要 3 名工作人员，如果采用外聘护理员的方式，那么需要的总成本为 35 万~40 万元，而如果是由街镇提供护理员，那么总成本可以控制在 10 万~20 万元之间。当长者照护之家有 10~30 张床位时，按照规定最少需要 7 名工作人员，总成本预计在 60 万~85 万元；而拥有 31~49 张核定床位，最少需要 11 名工作人员，总成本高达 90 万~125 万元。

在社区养老中，服务收益主要包括入托 / 入住老人缴纳的服务费，最终收益与服务单价和老人入住率成正比。日间照护中心的入托老人服务费按天或是按月收取，每天服务单价从 10 元到 80 元不等，每月服务费也从 200 元到 1600 元不等。如果服务单价过低，即使满负荷运作，承接组织也难以实现收支平衡。而长者照护之家入住老人的服务费按月收取，每月普遍在 3000~4000 元，有的承接组织能够自主定价，按服务项目能收取更多费用。此外，还应当注意实际入托 / 入住人数与核定托位 / 床位数之间的差别，日间照护中心和长者照护之家的平均入住率在 60%~70%。

政府补贴主要体现在对长者照护之家的床位补贴上，各区县政府给予运营补贴，自正式执业之日起补贴三年，按照每张床位第一年 5000 元、第二年 3000 元、第三年 2000 元的标准进行扶持。部分非营利性养老机构符合“以奖代补”政策，还能额外获得一些资金支持。

在规定的服务范围外，有的承接组织还可以通过其他收费项目实现“造血”功能，增加服务总收益。例如，有的购买专业康复治疗仪器，进行自愿性的康复服务，按次收费；有的成立养生馆提供足浴、按摩等服务，同样按次收费。

五 政府购买社会组织服务定价模型

本研究将日间照护中心和长者照护之家作为研究对象，根据购买方式的差异得出政府购买社会组织服务定价模型（见表 4）。

表 4 政府购买社会组织服务定价模型

定价形式	计算公式	服务种类	购买方式	价格形成	定价影响因素
收支平衡法	政府购买服务价格 = 服务总成本 − 服务总收益	日间照护中心或长者照护之家	公开招标（≥ 20 万元），定向委托（< 20 万元）	以政府定价为主	人力成本市场水平、服务收费价格
微利定价法	政府购买服务价格 =（服务总成本 − 服务总收益）×（1+r）	日间照护中心或长者照护之家	公开招标（≥ 20 万元），定向委托（< 20 万元）	以政府定价为主	人力成本市场水平、服务收费价格、服务绩效水平
自负盈亏法	服务总收益 ≥ 服务总成本	长者照护之家	竞争性谈判、定向委托	承接组织报价，收费趋于市场价	设施软硬件条件、服务市场价格
购买纯管理服务法	政府购买服务价格 = 管理人员费用 + 项目管理费	日间照护中心	定向委托	以政府定价为主	管理水平、服务质量
风险定价法	政府购买服务价格 = 床位风险点 ×（服务成本 − 服务收益）	日间照护中心或长者照护之家	公开招标（≥ 20 万元），定向委托（< 20 万元）	以政府定价为主，社会组织提供参考	床位空置率、服务收费价格、服务质量

（一）收支平衡法：政府购买服务价格 = 服务总成本 − 服务总收益

收支平衡法按照政府购买服务价格等于服务总成本减去服务总收益的公式细致计算，适用于日间照护中心或长者照护之家。购买方式既可以采用公开招标（20 万元及以上），也可以采用定向委托（20 万元以下）。目前还是以政府定价为主，社会组织可以提供报价供政府参考。这种定价方法的难点在于人力成本和服务收费的计算。使用外聘护理员与原有护理员队伍相比价格差额有数十万元之多。同时，合同签订第一年很难很快形成较为稳定的服务人群，入托 / 入住率也是缓慢提升，因此可以折中选择按照核对床位数的百分比进行估算。

收支平衡法是当前政府购买社区养老服务的主流定价方式，但是由于各个街镇的服务收费不一致，对服务人数和服务质量的要求不同，同样使用面积和托位数的日间照护中心最后购买服务的价格仍然可能存在较大差异。有的区日间照护中心购买服务金额较为统一，例如徐汇区的购买合同普遍在 19 万元左右。

（二）微利定价法：政府购买服务价格 =（服务总成本 − 服务总收益）×（1+r）

微利定价法计算公式中的 r 为利润率，建议利润率在 0~15%，主要是参考英国政府购买服务的经验，利润率可以依据服务最终的绩效水平来确定。[①] 该方法同样适用于日间照护中心或长者照护之家。购买方式既可以采用公开招标（20 万元及以上），也可以采用定向委托（20 万元以下）。定价以政府为主、社会组织建议为辅。难点也在于人力成本和服务收费的计算上。此外，如何确定服务绩效水平也是需要考量的因素。在目前的实践中，政府购买社区养老服务直接给承接组织的利润还比较少，但是微利定价法有利于激励承接组织提高服务效率、提升服务质量，未来将成为一种有益的尝试。

（三）自负盈亏法：服务总收益≥服务总成本

自负盈亏法能够有效运作的基础是服务总收益要大于服务总成本，否则难以持续。笔者在长者照护之家的调研中发现，有大约一半的街镇

① 姜爱华:《关于政府购买公共服务定价策略的几点思考》，http://www.sohu.com/a/245313705_669645，最后访问日期：2023 年 10 月 8 日。

采用自负盈亏的方式交由承接组织运营，政府不补贴任何费用或者仅补贴少许开办费或软装费。实施自负盈亏的长者照护之家签订的合同期限较政府购买服务（一般为 1 年）长，一般在 5 年以上，最少也有 3 年。采用自负盈亏法要给予承接组织一定的依据市场价格来调节服务收费价格的权力，在保持公益性的同时维护承接组织的利益。目前实践中部分承接组织争取到自主定价权，能实现收支平衡，而没有议价权的承接组织很大概率会出现亏损。

（四）购买纯管理服务法：政府购买服务价格 = 管理人员费用 + 项目管理费

如果是购买纯管理服务，那么服务收益、护理员开支、办公经费、活动经费等费用皆由街道收支，街道只需向承接组织支付管理人员费用和项目管理费两项。如果多个日间照护中心和长者照护之家全部交由同一组织托管，那么管理人员可以兼用，这样可以进一步降低购买成本。这种方式下，政府购买服务总价会比较低，但是由街镇自己负担的支出和管理费用比较高。而政府主要是依据管理水平和服务质量来评判政府购买服务价格。目前有部分日间照护中心采用这种模式，通过定向委托的方式选择承接组织。例如，作为全市建设标准的南码头日间照护中心，将辖区内三间机构以 10 万 / 间的价格全部委托给瑞福管理。

（五）风险定价法：政府购买服务价格 = 床位风险点 ×（服务成本 - 服务收益）

对于社区养老服务来讲，服务人数的动态变化将导致服务成本和收益难以准确估计。一种前瞻性的尝试是将某一床位数（小于总床位数）设为风险点，按照这个数量来估算服务成本和服务收益，如果实际运行中入住人数小于这个风险点，则由社会组织承受亏损，但如果实际入住人数高于这个风险点，由此带来的收益也一并由社会组织获得。例如，总床位数为 30 张，街镇估算常态入住人数在 15~18 人，因此将 20 张床位作为风险点，测算收支水平。这种计算方法可以运用在日间照护中心和长者照护之家等床位数确定的社区养老服务设施里，而定价直接跟床位的空置率紧密相关。同时要注意风险点是不能轻易达到但努力后可能达到的一个节点，避免风险点沦为保底点。

综上所述，收支平衡法、自负盈亏法和购买纯管理服务法是当前实践中较为常见的三种定价形式，而微利定价法和风险定价法虽然有促进服务质量与绩效水平提升的作用，但是在实践中应用并不多。本研究发现，微利定价法是今后可以尝试推进的方法，社会组织处于相对弱势地位的原因之一就是资源不足，因此可采用微利定价法扶持社会组织成长。在市场供给充分的区域，政府可以采用自负盈亏法来引进成本收益率高的社会组织，给予社会组织一定的自主定价权。而在政府自主经营能力强的区域，可以采用购买纯管理服务法来提高管理水平，稳定原有的护理员队伍，逐步实现政府购买服务的嵌入并保持服务的可持续性。

社区社会组织培育与发展

社区社会组织逐渐在公共服务供给、基层协商自治中发挥重要作用，在“市－区－街（镇）”三级网络的支持下，上海社区社会组织发展经历了从自发成长到制度赋能多个阶段，积累了“两会一中心”基地平台建设、公益创投以赛代育等可鉴经验。2021年，上海市民政局出台了《关于高质量发展上海社区社会组织的指导意见》，将社区社会组织定义拓展为注册社会组织、群众活动团队、社区活动小组三类，并明确了公益慈善类、生活服务类、社区事务类、文体活动类四大重点领域。截至2022年底，全市共有注册社区社会组织6145家（其中城市社区社会组织3524家、农村社区社会组织2621家），群众活动团队26871支。全市全覆盖的社区“两会一中心”为社区社会组织成长提供了平台保障，引导社区社会组织在社区服务供给、社区精细化管理、社区公共安全、社区自治共治以及社区精神文明建设等方面发挥积极作用。

上海社区社会组织孵化培育机制及优化对策研究*

赵　宇　钟晓华　王小峋　郭艳刚　吕晓乐**

社区社会组织的发展伴随着社区建设的阶段性需求，扮演上下协同角色的社区社会组织呈现行政化、专业化、治理化的发展特征。共建共治共享社会治理体系建设背景下，社区社会组织在激发基层活力、促进居民有序参与社区事务、引导多元主体参与社区治理、满足群众多样化需求、加强社区矛盾预防化解等方面日益发挥积极作用。在治理效能提升探索过程中，上海也在社区社会组织培育孵化方面进行诸多创新尝试，在平台构建、制度完善、政策优化、赋能建设等方面形成了“市－区－街（镇）”三级联动、横向多部门协同的治理格局。本文通过文献研究与实证研究相结合的方式，探讨上海社区社会组织孵化培育机制与主要路径，研究内容包括：系统梳理国内外关于社区社会组织发展和培育的理论及经验；概括总结上海社区社会组织发展的阶段性特征和孵化培育体系；根据现实问题有针对性地提出优化对策。

党的二十大报告将健全社会治理体系与总体国家安全观建设紧密结

* 2019 年度上海民政专项课题成果。

** 赵宇，上海市民政局社会组织服务处（涉外社会组织管理处）处长。钟晓华，同济大学政治与国际关系学院社会学研究所副教授。王小峋，上海市民政局社会组织服务处四级调研员。郭艳刚，新加坡南洋理工大学公共管理硕士，现为上海颂鼎社会公益创新发展中心理事长、上海市可持续发展研究会副会长。吕晓乐，上海联劝公益基金会行业合作部高级经理，上海颂鼎社会公益创新发展中心理事。同济大学政治与国际关系学院硕士研究生苏颖萱、苑慧敏、周瑛亦有贡献。

合，在提升畅通诉求表达、精准服务、快速响应的社会治理能力的同时，也对专业化、精细化的基层社会治理提出了更高要求。推进高质量发展、改革社会组织管理制度、促进社会组织健康有序发展，有利于厘清政府、市场、社会间关系，充分发挥不同主体所长优化治理结构；有利于改进公共服务供给方式，加强和创新社会治理方式；有利于激发社会组织活力，巩固和扩大党的执政基础。在实现国家治理体系和治理能力现代化的总目标下，社区社会组织通过再组织居民有序参与社区事务、引导多元主体协同参与、满足多样化需求、加强风险预防化解、激发基层活力等提升社会治理的公共性和韧性，但在发展理念、政策体系、行业规范、组织建设以及社会氛围等方面仍存在瓶颈。因此，如何通过建立健全孵化培育体系，推动社区社会组织高质量发展，引导其高质量地参与社区治理至关重要。

课题组于2019年末到2020年初通过理论政策研究、实地参访、问卷座谈、案例比较研究、组织发展评估等方法，对以下主要内容进行了研究：第一，对国内外社区社会组织的定义及培育机制的理论研究和经验实践做了系统梳理；第二，对上海社区社会组织的发展和孵化培育实践进行了阶段性分类；第三，对上海社区社会组织的协同培育体系进行了提炼概括；第四，针对社区社会组织发展的问题及需求提出孵化培育的优化对策。

一 研究意义与概念界定

经过国内外多年实践探索，作为第三领域的社会组织有着不同于政府与市场的社会功能，在理顺政社关系、优化资源配置、提供专业化公共服务、加强社会协调和政策倡导等方面有着功能性优势。社区社会组织是创新社区治理的主要载体，是加强基层建设的重要社会力量。培育发展社区社会组织有利于及时精准发现社区需求，因地制宜解决社区问题；有利于充分整合社会资源，灵活便捷地提供社区服务；有利于调动社区成员的主动性和积极性，促进社区共治自治。

“十三五”时期我国正值全面建成小康社会决胜阶段，社区服务类社会组织发展无疑是增强社会调节功能、提升社会治理水平、健全权责明确的社会治理基础制度建设的助推器。2017 年底，民政部印发了《关于大力培育发展社区社会组织的意见》(以下简称《意见》)，肯定了社区社会组织在社会治理多个维度的积极作用。社区社会组织也成为激发治理创新活力的重点发展方向。上海作为探索社区社会组织培育发展的“先行者”，在平台搭建、主体培育及供需对接等方面进行了有力探索。但总体而言，社区社会组织的发展尚处于起步阶段，探索社区社会组织培育孵化的有效机制并提升其组织能力，也成为构建可持续发展的社区治理生态的关键要义。

(一)社区社会组织的界定与特征

国外的社区社会组织，主要指基于社区的在地型非营利组织(Community-based Organization，CBO)，在社区发展的过程中成长起来的正式组织。国外的社区社会组织强调在地性，在当地社区成立、有当地的工作人员，致力于解决所在社区的社会问题，如弱势群体服务、社区问题矫正、社区发展咨询等。[①]社区社会组织一般分为共同爱好群体(common interest group)、社区发展委员会(community development committee)、用户俱乐部(user club)、微型金融机构(microfinance institutions)等类型。[②]国外的社区社会组织作为深耕社区的“代言人”，在表达社区需求、改善公共服务、对接外部资源等方面起到了很大的作用，也在税收减免、组织信用激励、采购绿色通道等方面获得了政策支持。[③]

国内的社区社会组织的定义主要包含两大逻辑：成长于社区和服务

---

① J.Galaskiewicz,W.Bielefeld,& M.Dowell, “Networks and Organizational Growth:A Study of Community Based Nonprofits,” *Administrative Science Quarterly* 51 (2006):337-380.

② Walker,Edward,T., “Legitimacy, Strategy, and Resources in the Survival of Community-Based Organizations,” *Social Problems* (2010).DOI:10.1525/sp.2010.57.3.315.

③ F.Vermeulen,D.Minkoff,& T.Meer, “The Local Embedding of Community-Based Organizations,” *Nonprofit and Voluntary Sector Quarterly* 1 (2016):23-44.

于社区。前者指由社区行政部门、社区单位或社区居民等社区成员发起成立的组织。[①]根据注册与否的标准，可将社区社会组织分为正式注册的组织、在社区备案的组织、未注册也未备案的组织；根据组织的归属范畴，可将组织分为传统群团组织、行政性社区机构（如社区事务受理中心、文化中心、卫生中心等）以及社会组织（民办非企业单位、社会团体及基金会）。后者指在城乡社区开展为民服务、公益慈善、邻里互助、文体娱乐和农村生产技术服务等活动的社会组织。按组织提供的服务及活动内容划分，可将组织分为教育培训类、文体活动类、公益慈善类、生活服务类、权益维护类及社会治理类等。

本文主要从社区治理生态体系出发讨论社区社会组织成长，故将以下五类组织列为主要研究范畴。一是四类社区社会组织，主要指立足城乡社区，以参与社区治理、服务社区群众为目的，依托社区资源提供专业化、社会化、差异化服务，在民政部门依法登记成立的社会组织，主要分为社区生活服务类、社区公益慈善类、社区文体活动类、社区专业调处类等。二是专业服务类社会组织，主要指业务范围并非仅限于注册地，能为不同社区提供各类专业服务支持的社会组织，如社区需求调研、社区公益活动策划、专业社会工作服务等。三是枢纽型、资源型、支持型社会组织，如社区社会组织联合会、社区社会组织服务中心、社区基金会等。四是志愿服务类组织，指依法成立，以开展志愿服务为宗旨的非营利性社会组织。五是未经登记但由街镇进行备案管理的社区群众活动团队，主要包括体育健身、志愿服务、文化艺术和休闲爱好等队伍。

（二）社会组织孵化培育的主要工具

随着社会组织在优化公共服务供给、完善社会治理体系等方面重要性的日益凸显，政府、市场、社会组织之间的相互依赖模式也促进了各

① 夏建中、张菊枝：《我国城市社区社会组织的主要类型与特点》，《城市观察》2012年第2期，第25~35页。

种支持社会组织发展的举措和方法的产生[①]，孵化培育社会组织的主要工具可归纳为以下四种类型。

1. 基础型工具

基础型工具主要指为社会组织发展创造基础性条件的“松绑型”政策，如政社关系改革、服务型政府转型、降低登记注册门槛、鼓励参与公共服务等；“法规型”政策，如明确社会组织性质、维护社会组织权益的行政法规，促进社会组织发展的规范性文件等。此类工具有利于社会组织摆脱过度的行政干预，可以为其发展创造良好的制度环境。

2. 分配型工具

分配型工具指政府通过政策将资金或物资给予资源匮乏的社会组织，以降低其组织运营成本，具体形式包括补贴、税收优惠、拨款等。如用于开办经费、场地租金、办公经费支持的机构补贴，针对具体项目开展的项目补贴，针对社会组织的所得税、增值税、营业税减免政策，对向社会组织捐赠的企业和个人的税收优惠政策等。此类工具是典型的再分配方式，可以降低社会组织发展的成本。

3. 市场化工具

市场化工具是一种以买代补的方式，旨在用市场化机制促进资源的更优配置，如政府购买服务、向服务对象发放服务券（Vouchers）等，从而用需求驱动的方式间接助推社会组织发展。当然，在过程中政府需要通过建立服务标准、限定服务价格、审查组织资质等方式进行干预。

4. 引导型工具

引导型工具是一种更为社会化、组织化的支持方式。它通过赋能培训、伙伴关系建立等方式对社会组织的内生动力进行激发，强调通过整合政府的公共服务资源、社会组织的公益资源以及市场的资金产品资源构建共治共赢的协同治理格局。

---

① 王世强：《政府培育社会组织政策工具的分类与选择》，《学习与实践》2012 年第 12 期，第 78~83 页。

（三）社会组织孵化培育的主要模式

社会组织的孵化培育过程包含初期形成和长期赋能两个阶段。孵化主要指社会组织从无到有、从备案到注册的初期支持，而培育主要指社会组织成长中后期的培力，通过一系列的赋能项目增强社会组织在各个生命周期的组织管理、资金募集、项目管理及营销能力等，以教育、培训为主要方式，以政府、教育机构及支持型社会组织为主要培育主体。根据不同的孵化主体、资源分配机制，可做如下模式划分。

1. 政府主导型的培育模式

政府主导型的培育模式是指以政府为主要培育主体、以行政机制为主要手段配置财政资金和各类其他资源的培育社会组织模式。[①]政府为社会组织提供单一的财政支持，决定了社会组织的性质，体现出社会组织资源获得能力的缺失。在这种模式下，政府是社会组织培育计划的主要制定者，社会组织在政府的规划内开展活动，并根据政府的需求决定自身培育孵化的方向。[②]政府主导模式中作为行动者的支持型社会组织具有一定的工作自主性，但多体现于操作层面。此类培育模式下的社会组织更像是政府行政机构的执行部门，在培育过程中处于从属地位，缺乏独立性。政府主导型的社会组织对政府财政支持有较强的依赖性，且大部分工作人员来自政府，导致组织模式缺乏自主创新性和专业性。

2. 社会主导型的培育模式

社会主导型的培育模式是指以社会组织为培育主体、以社会机制和市场机制为配置资源主要手段的培育社会组织模式。在这种模式下，社会组织根据自身的培育和孵化需要制订培育方案，兼顾组织培育方案的策划者与执行者。政府扮演辅助角色，为社会组织的培育发展提供政策和合法性支持，并监管社会组织系统的规范运行。社会主导模式中社会组织具有较强的独立性和专业性，在组织发展、项目开发和资源筹措方

---

① 于文轩:《社会冲突缓解和政府主导的社区自治：新加坡经验》,《信访与社会矛盾问题研究》2017 年第 3 期，第 136~145 页。

② 郁建兴、滕红燕:《政府培育社会组织的模式选择：一个分析框架》,《政治学研究》2018 年第 6 期，第 42~52、127 页。

面具有较强的自主性，但资源的市场化配置也增加了社会组织发展的不均衡性和不确定性。

3. 合作治理型的培育模式

合作治理型的培育模式是指以支持型社会组织与政府的合作为核心，由政府赋权支持、支持型社会组织孵化而形成的模式。[①] 合作治理型的培育模式的出现是政府意识到其在孵化培育社会组织的过程中缺乏专业性，所以需要专业的支持型社会组织介入帮助孵化培育社会组织。[②] 此类组织能够整合政府、社会多方面的资源，主动发挥自身在提供公共物品和公共服务中的作用，补充政府功能在社会管理与公共服务方面的不足。合作治理型的培育模式既可以帮助政府了解社会组织的需求，也有助于社会组织执行政府政策。但政府赋权下的合作治理型的培育模式使社会组织缺乏独立性，且在资源获得方面依靠政府财政和项目资金。

以上三种模式因发起及运营主体不同而在资源获取、对象遴选、培育途径以及培育绩效等方面各有不同，其实质还是政社关系的厘清，如何平衡政府主导与社会自发、行政干预与市场介入，还是要视具体政治、经济、社会背景而定，但发展支持型社会组织已成为国内外实践的共识。

二　上海社区社会组织发展的主要阶段和模式

作为公共服务的供给方、社会治理的参与方、社会关系的协调方，社区社会组织的发展一直同步于“国家－社会”关系的重构，以及社区建设的阶段性特征。[③] 改革开放四十多年，上海作为全国社区建设的先行者，开创了以“两级政府、三级管理、四级网络”为主轴的“上海模

① 敬乂嘉：《从购买服务到合作治理——政社合作的形态与发展》，《中国行政管理》2014年第7期，第54~59页。

② 刘洋：《枢纽型社会组织的生成基础与发展路径——基于社会学的视角》，《学习与实践》2016年第12期，第86~92页。

③ 曹爱军、方晓彤：《社会治理与社会组织成长制度构建》，《甘肃社会科学》2019年第2期，第94~100页。

式”，社区社会组织发展也同步于单位制向社区化的转型。随着单位制的解体，属地化的社会治理面临着日益突出的社会管理和公共服务方面的挑战，如何通过主体调动、资源整合、协同治理实现以社区制为主体的社会治理体系和社会公共服务体系构建，是上海近二十多年来社会组织发展的主要背景和核心问题。[①] 上海的社会组织发展主要呈现以下三个方面的特征。

（一）行政依附与探索成长：1996~2007 年

1996 年中共上海市委、上海市人民政府下发《关于加强街道、居委会建设和社区管理的政策意见》，上海以“两级政府、三级管理、四级网络”的城市分级管理体制改革为契机，从加强社区建设与管理破题，逐步实现城市管理重心下移，社区事务受理中心、社区文化活动中心及社区卫生服务中心等公共服务机构以行政化的方式在全市社区铺开。这一阶段注册的社区社会组织具有较强的行政依附性，2005 年之前的新增组织都以行政主导公共服务机构、社团及行业协会为主，社会组织注册数量的增长速度缓慢，在街道注册的社区社会组织更少，每年注册量不超过 100 家。

与此同时，在这一阶段，上海服务于社区的专业社会组织成长很快，发展速度在全国都处于前列。这些专业社会组织的发起者和核心骨干主要由退休官员、学者、企业高级白领和专业人士等社会精英组成，他们凭借较强的专业能力、强大的社会资本充分整合社会资源、创造社会价值。这个阶段上海创造了多个全国第一，打造了许多品牌组织和项目。1996 年于浦东新区成立的罗山会馆，开创了国内政府购买社会组织服务的治理新模式，即“政府主导、各方协作、市民参与、社团管理”。1999 年中国首家社工机构——上海浦东新区社会协会成立，2003 年首个草根社工机构——浦东乐群社工服务社成立，还有社区公益孵化组织闸北区热爱家园青年社区志愿者协会、映绿公益事业发展中心、恩

① 政协上海市委员会文史资料编委会、中共上海市委党史研究室、上海市社区发展研究会编著《口述上海·社区建设》，上海：上海教育出版社，2015。

派公益组织发展中心等在上海形成的社会组织品牌。其中恩派（Non-government Organization Incubator，NPI）是最早将孵化器概念引入我国公益领域的机构之一，其将“社会组织孵化器”作为核心组织概念，为初创期或成长期的社会组织提供基础设施、种子基金、协调关系、课程辅导、能力建设等服务，由其孵化的公益组织，也逐步成为公益领域的知名品牌。[①]

（二）专业赋能与区域试点：2008~2013 年

2008 年北京奥运会等重大事件极大地促进了社会组织的发展，对人、社会组织和公益行业产生了影响。一是对人的影响，部分志愿者成为全职社工或组建专业的社工组织，促进了专业人才的成长；二是对社会组织的影响，促进了社会组织的专业化发展，加强了社会组织之间的交流与合作；三是对公益行业的影响，社会组织获得合法资质，政府、高校和社会组织的合作逐渐深入。

这一阶段的社会组织发展有着较强的专业化引导倾向，上海有 15 家高校开设社会工作专业，在此基础上创设了“上海社会工作教育联席会议”制度，定期开展社工管理界、实务界、教育界的交流，加强了社会工作人才队伍培养和专业社工机构的建设。汶川地震之后，上海成立了社会工作应急服务团，依托市社工协会，搭建了政府、高校、社会组织、其他社会力量等多方合作介入突发性公共危机、重大公共事件的专业化模式。

这一阶段的社会组织孵化从社会化的探索转向区域统筹的试点。各区探索枢纽型社会组织模式，引导其有序参与社区事务。如 2007 年静安区成立了静安区社会组织联合会，之后又相继成立了 5 个社区（街道）和劳动、文化、教育（系统）社会组织联合会，形成“1+5+X”枢纽模式，把同性质、同类别、同领域的社会组织联合起来，实行枢纽式管理。尝试运用“公益创投和公益招标”机制，推动社会组织主体地位从认知层

① 陆文荣：《上海公益组织孵化器三种发展模式及启示》，《社会与公益》2019 年第 4 期，第 47~50 页。

面进入实践层面。建立联合治理机制，发挥党建引领、调查研究、反映诉求和管理协调等作用，架起社会组织与党委、政府、企业及社会各界间的桥梁与纽带，促进政社合作、联动发展、行业规范。

（三）治理吸纳与支持体系：2014~2019 年

党的十八届三中全会通过的《中共中央关于全面深化改革若干重大问题的决定》明确提出要正确处理政府和社会关系，加快实施政社分开，激发社会组织活力，强调创新社会组织培育扶持机制，实现社会组织服务功能，严格依法监督管理。这一阶段的上海实践又一次走在全国前列。2014 年上海市委一号课题提出“创新社会治理、加强基层建设”，并在此基础上出台“1+6”文件，强调街道主要职能转为社会管理和公共事务。一号课题成果《关于进一步创新社会治理加强基层建设的意见》和《关于组织引导社会力量参与社区治理的实施意见》明确了重点扶持与社区治理和群众日常生活密切相关，能够提供专业化、社会化、差异化服务的社区生活服务类、社区公益慈善类、社区文体活动类、社区专业调处类等四类社区社会组织。2015 年，上海市民政局、财政局等九部门联合出台了《关于加快培育发展本市社区社会组织的若干意见（试行）》，对上述四类社区社会组织，明确了简化登记手续、优化登记流程、明确降低开办资金数额、放宽办公场所以及在服务平台、政府购买服务、社会资金三个方面加大扶持力度等具体措施。

在专业化程度不断提高的同时，上海结合社会治理需求，大力构建以社会组织服务中心为骨干的“市－区－街（镇）”三级社会组织服务支持体系，深入开展社会组织孵化基地建设，推动需求导向的社区社会组织高质量发展。在治理需求引导和三级社会组织服务支持体系的支撑下，截至 2020 年底，全市登记注册的社区社会组织数量已近 5000 家，占全市社会组织总数的三成，覆盖生活服务、公益慈善、文体活动、专业调处等多种类型。这一阶段的社会组织孵化培育也进入了政社企互动的合作模式，推动了跨行业、跨领域、跨地区的联动，在人才培养、专项基金、专业赋能等方面助力社区社会组织成长，提高了社区社会组织的能力和参与社会治理的水平。[①]

三　社区社会组织孵化培育的生态体系建设

社区社会组织作为深耕基层、服务社区的社会力量，在加强基层社会治理、维护社会秩序、优化公共服务方面起到了重要作用。上海在理顺政社企关系、整合多方资源、创造社会价值方面积累了许多经验，形成了孵化培育社区社会组织并引导其高质量参与社会治理的“上海模式”。[②]

（一）制度化建设

充分利用政策工具，形成了基础性托底、再分配协调、市场化激活及引导性倾斜的政策组合。在市级层面，上海加强了政府购买服务的制度化建设。在前期实践基础上，一号课题后制定出台了《上海市人民政府关于进一步建立健全本市政府购买服务制度的实施意见》《上海市财政局等关于进一步支持和规范本市社会组织承接政府购买服务工作的通知》《上海市政府购买社会组织服务项目绩效评价管理办法（试行）》等系列文件，创新公共服务准入制度、鼓励社会组织积极参与，合理界定购买范围、分级实施目录管理，规范统一购买程序，优化完善购买机制、绩效评估体系和社会组织推荐目录，构建综合监管体系，提高资金使用效率。

此外，全市各区普遍建立起培育扶持社会组织发展的专项资金，优先扶持社区社会组织发展。针对社会组织提供的资助范围主要包括开办经费补贴、人才建设经费补贴、用房补贴、运营补贴、重大活动补贴、项目补贴和专项奖励。有些区县对规范化评估获得高等级的社区社会组织给予资金奖励，将符合条件的社区社会组织纳入承接政府购买服务推荐目录，支持社区社会组织优先申请入驻社会组织孵化基地，优先享受减免场所租金。

① 上海市民政局（上海市社会组织管理局）主编《上海社会组织发展二十年（1999—2018年）》，上海：格致出版社，2019。

② 吴新叶：《城市社区发展与社会组织的政策规划——以上海为例》，《社团管理研究》2009年第8期，第20~22页。

（二）平台化支持

为了扶持发展社区社会组织，上海加强各类平台建设，努力构建凝聚各方正能量、促进社区社会组织健康发展的生态圈。上海从 2005 年开始提出“枢纽式管理”概念，2006 年在普陀区试点，8 月普陀区委下发《关于加强我区民间组织枢纽式管理试点工作的意见》，依托区和街道（镇）两级民间组织服务中心建立管理枢纽，遵循分散组织由所在的街道（社区）、镇进行属地管理，特殊组织由区民间组织服务中心进行统一管理的原则。

2018 年，上海在全国率先推出地方标准《社会组织服务中心建设与服务指南》。截至 2019 年 11 月，上海已建成社会组织服务中心 240 个，形成了“覆盖全面、职能清晰、制度健全、运作规范、发展有序”的“市 - 区 - 街（镇）”三级社会组织服务支持网络。上海还探索成立了 175 家社区社会组织联合会、84 家社区基金会，搭建起“两会一中心”的支持型平台。平台发挥了党建引领、调查研究、反映诉求和管理协调等作用，架起社会组织与党委、政府、企业及社会各界间的桥梁与纽带，促进政社合作、联动发展、行业规范。平台化的支持孵化培育了一批社区社会组织，在提供各类社区民生服务和提升社会组织能力等方面发挥了积极作用。

作为区域性支持型平台，2018 年普陀区长寿路街道从基层社区治理的需求出发，依托街道党工委和社区基金会，探索组建社会治理促进中心，有效聚集整合社区达人和社群，有重点、有组织、有赋能地引导社会力量参与社区治理。社会治理促进中心培育的 5 个达人工作室在旧改征收、电梯加装、矛盾调处、垃圾分类等社区痛点问题解决中发挥了积极作用，为挖掘社区需求培育了内生力量。静安区以建立孵化网络、优选优育社会组织为抓手，探索以政府建设与社会化营造相结合和组织入驻为主、项目化入驻为辅的方式，优化“区 - 街镇 - 社会”三级社会组织培育孵化网络，目前两个区级孵化基地和五个街镇级孵化基地已吸引百余个高质量的社会组织及其公益项目入驻。

（三）多元化整合

上海素有全民公益的良好氛围。上海以创新驱动、高校联动、企业带动等方式整合多方资源，形成跨界合力，为社会组织的孵化培育搭建资源蓄水池。截至 2019 年，全市共建成各级具有一定规模的社会组织孵化基地 34 个，其中包括市民政局于 2017 年创设的市公益创业基地，进一步为社会组织公益创业链接资源，建立政府、社会组织、企业和社会公众之间的公益伙伴关系，打破各方资源的割裂壁垒，构建政社、社社、社企之间多方参与、多方合作、多方互益的公益交流合作平台，逐步建立起一整套管理有序、运转高效、服务优质的孵化培育运营管理模式。

公益创业也助推了社会组织人才管道建设，建立高校专业教育 + 公益实训的人才培养模式：一方面吸纳大学生到社会组织就业创业，另一方面提高社区社会组织工作者的专业能力。在社会端，积极引入企业力量为社会组织及人才赋能，如 2019 年静安区社会组织联合会依托区内丰富的企业资源，为青年社会组织与 200 余家世界 500 强企业搭建了合作桥梁，组织开展各类青年活动 10000 余场次，参与活动人次逾 100 万。浦东新区“新益汇”社会组织创新空间是由企业按照成本价提供场地，与政府共同打造的公益空间，对符合条件的社会组织给予 50% 补贴，企业资助 25%，社会组织自负 25%。

此外，上海还积极探索在街镇层面建立社区基金会，使之成为社区社会组织发展的重要资源蓄水池、基层社区重要的“政府 – 市场 – 社会”伙伴关系的运维方。《上海社区基金会建设指引（试行）》《上海市基金会评估指标（2018 版）》等文件的出台为社区基金会的健康发展提供了制度保证。截至 2020 年 8 月 10 日，全市已成立社区基金会 81 家，约占上海街镇数量的 1/3，占上海基金会总数的 1/6，全市社区基金会原始基金总量达到 1.6 亿余元，净资产总额超过 2 亿元；累计开展公益项目 600 余个，公益支出 2000 余万元，服务社区群众 50 万人次以上。社区基金会通过供需对接、公益创投、项目孵化等方式，在激发多元主体参与、有效整合社区资源、培育扶持社区社会组织三个方面发挥了积极作用。

（四）精细化匹配

制定社区公共服务“三清单”，充分评估社区需求，鼓励社会组织参与有较强社区回应性的项目，如助残类项目、为老类项目、矛盾调节类项目、环境保护类项目等。变组织孵化为项目支持，通过枢纽助力、专业引领、社区自发等方式开发社区生活服务类、社区公益慈善类、社区文体活动类、社区专业调处类等需求导向的项目品牌。通过标准化的项目绩效评价，为购买主体编报预算、财政部门安排预算提供重要依据，并与社会组织等级评估和信用管理挂钩。建立“社区居民＋街道政府＋第三方评估”的内外结合的项目评估体系，对服务效果明显、社会满意度高的项目及组织，给予长期连续性服务项目的服务岗位购买、项目品牌购买等奖励，以保证社会组织参与社区治理的可持续性，从而孵化出更多高质量的社区社会组织及项目品牌。

技术赋能也是实现精准匹配的关键，上海于 2019 年建立了全市统一的政府购买社会组织服务供需对接平台。面向“市－区－街（镇）”三级符合条件的购买主体和经民政部门登记的社会组织，供双方发布、查询和使用政府购买服务的相关信息，鼓励、支持优秀社会组织跨区域承接政府购买服务，在社会治理中做大规模、做响品牌、发挥作用。平台发布的信息为政府采购限额（50 万元）以下的面向社会组织购买服务的项目信息，不包括政府履职所需的辅助性事项以及补贴、资助类项目。截至 2020 年 8 月 9 日，平台有效发布的政府购买社会组织服务项目为 1953 个，707 家社会组织在平台上发布了 1464 个可供政府择优购买的服务项目。

（五）本土化嵌入

从社会管理到社会治理，基础在于形成共同参与的格局，重点在于激发和发挥社区中多元治理主体的参与热情和积极作用，真正践行“人民城市人民建、人民城市为人民”的重要理念。建立健全以居民区党组织为领导核心，居委会为主导，居民为主体，业委会、物业公司、驻区单位、社会组织等共同参与的治理体系。社区社会组织作为扩大社区居民参与的“催化剂”和强化政社企合作的“黏合剂”，在社区治理方面发挥了积极作用。一是补充政府公共服务，满足居民的多样化需求；二是提供社区协商平台，畅通居民共建共商渠道；三是提高社区组织化程度，完善社区治理体系；四是化解社区矛盾冲突，营造和谐共生的社会氛围；五是增强社区凝聚力，提升居民的社区归属感。

同时，治理吸纳式的社会力量培育通过靶向培育具有内生动力、专业能力及广泛资源的社会组织，切实提高社区治理能力。在“三社联动”（社区、社会组织、专业社工）、“三组合作”（居委自治组织、社会组织、居民志愿组织）等机制的探索中，上海一方面在治理场景中引入外部专业力量，另一方面培育内生性社会组织，同时引导备案类群团组织和志愿者组织高质量参与社区治理，在治理场景中实现目标与主体的双向赋能。如 2018 年成立于长宁区新华路街道的大鱼社区营造发展中心是几个居住在该社区的青年设计师发起，由街道社会组织服务中心孵化成功的内生性专业社会组织。组织理事充分发挥其专业特长，挖掘社区需求，促成参与式社区微更新项目，并与街道及企业合作，成功举办社区文化节、城事设计节等活动，吸引了更多有专业能力和社区情怀的年轻人以及有社会责任感的企业加入。

四　优化对策

在国家政策和社会发展的驱动下，社会组织在促进经济发展、繁荣社会事业、创新社会治理等方面的积极作用得到了广泛认可，加上政社分开的政府职能转变，支持社会组织发展的制度环境有了显著改善。但笔者通过调研发现，刚刚起步的社区社会组织培育孵化在理顺政社关系、健全支持体系、强化组织建设以及营造社会氛围等方面仍有待进一步加强。

（一）政社关系——强化基层社区与社会组织间的伙伴关系

社区社会组织直接面对的基层政府在社会组织的发展理念上有着鼓励发展和规避风险两个方面的摇摆性。[①]一方面，在多层级行政发包体系中，大部分基层政府在社会组织发展上更倾向于行政任务的完成。在购买社区类服务项目时，基层政府仍倾向于选择成熟的、有合作基础的“熟人”组织，对小微组织、内生组织、初创组织的支持不足，导致“强者”项目过多、弱者无项目可做的不均衡局面。另一方面，街镇一级的“两会一中心”在行政力量推动下的全面覆盖，发挥了重要的平台支撑作用，但很多新成立的街镇社服中心、社联会及社区基金会的发展动力和能力不足，自身专业化程度和规范化程度不高，存在人才、资源、机制等要素匮乏的问题，影响了其对社区社会组织的有效支持。在上海注册的社区社会组织中，有43%的组织登记时办公场地与注册资金均由政府提供，有近一成组织存在国家机关在职人员兼职的情况。

针对政社关系模糊的问题，应进一步厘清政府职能，营造良好的社会组织成长环境，加强基层社区对社会组织重要性的认可，通过党建引领、项目撬动、社区营造等方式提高社会组织参与基层治理创新的广度、深度和质量。加强在街镇层面对购买服务项目的统筹，打破部门化、碎片化的藩篱，完善购买服务目录管理制度，通过长期稳定购买，让社会组织保持参与热情。要注重引入竞争机制，进一步降低公共服务市场的准入门槛，促进社会组织在公平竞争中提升专业能力。注重专业化引进和属地化培育相结合，既鼓励社会组织跨区域承接项目，输出专业能力和品牌，也鼓励社会组织深耕本地社区。

（二）支持体系——建立条块联动的创新协同机制

由于实践经验及自身资源禀赋的差异，全市各区、各社区之间存在发展不平衡的问题。静安、浦东等区的先进经验、优秀组织及公益品牌

---

① 李杏果：《社区社会组织参与社会治理共同体建设：内在逻辑与实现路径》，《河南社会科学》2023年第1期，第70~78页。

的影响无法辐射全市。同时，各类社会组织的业务主管部门以及妇联、共青团等群团组织在各自业务领域推动着社会组织参与社会治理工作，但工作中缺乏联动、协同，造成了一定程度的资源浪费及服务盲区。

应在目前的“市－区－街（镇）”三级支持架构的基础上，逐步推动社区社会组织去行政化的能力建设。通过项目合作、资源互惠、优势整合，搭建机构合作、利益协调、信息共享的社区社会组织发展平台，实现区域内社区社会组织抱团发展，整体推进社区社会服务体系化。此外，还应加强社区社会组织培育与群团改革、社区微更新、美丽家园建设等热点议题的联动，整合住建、文化、科教、妇联、共青团等多部门之力，一方面，为社区社会组织的发展对接好的项目及资源；另一方面，充分发挥社会组织在参与社区治理中的创新性、专业性及公益性优势，助推精细化城市治理目标的实现。

（三）组织建设——形成内外合力的分类指导体系

除了外部需求外，社区社会组织自身的内生发展需求也是重点，由社区自组织发展形成的社区社会组织往往存在“小”“散”“弱”的问题。筹资渠道较窄，通过基层政府购买服务方式获得资助是社区社会组织筹资的主要渠道。机构项目运作资金阶段性短缺是社区社会组织面临的发展困难问题之一。针对社会组织的问卷调查显示，有 39.29% 的组织认为项目或活动经费不足。由于机构运作成本随专业人员增加、项目服务拓展以及日常支出增多而递增、缺少与企业等多元投资主体的对接渠道，社区社会组织的发展缺乏内生动力，缺少专业性人才或人才流动性大，42.86% 的组织表示面临专业人才缺乏的发展困境。此外，社区社会组织发展还存在类型不均衡的问题，从类型上看主要以社会服务类、文体活动类为主。社会服务类组织中为老服务、就业服务仍是主要内容。虽然近年来政府加大了对治理类、调处类社会组织的扶持力度，但实际成效仍未显现。目前全市注册的物业类社区社会组织仅有 32 家，调处类社区社会组织仅有 58 家。

针对这一问题，首先要对不同类型的社会组织给予分类化外部支持。

对在城乡社区开展为民服务、养老照护、公益慈善、促进和谐、文体娱乐和农村生产技术服务等活动的社区社会组织，采取降低准入门槛的办法；对符合登记条件的社区社会组织，加快审核办理程序，并简化登记程序，提供符合初创期组织发展的日常运营性赋能支持；对不符合注册条件的社区团队，按照不同规模、业务范围、成员构成和服务对象，通过街镇级支持型平台进行赋能培训，加强分类指导和业务指导。

在内部建设上，要利用社区整体化治理的契机，将社会组织导入重点治理场景，鼓励社会组织间的良性合作和抱团发展。发挥社区社会组织扎根社区、贴近群众的优势，广泛动员社区居民参与社区公共事务和公益事业。引导社会组织在基层党组织的领导下，协助基层群众性自治组织推动社区居民有序参与基层群众自治实践，特别是在业委会组建和换届、老旧公房加装电梯等工作中发挥专业作用。鼓励社会组织参与制定自治章程、居民公约和村规民约，畅通流动人口有序参与居住地社区治理渠道，促进流动人口的社区融入。

（四）社会氛围——构建共建共治共享的社区共同体

与大多数社会组织一样，缺乏专业人才、人员流动性大也是社区社会组织发展面临的主要问题。要充分利用三社联动、三级网络的基础，建立符合社区需求的人才培养体系。鼓励以街镇级社会组织基地为单位进行经验分享与推广，进行社区社会组织发展典型案例汇编，形成社会组织参与社区治理的案例库和课程培训体系；促进社区、园区、校区之间的合作，结合大学生双创教育与社会实践要求，有组织地引导大学生、企业员工发挥优势、参与社区治理，促进优秀知识成果在地转化，建立兼具专业性和实践性的社区服务产品库；建立社区社会组织专项的人才培育基金及再学习平台，建立系统的人才培养与输送机制，提升自身的能力建设水平；对组织骨干及社区能人进行赋能培训。

本次调研还发现，作为在地性的社区公共服务提供方，许多社区社会组织并没有获得本社区的广泛认可，超过四成组织认为自身缺乏项目推广能力。社区居民对社区社会组织开展社区服务活动的目的与意义、内容与形式、需求与效果评估等方面的知晓程度有限，了解社区内的社会组织发展状况的意愿较低，还没有形成接纳、支持社区社会组织开展服务的社区参与氛围，社区社会组织在促进共建共治共享的社会治理模式中的重要作用仍没有发挥出来。

鼓励挖掘社区能人、成立自治型居民志愿组织与专业社会组织合作参与社区治理，提升社会组织的项目开发能力、居民需求对接能力、服务品牌区域体系化建设能力与媒体宣传能力。提升社区居民对社会组织的知晓度和认可度，形成社区社会组织与社区居民持续互动的合作治理生态。重视建设基层商会组织，激发非公经济参与的热情，拓宽社区社会组织的资源获取渠道。重视发挥专业社会工作的作用，以社会组织为载体，以社区公共空间为阵地，面向社区居民开展各类专业社会工作服务。重视加强社区志愿服务团队建设，健全招募、管理和使用机制，减少多头管理，形成服务合力。重视挖掘和激励具有一技之长的社区达人参与基层治理，通过创新社会组织载体，提供相关服务、支持和保障，使其专业能力得到充分运用。

社区社会组织的孵化培育对进一步理顺政社关系、提高社区治理能力及效能、构建美好生活共同体至关重要，如何开创以体制创新为动力、政府职能转变为关键、社会需求为导向、共治共享为目标、创造社会价值为使命的社区社会组织成长生态体系，对不同类型、不同成长周期的社会组织给予精准陪伴和培力增能，还需要进一步的实践与思考。

打造社会组织服务中心三级体系的上海样本 *

马　立　陈煜婷　王小峋 **

随着社会结构的日益多元化以及政府职能转变的不断推进，中国社会组织得到快速发展，社会组织的数量也在不断增加。原有的依托行政体系、以行政化手段为主要方式的双重管理体制越来越难以适应社会组织的发展现状，加强枢纽型、平台类社会组织建设已经成为各方共识。尤其是国家治理体系和治理能力现代化对社会组织管理提出了更高要求，促使全国多地进行了枢纽型、平台类社会组织建设的相关实践和探索。

上海在全国最早探索建立社会组织服务中心，在不增加机构和人员编制的情况下，以民办非企业单位的组织形式，探索以自我管理、自我服务的方式，加强对社会组织的服务和管理。1999 年上海市社会团体管理局成立。2000 年上海市民间组织发展中心成立。2001 年 5 月普陀区成立了全市第一家区级民间组织服务中心。2002 年 8 月普陀区长寿路街道成立了全市第一家街道层级的民间组织服务中心。2002 年 12 月，中共上海市委办公厅印发了《关于进一步推进本市民间组织参与社区建设和管理的意见》，在全市推广建立区县和街镇社会组织服务中心。2005 年

---

* 该报告系国家社会科学基金一般课题“平台类公益组织服务的精准化研究”（19BSH149）的阶段性成果。

** 马立，博士，中共上海市委党校（上海行政学院）社会学教研部副主任、副教授。陈煜婷，博士，中共上海市委党校（上海行政学院）社会学教研部副教授。王小峋，上海市民政局社会组织服务处四级调研员。

上海市委关于民间组织的专题会议提出了民间组织自我管理服务的思路。2006年上海市提出了“枢纽式管理”的理念，力求探索建立一个按照中央精神、符合上海实际、具有上海特色的社会组织管理平台。2006年8月普陀区委下发文件，明确依托区和街道（镇）民间组织服务中心，开展枢纽式管理工作试点。试点主要从党建工作、业务工作、保障工作三个方面展开。2016年上海市委推进办印发了《关于进一步推进社会组织参与社会治理的工作方案》，要求加大社会组织服务中心建设力度，基本实现各区县、街镇社会组织服务中心全覆盖。2018年8月15日，上海市地方标准《社会组织服务中心建设与服务指南》发布，首次规定了上海市街镇社会组织服务中心的建设要求、服务内容、服务评价与改进措施，进一步推动了服务中心的标准化、规范化、专业化运作，为服务中心建设与服务提供了依据。经过坚持不懈的努力和持续推动，到2018年末，全市社会组织服务中心数量达到240家，实现了“市－区－街（镇）”三级全覆盖。

覆盖全市的社会组织服务中心三级体系是上海的特色和亮点。近年来，通过组建社会组织服务中心等枢纽型、平台型社会组织，创新性地开展工作，上海不仅极大地促进了社会组织在社会治理中作用的发挥，在政府与社会组织之间搭建了桥梁，而且引导了社会组织正确的发展方向，找到了活力与秩序之间的平衡点，为全国提供了有益的借鉴。

本文从基本现状、亮点与成效、问题与展望三个方面阐述了上海社会组织服务中心三级体系的建设与发展。

一　上海社会组织服务中心三级体系建设的基本现状

（一）体系架构

上海社会组织服务中心已形成了“1+16+X”三级体系架构，即1个市级社会组织服务中心、16个区级社会组织服务中心和235个街道（镇）级社会组织服务中心。目前全市获评3A级以上评估等级的社会组织服务中心比例超过83%。

（二）具体职能

目前上海社会组织服务中心涉及服务社会组织、服务政府和服务社区群众3大领域24项具体职能（见表1）。街镇服务中心的功能定位主要集中在四个方面。一是服务社会组织发展，为新成立社会组织提供信息宣传、政策咨询、登记指导等服务；为初创期和成长期社会组织提供能力培训、项目指导、财务管理、品牌塑造等服务；为社会组织推介和引进优质项目，搭建跨界合作平台，提供供需对接服务。二是通过承接政府购买服务等方式，开展社会组织孵化培育、社区群众活动团队备案、年检咨询、法规政策辅导等工作；开展社会组织评估指导、人才培训、社区需求调研等工作，策划并组织实施社区公益项目和活动。三是参与社区多元治理。针对社区治理需求，协调和引导社会组织提供生活服务类、公益慈善类、文体活动类、专业调处类等社区服务；反映社情民意，推动社会组织参与基层民主协商。四是引导社会组织自治，指导社会组织加强规范化建设和诚信建设；维护社会组织合法权益，支持社会组织健康、有序发展。

表1　上海社会组织服务中心职能

服务对象	具体职能
服务社会组织	①为社会组织成立、变更、注销等各类登记申请提供咨询服务； ②为社会组织健全内部管理制度、完善法人治理结构提供指导服务； ③为社会组织开展规范化建设、申报等级评估提供指导服务； ④为社会组织能力提升提供各类培训和指导服务； ⑤为社会组织承接政府购买服务项目提供指导服务； ⑥为社会组织塑造品牌形象和品牌项目提供指导服务； ⑦为社会组织活动开展提供场地协调、宣传推介等对接服务； ⑧为社会组织公益服务项目的规范运作提供指导服务； ⑨为社会组织提供信息宣传服务； ⑩为社会组织财务管理提供代理记账服务
服务政府	①受托对社会组织各类登记申请提供材料初审服务； ②受托对新成立社会组织提供培育孵化和现场勘察服务； ③受托对区域内社会组织年度检查提供实地检查服务； ④受托牵头区域内社会组织预警网络建设； ⑤受托对区域内群众团队实行备案管理； ⑥受托对区域内社会组织信息报送提供初审服务； ⑦受托对政府购买服务项目的申请、审核提供事务性服务；

续表

服务对象	具体职能
服务政府	⑧受托对政府购买服务项目进行跟踪监督和绩效评价； ⑨受托为区域内社会组织党建工作提供相应服务
服务社区群众	①社区公益需求的调研； ②社区公益项目的创投； ③社区公益项目与社会组织的对接； ④社区公益活动的支持和协调； ⑤区域内社会组织参与社区治理的引导

（三）现状特点

上海各区的街道（镇）社会组织服务中心工作人员数量具有以下两个特点。一是在人员数量方面，绝大多数街道（镇）社会组织服务中心工作人员数量在 5 人及以下，其中拥有工作人员数量在 6 人及以上的社会组织服务中心共有 61 家，占总量的 26%（见图 1）；二是区域不平衡，上海各区的街道（镇）社会组织服务中心工作人员数量最多的三个区是嘉定区、崇明区和青浦区（见图 2）。

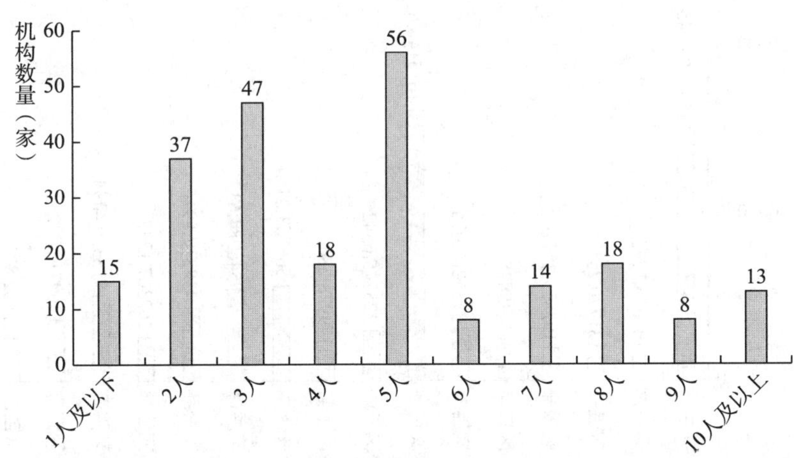

图 1　各街道（镇）社会组织服务中心工作人员数量

上海各区的街道（镇）社会组织服务中心净资产具有以下两个特点。一是增减不一。在上海各区的街道（镇）社会组织服务中心本年度和上年度净资产变化态势方面，普陀区、徐汇区、长宁区、黄浦区、闵行区、杨浦区本年度净资产较上年度略有下降；金山区、静安区、宝山区、崇明区、奉贤区、虹口区、嘉定区、浦东新区、青浦区、松江区本年度净资产较上年度略有增长（见图3、图4）。二是差异较大。以本年度上海各区的街道（镇）社会组织服务中心净资产来看，嘉定区和宝山区遥遥领先（见图4）。

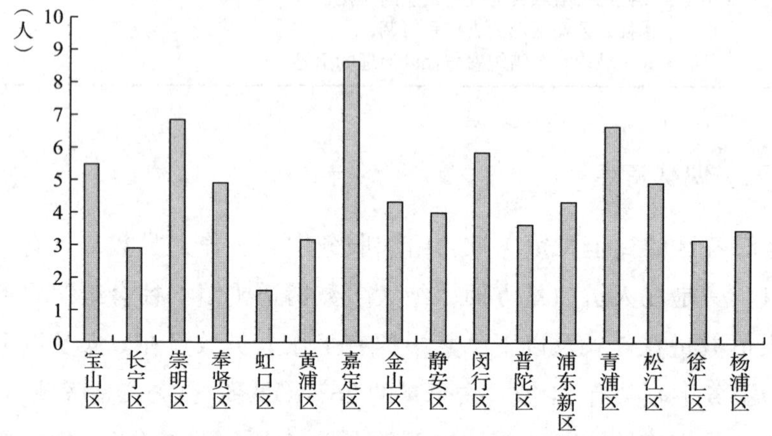

图2　上海各区的街道（镇）社会组织服务中心工作人员数量

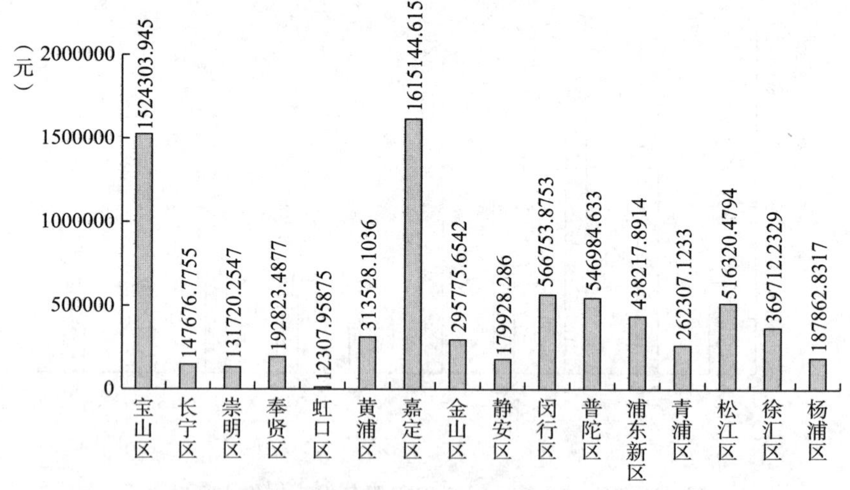

图3　上海各区的街道（镇）社会组织服务中心上年度净资产均值

上海各区的街道（镇）社会组织服务中心评估等级具有以下两个特点（见图5）。一是整体水平较高。有1家社会组织服务中心为1A级，8家社会组织服务中心为2A级，180家为3A级及以上。二是3A级社会组织服务中心占据主导地位。根据评估等级数据，有19家社会组织服务中心为5A级，32家社会组织服务中心为4A级，129家社会组织服务中心为3A级。

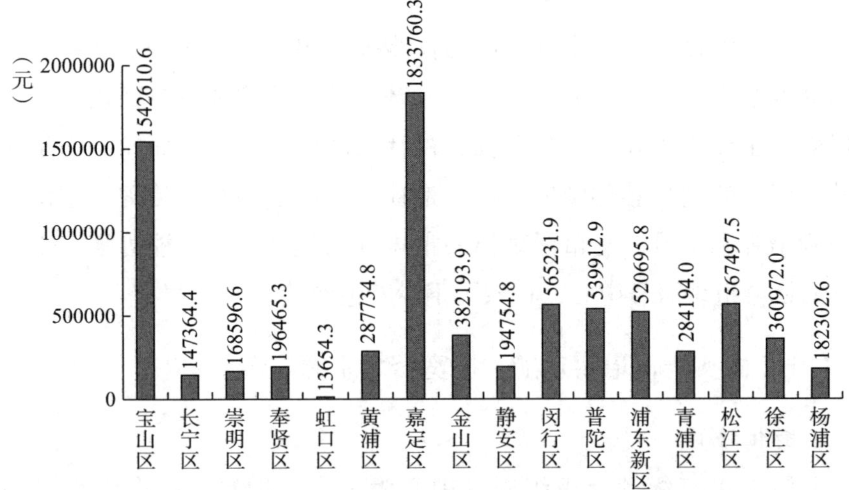

图4　上海各区的街道（镇）社会组织服务中心本年度净资产均值

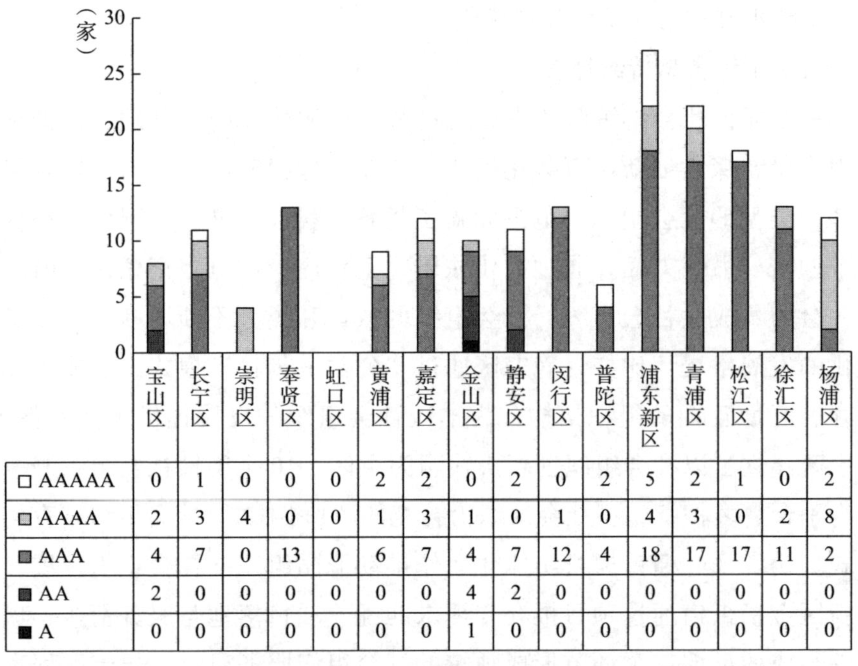

	宝山区	长宁区	崇明区	奉贤区	虹口区	黄浦区	嘉定区	金山区	静安区	闵行区	普陀区	浦东新区	青浦区	松江区	徐汇区	杨浦区
□ AAAAA	0	1	0	0	0	2	2	0	2	0	2	5	2	1	0	2
■ AAAA	2	3	4	0	0	1	3	1	0	1	0	4	3	0	2	8
■ AAA	4	7	0	13	0	6	7	4	7	12	4	18	17	17	11	2
■ AA	2	0	0	0	0	0	0	4	2	0	0	0	0	0	0	0
■ A	0	0	0	0	0	0	0	1	0	0	0	0	0	0	0	0

图5　上海各区的街道（镇）社会组织服务中心评估等级

二 上海社会组织服务中心三级体系建设的亮点与成效

上海三级社会组织服务中心已逐步探索出与社会组织、政府、社区之间高效协作发展的新方式，在嵌入基层社会治理体系方面也取得了一定成效，主要表现在：一是政社、社社之间的联结更加紧密；二是居民对社会组织的信任感逐渐增强；三是社会组织参与社会治理的意识和能力得到增强和提升。全市涌现出一批内部治理优、服务能力强、工作成效好的社会组织服务中心，积累了不少特色经验。

（一）做实孵化培育功能，拓宽资金来源渠道

1. 孵化培育

上海市以三级社会组织服务中心为平台，构筑了社会组织发展的“高速公路”，具体表现为组织类型持续增多、组织发展更加专业、组织能力不断提升和人才队伍逐步优化。

（1）组织类型持续增多

一方面，社会组织服务中心通过整合资源建立孵化基地、挖掘配强组织力量、探索创新培育孵化模式和专业指导提升服务能力，培育发展了多种类型的社会组织，范围涵盖了教育、科技、文化、卫生、环保等多个领域。另一方面，通过简化注册登记程序，放宽登记条件，鼓励各类社会力量成立社会组织，社会组织的数量和类型不断增多，形成了多元化的发展格局。比如，静安区通过“公益＋创投”模式，形成了相互依存、互助互动的组织架构，为本区社会组织的发展提供了坚实保证。长宁区建立了以社会组织创新实践园为主体、10个街镇社会组织服务中心为平台、多种枢纽型社会组织为补充的“1+10+X”社会组织培育孵化模式。松江区叶榭镇通过实体化运作推动群团组织向社会组织发展。浦东新区金杨街道通过项目推介与需求匹配、项目落地与服务衔接、项目跟踪与成效反馈三个环节形成独特的社会组织服务机制。长宁区程家桥

街道设立孵化目标，打造跟踪式的“孵化—培育—辐射”工作链条。浦东新区洋泾街道通过营造宽松的政策环境促进社区社会组织发展。

（2）组织发展更加专业

一方面，社会组织服务中心采取政策资源双支持、政府公众双监督、组织民众双受益等工作模式，为社会组织发展提供场地支持、政策指导、业务培训、资源链接等各类专业化服务。另一方面，社会组织服务中心通过培育孵化和整合一批有特色的社会组织，激发了社会组织活力，提高了社会组织的专业化水平，促进其在基层社会治理方面的作用发挥，全面推进了社会组织的高质量发展。比如，普陀区通过做强各类孵化平台，推动社会组织的专业化发展。浦东新区洋泾街道通过“公益基地＋高校专业力量”，提升社会组织的专业性。静安区南京西路街道通过为社会组织提供能力提升课程和实务操作培训，促进社会组织的专业化发展。松江区叶榭镇以“友好大使”社区志愿者为支撑，增强社会组织的专业性。

（3）组织能力不断提升

一方面，在市民政局的指导下，各级社会组织服务中心不断探索社会组织枢纽式服务管理模式，把培育社会组织作为工作的重要切入点，为社会组织的孵化、培育、发展提供有力支撑。另一方面，各区、街镇纷纷探索出平台搭建、公益创投、项目带动、赋能培训、典型引领和宣传推广六大抓手，助力社会组织“强起来”，为社区治理和公共服务贡献力量。比如，长宁区通过实施高等级社会组织培育、初创期社会组织引擎、成熟期社会组织锻造、领军人才能力提升和社区治理示范五大计划，满足不同阶段社会组织对能力提升的实际需求。宝山区通过承接“牵手计划”，扶持边远地区社会组织成长。松江区叶榭镇通过“线上＋线下”的方式为辖区社会组织提供财务管理、内部治理、项目运作等专业课程。徐汇区长桥街道根据需求调研结果，为新孵化的社会组织开展了如财务规范化、内部运营、项目申报等多频次、多方面、有针对性的培训和赋能工作。浦东新区洋泾街道通过“益治洋泾”增能工作坊提升社区社会组织项目研发、项目管理、财务管理、内部运营、资源拓展等多维度专业能力和整体发展水平。长宁区程家桥街道通过线上“领航讲坛”＋社会组织每周问答，提供关于社会组织运营、财税、法律等方面的知识，帮助社会组织实现规范和高效的运营管理。

（4）人才队伍逐步优化

一方面，社会组织服务中心通过为社会组织提供系统化培训机会、制订个性化咨询服务方案、搭建多元化交流平台和建立人才数据库等方式优化人才队伍。另一方面，随着社会组织人才专业能力、领导能力和管理技能的提升，社会组织服务中心也在推动人才队伍建设方面不断探索新的办法。比如，宝山区通过实施社会组织人才培育“增益计划”，培训本土社会组织人才、骨干社工和乡村治理骨干。普陀区重视公益人才的“选育留”工作，成立“社会组织新联会”，搭建社会组织人才交流发展平台。静安区彭浦新村街道通过“领袖训练营”和“破茧计划”，提升社区领袖的项目化运作能力和专业水平，挖掘社区骨干。

2. 购买服务

社会组织服务中心通过协助专业化采购、推动规范化操作、提供中介协调和监督评估等手段，促进了政府购买社会组织服务的质量提升和社会效益的实现。比如，静安区彭浦新村街道通过制定政府购买社会组织服务的实施细则和管理办法，建立监管评估体系和相关报表，实现了对项目的日常监管和资金审查，这样的做法提升了政府购买社会组织服务的专业化和规范化水平。

（二）搭建供需对接平台，扩大社会组织影响

1. 供需对接

上海各区、街镇以社会组织服务中心为平台，积极搭建政府、社会组织和居民之间的沟通桥梁，通过区域化品牌建设和特色化模式探索，实现了供需双向对接，增强了服务的精准度和有效性。

（1）区域化品牌建设

上海市各区以需求为导向，通过区域化品牌建设，整合各类社会资源，因地制宜、量身定制，开展了一系列具有区域特色和影响力的公益活动，打造了各具特色的区域化品牌（见表2）。比如，静安区通过公益

创投活动，在社会组织发展和品牌化服务方面注入了内生动力，资助并推广了多个优质公益品牌项目。宝山区通过多个品牌项目的成功推动，建立了与社区居民紧密联系的服务网络，获得了市级认可和广泛的媒体报道。松江区叶榭镇成功打造了“幸福老人村”品牌，解决了就近养老问题并有效利用闲置资源，推动综合为老服务中心的发展。浦东新区金杨街道打造品牌“公益召集令”，以“年历式”社区公益服务项目套餐为核心，促进社区资源发展和跨界合作，激发社区活力，实现了社区互惠共赢。浦东新区洋泾街道构建“居民互助”的社区发展模式，成功打造“自治家园”品牌。通过“自治金”项目的评估体系和赋能措施，社区居民参与项目申报的比例大幅提升。青浦区重固镇打造“妈妈俱乐部”品牌，让小镇女性成为满足社区群众需求的主力军。徐汇区长桥街道通过“两会一中心”共同打造“小脚丫走长桥”品牌，为社区社会组织在“文、教、体、科、娱、慈”多方面的组织力赋能。长宁区新华路街道打造的社区治理品牌“营造人人可参与的公益社区”（大鱼社区营造发展中心）入选《上海市高质量发展社区社会组织案例集》。

表 2　区域化品牌建设

所属街镇	品牌
松江区叶榭镇	为老服务“幸福老人村”
浦东新区金杨街道	志愿服务“公益召集令”
浦东新区洋泾街道	自治服务“自治家园”
青浦区重固镇	女性服务“妈妈俱乐部”
徐汇区长桥街道	少儿服务“小脚丫走长桥”
长宁区新华路街道	“营造人人可参与的公益社区”

（2）特色化模式探索

上海各区、街镇的社会组织服务中心在实践过程中逐步探索出一些特色化模式，为社会组织的发展和社会服务的提供注入了新的活力。一是服务定位“因地制宜”，为发展较为薄弱的社会组织提供更多的帮助，为发展较为成熟的社会组织提供更多的能力提升服务。二是资源整合

"强强联合"，通过整合政府资源、社会资源和企业资源，为社会组织提供更全面的支持，实现资源的优化配置和互利共赢。三是体制机制"守正创新"，通过建立导师制度传帮带、借力智慧赋能搭平台，为社会组织发展提供便捷、高效服务。比如，普陀区通过"政府主导 + 项目化运作"机制拓宽供需对接和社区治理的参与路径。宝山区创新打造六大"公益资源库"工作机制，包括评审专家库、供需资源库、培训讲师库、人才库、现场教学库和学习参访库，为公益需求提供专业资源保障。青浦区重固镇采用"社工站 + 社会组织"的联动工作机制，实现了支持性工作的协调与发展。青浦区夏阳街道采用"六位一体"分中心服务机制（包括登记服务、信息发布、政府购买服务、规范化建设评估、能力建设培训和社会组织培育孵化），形成社会组织发展新路径的探索合力。松江区叶榭镇通过"社区 + 社会组织 + 社工"共治机制，实现民生需求和社会组织服务能力的对接。静安区南京西路街道采用"线上 + 线下"双线对接调研机制，收集社区需求并形成调研报告，通过全面升级社会组织服务中心的微信公众平台、增加互动模块，促成社会组织与社区需求的线上线下联结。杨浦区殷行街道采用"项目资源库清单法"，建立了社区公益项目库和社会组织项目资源库，为社会组织提供更广阔的发展空间。浦东新区洋泾街道通过"家门口服务需求清单法"，实现社区自治团队的培育发展与居民需求的精准对接。奉贤区南桥镇通过"需求 - 资源"两张清单法，构建了"微创投"供需平台。

2. 信息宣传

社会组织服务中心有效传播社会组织的信息和不断加强宣传，在整体社会组织服务体系中起着重要的作用。一是展现社会组织的可见性，通过加大社会组织使命和目标的信息宣传力度获得合作伙伴的支持。二是提高社会组织的知名度，通过加大社会组织项目和成果的信息宣传力度扩大社会组织的影响力。三是增强社会组织的联通性，通过加大社会组织案例和实践的信息宣传力度提高社会组织整体的专业性。比如，宝山区运用"社区通"平台，扩大公益项目影响力，通过沙龙和展示活动搭建交流平台，吸引社区居民参与公益服务，激发社会组织争优活力，提升社会组织的知名度和影响力。

（三）营造社区公益氛围，发挥群团组织作用

1. 社区公益

社会组织服务中心通过举办公益活动、推广公益理念和整合公益资源，鼓励社区居民参与公益，增强社区凝聚力和社会责任感，在营造社区公益氛围方面发挥着重要作用。一是通过开展公益项目激发居民兴趣，如组织社区义工队伍，开展社区清洁、环保、文化艺术等方面的志愿服务活动，吸引大量居民积极参与，增强了居民的归属感。二是通过推广公益理念提升居民认同感，如向社区居民普及公益知识，引导对社会问题的关注，培养关爱他人和参与公益的意识，进一步营造社区公益氛围。三是通过整合公益资源促进居民共融，如提供多元化和有针对性的物资捐赠、人力支持、专业知识等，达到了公益活动的效果和提高了影响力，也为社区居民提供了更多参与公益的机会。比如，静安区彭浦新村街道通过五季“筑梦计划”社区微项目征集活动，营造了邻里互助的氛围，实现了社区微公益的落地，促进了居民的广泛参与。浦东新区沪东街道打造“益起来”公益生态服务链，通过为居民提供阅读、科普、健康等多样化公益服务，营造舒适的社区服务环境。浦东新区洋泾街道通过“益治洋泾”“益趣洋泾”“益暖洋泾”等“益起来”系列品牌活动，以及“洋泾社区公益直通车”“友邻节”等整合社区资源，打造居民家门口的公益社区生态集群。浦东新区高东镇构建“政社－社社－社企”合作新模式，与辖区内企事业单位、部队和社会组织等密切合作，聚焦社区公益。奉贤区南桥镇依托“生活驿站”营造社区公益氛围，为居民提供多样化的公共服务。

2. 群团备案

社会组织服务中心通过为群团组织提供专业指导、业务培训等，建立了规范化的管理机制，提升了组织能力，取得了良好的活动效果，对促进社区群团组织的规范发展起着重要作用。一是提供咨询指导，建立管理制度，如协助制定合规的管理政策和流程，确保社区群团组织在法

律法规范围内开展活动，加强组织的合法性和稳定性。二是增强能力建设，保障项目质量，如组织专题培训、工作坊和经验分享会，有针对性地提供活动执行、团队管理等方面的培训，提升社区群团组织的专业素养、活动策划和执行能力，增强文化活动的创新性和吸引力。三是密切合作关系，搭建共享平台，如建立合作关系，共享资源和网络平台，为社区群团组织提供活动场地、设备器材、宣传推广等支持，既保障了社区群团组织开展文化活动所需的物质条件，也扩大和提高了社区群团组织的影响力和社会认可度。比如，杨浦区殷行街道制定了群团备案工作实施细则，统一备案团队名称和活动地点规定，并注重党建联络员的设置，通过建立"群团骨干人才库"、对优秀团队进行奖励等措施，提升团队骨干的素质和能力，推动社区群众活动团队向功能型和治理型组织转变。

（四）明确监管预警职责，引领组织发展方向

1. 辅助监管

上海三级社会组织服务中心通过大力推动规范化建设评估和积极实践"全过程管理"，做实做细监管工作，强化日常监管力度，建立联合监管机制，保障了社会组织沿着正确的轨道健康发展。

（1）大力推动规范化建设评估

社会组织服务中心通过制定评估标准、引入评估机构、交流评估经验等，在大力推动社会组织规范化建设评估方面发挥着重要作用。一是制定评估标准。通过制定涵盖组织结构、管理机制、项目运作、财务管理等方面的指标体系，全面衡量组织的规范程度。二是引入评估机构。通过引入第三方专业机构进行外部评估，为社会组织提供客观、独立的评估结果和建议，推动其规范化建设。三是交流评估经验。通过组织培训班、研讨会和座谈会，邀请专家和经验丰富的社会组织分享案例，共同推动社会组织的规范化建设。比如，长宁区通过构建街镇社会组织服务中心绩效评估指标体系、培训 + 答疑 + 个案辅导、及时分析评估结果等有效手段，以评促建，提高社会组织等级评估通过率。静安区通过公

益创投的方式促进社会组织规范化发展。宝山区对社会组织规范化建设评估形成了精准化对接指导机制，通过精准摸排和精准培训，有效激励社会组织朝着规范、诚信的方向发展。松江区叶榭镇开展跟进式追踪辅导，帮助机构提升自我管理、自主发展的实际参评能力。青浦区夏阳街道用“八注重”（注重党建引领、制度先行、完善机构、服务凝聚、积极引导、公益形象、信息支撑和内部治理）工作方法，规范社会组织发展。静安区彭浦新村街道严格对照上海市社会组织规范化建设评估指标，每年为社会组织提供涵盖组织合规与发展、立项申请实务、财务使用规范、评估视角下的项目管理等内容的专题培训，推动社区社会组织的规范化建设。长宁区程家桥街道实施“细胞”计划，通过依托专业力量，围绕健全社会组织内部治理结构、建立规范的财务管理制度、完善社会团体换届选举机制等内容开展培训，加强社会组织规范化建设。静安区南京西路街道邀请专家团队，对政府购买社会组织服务的项目进行中期评估和督导，并提供评估意见和建议。青浦区重固镇在社会组织服务项目启动后，每月定期开展督导支持，对工作台账、财务收支状况进行整理归纳。

（2）积极实践“全过程管理”

目前，全市不同区、街镇社会组织服务中心通过流程再造，制定服务事项清单，借助数字化治理转型，高质量推动了社会组织的“全过程管理”。“全过程管理”机制的建立使社会组织的各个阶段都能得到有效指导和监督，有效保障了社会组织的合法运行和快速发展。比如，静安区采用全过程督促监管机制，对公益创投专项基金进行全程监管，包括资金安全、使用范围、阶段评估和项目质量的保障，确保公益创投项目的顺利进行。宝山区通过四方研讨机制、供需对接机制、项目储备机制、结果奖惩机制四大机制进行全过程闭环管理，确保项目质量。长宁区程家桥街道积极落实“种子”“细胞”“领军”“赋能”“培育”五大计划，为社会组织打造“全生命周期”服务品牌。静安区天目西路街道依托“添睦公益宝”数字化管理平台，建立了一整套涵盖事前、事中、事后的线上线下全过程管理机制，提升了社区公共服务的质量。静安区南京西路街道通过“评估—孵化—可行性报告—智力支持”的全过程服务支持初创期社会组织快速发展。

2. 预警网络

社会组织服务中心通过构建预警网络，建立多层次、多渠道的信息收集和监测机制，建立健全预警机制和流程，在保证社会组织朝着正确方向健康快速发展的过程中承担着重要的监管和预警职责。一是建立全方位信息收集和监测机制。社会组织服务中心与上级主管部门、相关行业协会、社会监督机构等建立紧密的合作关系，建立起信息共享和沟通机制，及时获取各方面的信息，了解社会组织的发展动态和存在的问题，为预警工作提供可靠的数据支持。二是建立全流程信息整合和预警机制。社会组织服务中心根据明确的预警标准，建立统一的预警平台和数据库，实现信息的快速整合和分析，建立专业的预警团队，提升辨识、分析和评估社会组织违规行为的能力，确保预警工作的准确性和及时性，及早发现潜在的问题和风险。比如，长宁区设立了社会组织三级预警网络，包括区、街镇和居委会的预警机构，负责召开会议、学习政策法规、沟通交流社会组织情况、制定措施和办法、采取措施解决问题，并指导监督下一级预警网络建设和运转。社会组织预警网络信息员由居委会干部、社工、社区团队负责人等担任，负责了解社区内社会组织情况、上报违法行为信息、宣传教育、协助执法部门调查和维护信息平台。当发现问题时，可以向上级报告或通过热线电话上报（见图 6）。

三　上海社会组织服务中心三级体系的问题与展望

近年来，《社会组织服务中心建设与服务指南》《关于推进全市社会组织服务中心积极参与评估的通知》等文件的出台，意味着上海在构建三级社会组织服务中心体系的同时，也对社会组织服务中心的规范化、专业化、精准化程度提出了更高要求，对社会组织服务中心工作人员的能力和素质提出了更高期望。因此，构建良好的社会组织服务体系是上海推动超大城市社会治理的必然要求。

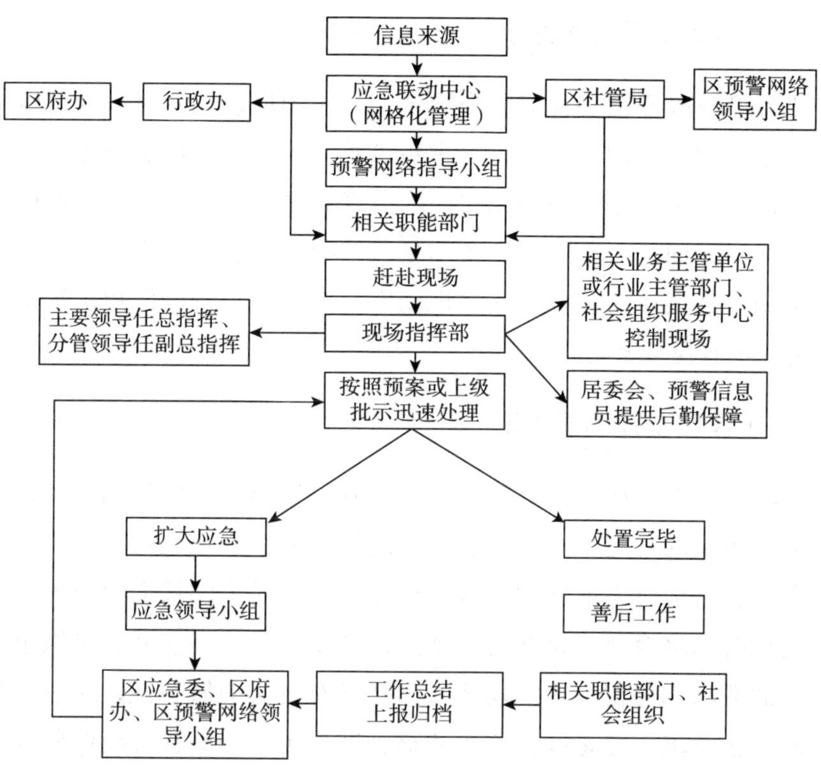

图6　长宁区街道（镇）社会组织预警网络突发公共事件处理流程

调研发现，上海三级社会组织服务中心对照《社会组织服务中心建设与服务指南》地方标准，在孵化培育、购买服务、供需对接、信息宣传、社区公益、群团备案、辅助监管、预警网络等方面发挥了不可替代的作用，成效显著，但是仍然面临着不少问题。

（一）领导重视程度存在明显差异

各区领导、街镇领导对社会组织服务中心的重视程度存在明显差异。一方面，在领导高度重视的区域，社会组织服务中心的建设和发展被给予充分关注和支持，社会组织服务中心被视为推动社会发展和提升治理水平的重要平台，并可以在良好的政策环境和工作氛围中获得发展。另一方面，在领导重视不够的区域，社会组织服务中心的发展则缺乏充分的政策支持和资源投入，从而限制了其发展空间和能力提升。

（二）人财保障面临困境

社会组织服务中心普遍面临资金、人才困境，尤其是在政府购买服务的资金大幅减少的情况下更是举步维艰。一方面，由于缺乏足够的财政支持，社会组织服务中心往往面临着经费紧张、项目开展困难的严峻挑战。另一方面，由于人才储备不足，社会组织服务中心的发展也受到极大限制，高素质的专业人才是推动中心工作的关键，但招聘和留住人才成为一项艰巨任务。

（三）作用发挥仍显不足

目前，有不少社会组织服务中心没有发挥出应有的作用。一是孵化培育社会组织的力度不足。一些社会组织服务中心在为社会组织提供指导、咨询和培训等方面缺乏力度，导致一些有潜力的社会组织无法得到充分的扶持和培育。二是开展活动的创新度不足。一些社会组织服务中心举办的活动仍停留在传统模式上，缺乏对现实的敏感性，无法满足多样化的社会需求。三是社会资源的整合度不足。一些社会组织服务中心在资源整合方面存在困难和局限性，从而限制了社会组织的快速发展和影响力的提升。

（四）职能定位存在缺失

一些社会组织服务中心的专业性独立性比较欠缺。一方面，工作重心偏离。由于缺乏明确的职责划分和权责界定，一些社会组织服务中心逐渐失去了自身的准确定位，承担了大量与社会组织服务无关的杂务，呈现专业性缺乏的现状。另一方面，附属地位明显。不少街镇层级的社会组织服务中心不仅没有成为基层社会治理的主力军，而且成了街镇职能部门可以随意指挥的“杂务部门”、附属机构，逐渐丧失了其独立性。

四　结语

抓好社会组织服务中心的能级提升，需要强化社会组织服务中心与社区社会组织联合会、社区基金会的协同融合发展，努力将服务中心建设成社会组织属地服务管理的枢纽平台、社会组织能力建设的支持平台、社区公益服务资源的整合平台和政府购买服务项目的运作平台。针对社会组织服务中心存在的上述问题，本文认为未来仍需做出以下努力。

一要完善顶层设计。要通过相关制度设计和激励举措，促使区领导及街镇领导进一步加大对社会组织服务中心的关注和重视，在全市层面推动形成统一高效的社会组织服务中心发展态势。

二要加大资源投入力度。各区、街镇要加大对社会组织服务中心的政策支持和资源投入力度，同时寻求多元化的资金来源渠道，注重社会组织的人才培养和引进，为他们提供良好的职业发展机会和较高的福利待遇，帮助社会组织服务中心吸引和留住优秀人才。

三要提升服务能级。各区、街镇要帮助社会组织服务中心提升孵化培育能力，紧贴社会需求，探索新的活动形式，促进资源整合与资源共享，充分发挥社会组织服务中心的桥梁纽带作用。

四要明确职责定位。政府要通过相关政策文件，进一步明确社会组织服务中心的职责和定位，进一步确立其作为基层社会治理主力军的地位。

当然，未来仍然有一些问题值得我们进一步思考。比如，社会组织服务中心一方面要进行平台建设，发挥平台作用，另一方面要做项目，维持自身生存，那么，如何对其进行准确定位？再如，如何设计与所服务的社会组织存在差异化的项目？又如，全托管、半托管、政府主管类型的社会组织服务中心，究竟需要哪些催化要素才能向实体化转变？上述问题都有待进一步寻找答案。

上海社区基金会的发展与展望

刘霆宇　唐有财*

社区基金会是一种以解决社区问题、促进社区发展为目的，由社区居民、基层政府、驻区单位、社会组织等主体共同参与，向特定主体募集公共财产和提供项目资助，具有完整法人治理结构的非营利性法人。[①]社区基金会的目标通常是改善社区的生活质量，促进社区发展，提高社区居民的福利。社区基金会的运作包括筹款、投资、分配资金和资源等多种方式，它们可以接受捐款、管理基金、运作项目、提供服务等。

一　社区基金会的基本情况

社区基金会是公益慈善的新组织、新形式，是社区治理的新载体。作为一种公益慈善和社会治理的重要创新形式，社区基金会承担着推动社区发展、传播慈善文化、培育社群的使命。认识社区基金会是推动社区基金会健康发展的前提。

（一）社区基金会的含义

社区基金会从字面上说就是“社区”加上“基金会”，亦即兼具社区

---

* 刘霆宇，上海原点社会治理促进中心副总干事。唐有财，华东理工大学社会与公共管理学院教授。

① 徐家良：《社区基金会与城市社区治理创新》，《社会政策研究》2019 年第 4 期，第 103~112 页。

性和基金会的慈善性双重属性。本文主要从这两种属性出发，分析社区基金会的含义。

1. 作为社区社会组织的社区基金会

相较于其他基金会（如私立基金会、运作型基金会、家族基金会等），社区基金会是源于社区、了解社区、扎根社区、代表社区、服务社区的，它在社区服务和发展方面具有更大的信息与组织优势。而相较于其他社区组织（如社区自治组织、各类社工机构），它又是基金会，即主要是用以挖掘资源、提升社区资产的。

基于社区的不同范式，社区基金会形态也有所不同。第一种是心理和情感范式的社区基金会，这里的社区并不是基于特定的空间或者行政权力，而是基于共同旨趣、共同情怀或者共同理想的社群形成的社区基金会。国内最为典型的是上海美丽心灵社区公益基金会和深圳蛇口社区基金会。第二种是空间范式的社区基金会，此类社区基金会从成立到运作都具有鲜明的空间性，由特定空间里的人发起成立，并在特定的空间内开展服务，空间具有一定的封闭性和排斥性。在上海，大部分社区基金会都以街道为界，主要服务于本街道的居民。第三种是行政管理意义下的社区基金会。中国的社区基金会主要是由行政驱动的，因此中国的大部分社区基金会都属于此类型。中国的城市社区既是生活单位也是治理单位，这种行政管理范式下的社区基金会主要体现为它由政府发起并主要在政府所管辖的范围内运作和服务。上海大部分社区基金会的“社区”是指街镇这一层级的社区。

2. 作为慈善组织的社区基金会

社区基金会是基金会的一种类型，是社区公益慈善的组织形式。因此，关于基金会的相关认知是理解社区基金会的前提。基金会是慈善的一种组织形式，是随着生产力水平的提升和财富管理形式的发展而不断演化的慈善的高级组织管理模式，是用以管理私人慈善捐款的体制化渠道安排。

不同于其他分散的、个体化的慈善行为和其他组织模式，作为公益慈善高级组织形态的基金会具有组织性、社会性的特点。组织性是指基金会是非营利组织的一种法律形式，具有完备的管理制度、组织架构、分工安排、专业运作能力。相对于个体化的慈善行为，基金会具有更强的社会动员能力。基金会的社会性则包含了捐款来源的社会性、组织运作的社会性和受益对象的社会性等要素。基金会是以公益为目的的一个财产的集合，其财产来源于特定或不特定人员的捐赠，受益对象是基于基金会章程规定的符合其条件的不特定个人或组织。

此外，基金会的运作管理具有相对自主性，不受行政力量的干涉。我国的社区基金会虽然大部分具有高度行政化的特点，但是也具有公益慈善属性，它在社区里还是能够发挥一定的传播公益文化、广泛募集社会资源、管理慈善资金，将捐赠的物资资助给特定区域的社会组织、自治团体、居民等，从而解决社区问题、服务社区居民、提高社区居民生活质量的作用。

（二）社区基金会的主要类型

按照战略定位和运作方式，可将社区基金会分为资助型社区基金会、运作型社区基金会和混合型社区基金会三种。

资助型社区基金会表示社区基金会的主要业务是通过提供资金支持，供其他社会组织开展活动，基金会只负责对资金使用进行监督，不直接开展具体的公益活动。这种资助型社区基金会对项目的开发必须建立在对项目所处行业的深刻认识的基础上，要有全局性的战略认识，同时要非常清晰地分析资助项目能否促进该行业的发展。资助型社区基金会需要有很强的项目直觉，要对申请机构的执行团队和项目设计有很强的判断能力与分析能力。运作型社区基金会表示社区基金会亲自实施项目，以实现机构使命。对于运作型基金会来说，它更多需要对项目管理的程序性事务有非常丰富的工作经验，从而整合资源、协调合作伙伴。基金会在项目的实施阶段注重流程化的管理程序，通过在过程中的管理确保最终项目效果的实现。混合型社区基金会表示既有资助，又兼具项目运作实施的功能。这就要求机构同时具备资助与运作两种能力。

社区基金会采用哪种类型的运作方式通常由基金会的资金规模、活动范围和活动内容的性质来决定。从理论上来说，社区基金会应以资助型为主，因为社区基金会的定位就是在社区内孵化社会组织、资助自治团队。

按照社区基金会的发起方，可将其分为政府主导型社区基金会、企业主导型社区基金会和居民主导型社区基金会三类。

政府主导型社区基金会主要由政府出资发起，有些是政府全额出资，有些是政府联合其他相关部门共同发起，因此是一种“官办”的社区基金会。目前国内大部分社区基金会都属于这一形态。企业主导型社区基金会是企业基于自身的发展需要或者承担企业社会责任的需要而出资成立的社区基金会。目前这类社区基金会以开发商投资成立为主，如桃源居集团分别在深圳、天津、重庆三地成立的桃源居公益事业发展基金会。居民主导型社区基金会则由社会自发成立，旨在解决社区问题、破解社区难题。最主要的代表是深圳蛇口社区基金会。

二　上海社区基金会的特征及理想定位

上海社区基金会大多为政府主导型社区基金会，虽然这一高度行政化的运作模式容易导致对政府依赖性过强、治理结构表面化等问题，但是我们也不能忽视，政府主导型社区基金会在合法性获取上具有天然的制度优势，能够快速赢得生存与发展的基础空间，在获取地方性知识和社区资源上也具有相对优势。

短短几年内，上海社区基金会通过行政直接介入快速构建了社区基金会的行业生态，形成了“社区公益磁场”。本地资源、本地利益相关者、本地解决方案是社区基金会最核心的特点。

（一）上海社区基金会的特征

上海社区基金会主要定位于街镇层面，2012 年 9 月批准成立了全国首家以“社区”命名的基金会——上海美丽心灵社区基金会，2013 年 8 月批准成立了全国首家社区公募基金会——上海洋泾社区公益基金会。

2014年12月上海市委、市政府在《关于进一步创新社会治理加强基层建设的意见》中明确提出街镇要设立社区发展基金（会），为社会资金支持社会力量参与治理创造条件。此后，上海市民政局于2015年6月发布《上海社区基金会建设指引（试行）》。截至2022年底，上海先后成立了87家社区基金会，约占上海街镇数量的33%，占上海基金会总数的1/6。虹口、徐汇、杨浦、普陀、长宁等区基本实现街镇全覆盖，浦东新区实现街道全覆盖。

政府主导型社区基金会是目前上海主要的社区基金会形态。与其他社区基金会相比，行政化是其主要特点。这一行政驱动的方式对推动社区基金会的行业发展具有重要意义，极大地缩短了与国外社区基金会发展的差距，短期内构建了社区基金会的行业生态。与其他类型的社区基金会相比，政府主导型社区基金会的治理结构的主要特点是，理事会成员通常由政府相关部门推荐产生，这种推荐方式主要考虑理事会成员在街区中的公信力和链接资源能力，以及与政府的关系，因此理事会的自主性和创新性相对较弱。政府主导型社区基金会在区域化党建的引领下，具有更强的辖区单位整合能力，由于有政府的支撑，社区基金会更容易深入社区，也更容易得到居民的认可和信任。

制度先行，市、区两级合力推进是上海社区基金会发展的特点。2014年上海市委、市政府在《关于进一步创新社会治理加强基层建设的意见》中明确指出“在街道、乡镇层面探索设立社区发展基金（会），为社会资金支持社会力量参与社区治理创造条件”。2015年起，又先后发布了《上海社区基金会建设指引（试行）》《上海市社会组织评估指标（2018版）》《关于加快培育发展本市社区社会组织的若干意见（试行）》等文件，为社区基金会的发展提供制度保障。明确社区基金会设立的条件、名称，鼓励市、区两级民政部门和街镇为社区基金会发展提供保障。推动政府购买社区基金会服务，将符合条件的社区基金会纳入承接推荐目录。市民政局在社区基金会的发展上坚持“扩大总量、提升质量、发挥作用”的发展思路，在全市层面形成“大力倡导、全力推进、积极培育”的态势。

高度兼职化、授权不足以及内驱力弱是上海社区基金会现阶段在发展过程中面临的主要问题。上海社区基金会的成立离不开街镇党委、政府的支持和推动，因此社区基金会在成立之初就面临着对政府权力的高度依赖，有些社区基金会由街道自治办或社会办实行日常业务和经费管理，由街道或社会组织服务中心工作人员担任秘书长，项目计划和经费使用则需要经过街道党政领导的签字。因此，社区基金会的决策在一定程度上服从于基层政府领导的意志，缺乏社会性与发展动力，加之基层政府的资源动员限制，有些社区基金会甚至出现“空壳”现象。

（二）上海社区基金会的理想定位

从政策定位来看，上海社区基金会的成立发展源于对基层社区治理问题的基本判断。2014 年，上海市委一号课题对基层社会治理问题的基本结论是，政府主导、多元主体共同参与的社会治理体系尚未有效形成。社区共治和自治水平不高，基层社会动员能力不强就是其中的一个重要方面。具体表现为政府行政资源不足和社会资源限制的现象并存。社区基金会成立之初就因其可以促进慈善资金的募集和公开透明使用善款而被定位为开展社区共治和创新社会治理的新平台和新载体。

从组织属性来看，由于兼具社区性和慈善性的特点，社区基金会理应在整个街区的治理体系中发挥枢纽型组织的作用。社区基金会纵向联结着街道、社区和楼组，横向则能够与企业及其他公益组织进行联结，最大功能便是资源的整合，特别是挖掘其他社会资源。在中国社会治理体系和结构中，这种资源整合功能依托于其在整个治理体系中的地位，需要街道主要领导的重视和支持。在面对社区时，社区基金会则需要激发社区慈善资源的活力，从而达到优化资源配置、充分发挥资源效用的作用。

三　上海社区基金会的功能

社区基金会对社区发展的作用非常显著。它可以通过资助社区项目、提供服务、改善社区环境和促进居民参与等多种方式促进社区的发展和进步。此外，它还可以通过公益融资和社会创新创造就业机会，促进经济增长，同时可以增强社区的凝聚力，增加社会资本。

（一）整合及再分配社区资源

随着社区建设的推进，基层社会治理的重心开始下沉到社区，基本公共服务与管理开始日益社区化，但实际中的社区服务仍然面临着社区资源不足、资源供给与服务需求失衡的情况。社区基金会作为独立的法人机构可以面向社会广泛动员资源，吸纳社会资源用于支持社区精准扶贫、助残救孤、购买社会组织服务、推进社区共建共治，支持社区公益慈善的发展。社区基金会能较好实现社区资源的再次分配，极大地支持了社区发展。

（二）促进社区自治与共治

党的十九大报告明确提出要打造共建共治共享的社会治理格局，社区基金会的多重特征使其成为构建社区自治与共治的主体。一方面，社区自治强调居民自我组织、自我管理、自我服务与自我教育，而社区基金会因成立于社区、服务于社区，可以很好地了解社区结构与社区痛点，具有很强的合法性基础，可以实现差异性互补。因此可以合理地引导社区居民参与，进行协商自治。另一方面，社区共治强调多主体的参与和利益协调，社区基金会通过已有资源优势与项目优势动员不同的主体参与社区发展过程，发挥政府、市场与社会相互联结的桥梁作用，促进社区共治。

（三）拓宽社区参与平台

社区居民不仅可以参与村 / 居委会、社区组织与外来组织的服务性活动，还可以参与社区基金会的运作与发展。社区居民既可以在社区基金会中担任理事、监事，从事社区基金会的管理工作，为社区发展建言献策，也可以凭借社区居民的身份参与社区决策与社区服务过程，自主设计项目并向社区基金会申请资金支持。通过设置微基金等方式，鼓励社区社会组织和个人参与社区微更新、自组织培育、志愿者活动、垃圾分类等社区治理项目，可以培养社区居民的公共精神，增强社区居民的归属感与认同感。

社区基金会发展驱动力形成的实践案例

1. 需求回应：上海美好临汾社区发展基金会

上海美好临汾社区发展基金会成立于2015年，注册资金为500万元，“整合社区资源、服务社区成员、建设社区共同体、打造美好临汾”是上海美好临汾社区发展基金会的宗旨。成立至今，基金会共开展了35个项目，平均每年的项目量在5个左右，虽然都是一些小而美的项目，但是项目涉及绿色人文空间营造、促动青年志愿者参与社区活动、关爱社区安宁护工、关注社区老人慢性病管理、开展儿童生命教育等各种类型，服务面向覆盖了社区老人、儿童、青年等各个阶段人群。基金会不断在实践中探索更好回应社区需求的公益项目，随着社区需求的动态发展，基金会也创设发展了一些品牌项目，例如与绿色人文、生态空间议题相关的“绿益缤纷”系列，与社区融合、共建共享议题相关的“一起吧”系列，与生命人文、品质社区议题相关的“灵芬”系列。

基金会的项目根据社区生态环境、居民需求的变化而不断更新完善，在2022年公益创投中获奖的项目，便是基金会“绿益缤纷”系列下的绿种子计划，基金会从最初社区绿色人文空间的营造，到培育可循环的社区环保理念，推广绿色低碳的“环保集市”，再到进一步前置，培育社区儿童绿色低碳的环保理念。基金会一直根据社区需求的变化在不断创新实践。

2. 资源整合：杨浦区四平路街道社区公益基金会

“人人公益、汇善成流”是杨浦区四平路街道社区公益基金会所秉持的价值观。基金会于2017年由街道发起，由辖区内热心企业和公益专业人士共同组建而成。通过动员和协作，基金会逐渐汇聚了社区群众团队、高校团队、社会组织和社会企业的公益慈善力量，借助社区各个主体的加入和参与，开展公益慈善行动。

2018 年，基金会自主发起了“益汇四平”社区微创投行动，以公益项目落地为抓手增进与社区的互动和联结，在微创投项目落地过程中又与社区公益群团、社会组织、社会企业等执行方保持密切沟通，微创投为双方搭建了桥梁，社区慈善资源在一次次互动中不断被激活。

“彩虹科学工作室”是杨浦区四平路街道社区公益基金会动员社区慈善资源的典型案例。基金会附近的商业广场有一个长期闲置的集装箱，前期经过协调、动员，基金会历年资助的同济在校学生团队将集装箱改造成向公众开放的科普站——“彩虹科学工作室”。科普站的改装经费来自团队和社区粉丝参加 99 公益日，自组织的科普嘉年华、科普课程及标本义卖等活动筹集。商场提供站内的电力、保洁、维护等日常运营，志愿者和团队主持站内科普活动，基金会负责链接资源并提供资金支持、筹款指导。

除了高校团队，基金会还会指导以群众团体为主的社区社会组织参与社区 99 公益日，主要目的是通过微基金筹集活动，让社区居民、群众团体可以规范化筹集资金，并作为公益慈善行动的发起人组织策划家门口的公益行动。自 2019 年开始，基金会便引导群众团体和社区亲子家庭参与社区 99 公益日活动，在 2022 年的 99 公益日中，基金会的 2 个获奖项目共筹得善款 62235.19 元。

3. 组织联动：杨浦区定海社区公益基金会

杨浦区定海社区公益基金会成立于 2017 年，原始注册基金为 200 万元，是由定海路街道办事处和 10 家长期以来热心社区公益、助力社区发展的企业共同捐赠成立的。社区公益基金会的定位是联结政府、社区企业、社区社会组织、居委会、社区居民等主体，整合挖掘社区潜在资源，为社区共治、社区建设发展打下基础。

社区公益基金会的影响力不大和居民参与的热情不高，是基金会最开始运营的难点。为解决这一问题，基金会抓住每年腾讯 99 公益日的契机，携手公募基金会，开展深度合作，相继推出了具有一定社区特色、契合社区需求的，有一定社区关注度的项目，开始逐渐有志愿者参与，并开展了让社区居民能够持续参与社区基金会的公益活动，凝聚社区慈善力量。

定海路街道一共有 17 个居委会，居委会是推动社区开展民主自治建设的重要力量，是联结社区居民的桥梁纽带，也是社区基金会的重要合作伙伴。基金会主动联合居委会深入社区开展公益宣传和义卖活动，让社区居民在家门口就能参与公益，筹款金额也从刚开始的几百元增加到 2022 年的上万元。2022 年，基金会通过联合 17 个社区居委会组建了 24 支小队，在全社区居民的参与下，自筹资金近 2 万元，活动配捐 1 万余元，总额达 3 万余元。基金会通过联动公募基金会、社区自治组织、群团组织，让筹款活动的参与人数和筹款金额均创历年新高，超预期完成筹款任务。

四　上海社区基金会发展展望

对于社区基金会而言，成立组织只是第一步，更为重要的是如何发挥其作用，从而完善社区基金会的内部治理结构。2012 年，上海率先探索社区基金会模式，建设公益资金“蓄水池”。上海市民政局牵头区民政局，与上海市多个基金会共同启动“大手牵小手”计划，通过搭建市区政府合力、公募基金会携手、企业基金会助力，三方共同推动社区基金会发展的新平台，助力社区基金会成为社区治理的主力军，推动社区自治共治。此外，还可以举办社区基金会公益创投大赛，筛选出有潜力的社区公益项目，通过能力建设、筹款实践、配捐激励等方式使普通的公益项目转化为具有竞争力的筹款产品，提升社区基金会的募款能力。

第一，理顺政府与社区基金会的关系。街道虽然是大部分社区基金会的出资方，但是社区基金会并不是街道的派出机构和所属部门，街道相关部门并不是社区基金会的业务主管部门，因此在具体运作层面，街道必须给予社区基金会充分的权力，保证其能够自主运作，同时招聘专业人员来运作。由于社区基金会初始阶段能力普遍较弱，各级政府在协助链接各类资源时应该给予充分的支持，从而帮助其快速成长。

第二，做实社区基金会理事会。内部治理规范化是促进社区基金会提升工作效能、服务质量和机构影响力的重点。首先，理事会的产生应广泛动员、民主选举，充分吸纳有社会声望、有资源有能力且有志于公益慈善事业的人士参与，而不能仅仅通过政府部门指派或者建议的方式。其次，明确理事会的权利和职责，特别是动员社区基金会理事会成员主动为社区基金会链接资源，或者协助宣传介绍社区基金会；最后，规范理事会会议制度，一年必须要保证召开若干场理事会，特别是在社区基金会的制度制定、发展决策和项目资助方面发挥积极作用。

第三，积极培养社会创新人才。社区基金会作为一种社会创新的重要方式，需要真正意义上的创新主体来推动和运作，否则很容易陷入社会创新的“内卷化”陷阱中。为此，政府在培育推动社区基金会成立的同时，应该挖掘、培育和引入社会创新主体，真正吸引一些有志于从事这一行业的专业人员进入秘书处，实现社区基金会的专业化和社会化运作，以提升上海社区基金会规范化管理及运作项目的能力，加强社区公益人才梯队培养，解决不同发展阶段的社区基金会所面临的困惑和问题。①

社区基金会作为兼具社区治理功能和公益慈善功能的社会组织，对推动基层社会治理创新具有重要意义。虽然社区基金会的本土化起步较晚，但是其发展势头非常迅猛，特别是在各级政府部门积极倡导以及社会创新的推力下，未来将会有更多的社区基金会快速成立和发展起来。强大的行政驱动使中国走出了一条与西方社区基金会不同的发展路径，这一路径是契合中国社会治理结构的，我们应该看到其积极的正面价值。

---

① 唐有财、王小彦、权淑娟:《社区基金会的本土实践逻辑、治理结构及其潜在张力》，《社会建设》2019 年第 1 期，第 64~74 页。

优化社会组织发展环境

上海以公益事业为牵引，努力为社会组织搭建合作、交流、展示、对接的平台。从 2011 年起，上海公益伙伴日活动已连续举办了十一届，助力打造上海“公益之城”。上海通过公益创业育人实践，为公益事业注入源头活水，不断探索跨界合作解决社会问题的有效方式。社会组织评估工作的深入开展，为社会组织高质量发展指明了方向。涉外民办非企业单位试点登记，增加了国际性社会组织落地发展的可行性，彰显了上海国际化大都市的胸怀和品格。公益文化的传播、公益主体的赋能、公益资源的开拓、公益平台的建设，为社会组织发展提供了“优质土壤”，让上海这座大都市散发出独特的公益魅力，更有公益温度。

上海深入开展社会组织评估工作的探索*

赵　宇　和浚嘉**

社会组织评估是指各级人民政府、民政部门为依法实施社会组织监督管理职责，促进社会组织健康发展，依照规范的方法和程序，由评估机构根据评估标准，对社会组织进行客观、全面的评估，并做出评估等级结论。作为民政部最早批准同意开展社会组织评估工作试点的省级单位，上海早在2007年就开始了对评估工作的探索，从中积累了大量的实践经验。特别是近年来，上海市民政局通过不断健全评估配套政策，分类完善评估标准，成立权威第三方评估机构，创新开展评估督导，完善评估委员会议事规程，不断优化评估方式方法，积极落实评估结果运用等一系列举措，严格控制评估质量，严肃加强第三方评估机构管理，充分发挥了社会组织评估"以评促建、以评促管、以评促发展"的重要作用，一批高质量的社会组织通过评估脱颖而出，赢得了自身的健康发展和社会的广泛认可。社会组织评估等级业已成为衡量社会组织社会信誉和发展水平的重要标尺。

* 上海市民政局社会组织服务处供稿。

** 赵宇，上海市民政局社会组织服务处（涉外社会组织管理处）处长。和浚嘉，上海市民政局社会组织服务处四级调研员。

一 发展历程

（一）率先试点

为引导社会组织加强自身建设，提高社会组织的自律性和诚信度，按照民政部民间组织管理局关于同意上海为全国民间组织评估试点城市的有关要求，2007 年上海市民政局及当时的上海市社会团体管理局决定在全国率先开展社会组织规范化建设评估试点工作，于 9 月印发《上海市民间组织规范化建设评估办法（试行）》，明确了评估工作试点范围、试点阶段，分类制定了规范化建设评估指标。试点阶段，全市共有 198 家社会组织获得评估等级。经过三轮实践，评估试点工作达到了试机制、试办法、试标准的预期目标，为全国社会组织评估工作开展提供了经验借鉴。

（二）全面推开

2010 年 10 月，民政部发布《社会组织评估管理办法》（以下简称《管理办法》），决定从 2011 年 3 月 1 日起在全国社会组织领域全面开展评估工作，要求坚持分级管理、分类评定、客观公正的原则，实行政府指导、社会参与、独立运作的工作机制。社会团体、基金会实行综合评估，民办非企业单位实行规范化建设评估。社会组织评估结果分为 5 个等级，由高至低依次为 5A 级（AAAAA）、4A 级（AAAA）、3A 级（AAA）、2A 级（AA）、1A 级（A）。社会组织评估等级有效期为 5 年。评估等级有效期满前两年，社会组织可以申请重新评估。根据《管理办法》的要求，上海市民政局、上海市社会团体管理局印发了《关于贯彻实施民政部〈社会组织评估管理办法〉的通知》《关于全面推行社会组织规范化建设评估工作的通知》，完善了工作组织架构，成立了市区两级社会组织评估委员会和复核委员会，制定了全市统一的《上海市社会组织评估指标》，在全市范围内部署开展社会组织评估工作，标志着上海社会组织规范化建设评估工作全面推开。

二 实践探索

社会组织评估工作的开展，为社会组织登记管理机关加强社会组织综合监管提供了重要的工作抓手，为社会组织高质量发展提供了重要的工作标尺，为社会公众快速了解某一社会组织的建设情况提供了重要的评判依据。但是评估工作全面推开伊始，社会普遍对社会组织评估的重要性认识不足，加之《社会组织评估管理办法》语意表述并不明确的所谓“依申请”，许多社会组织认为评估可有可无，不愿意、不主动申请参加评估，给初期全市评估工作带来较大困扰，评估数量上不去，评估经费用不掉，评估工作局面较难打开。面对困难，上海市民政局以《社会组织评估管理办法》为依托，在制度设计和创新探索两个方面下功夫，不断完善评估各项工作制度，不断优化评估工作流程，不断健全第三方评估机制，不断推动评估结果运用，在做好面上推动工作的同时，按照先建后评、以评促建、评建结合、重在建设的要求，切实加强对所属社会组织规范化建设的指导，经过十余年的发展探索，终于形成了遵循全国统一评估制度设计但又具有上海典型特点的评估工作模式，较好地推动了上海社会组织的高质量发展。

（一）完善评估制度设计

上海在社会组织评估制度设计上的完善主要体现在工作定性、指标设定、流程规范、专家选定、第三方评估和牌匾证书管理六个方面。

第一，工作定性。上海在多年探索的基础上，深刻认识到统一思想认识的重要性。2018 年上海市民政局印发《关于进一步加强和规范本市社会组织评估工作的通知》，首先明确了社会组织评估是社会组织登记管理机关依部门规章实施的行政确认行为和作为加强对社会组织事中事后监管手段的工作定性，打破了社会组织评估一定要依申请开展的思想误区，在总体坚持自愿申请的基础上，结合行政抽查等制度设计，有计划、有针对性地对重点的社会组织进行评估。这不仅解决了历史遗留问题，还较好地打开了评估工作局面。

第二，指标设定。上海始终把社会组织评估指标的科学性、公正性、可操作性作为评估工作的重点，从2012年起先后制定了2012版、2015版、2018版三个版本的评估指标。目前，上海社会组织评估工作依照的评估指标是2018版，它又进一步细分为行业协会商会、专业（职业）类社团、联合类社团、学术类社团、社会服务机构、基金会六大类指标，满分均为1000分。该指标以民政部六大类社会组织评估指标为蓝本，充分体现了上海特色，既保持了全国的相对统一性，又体现了上海工作的延续性和特殊性，增设了一票否决项和加分项，大幅增加和细化了三级指标，尽可能减少实地评估过程中的自由裁量权。

第三，流程规范。上海进一步明确了市区两级评估委员会办公室和社会组织相关管理处室的工作责任，制定了《上海市社会组织评估流程规范要点》（以下简称《规范要点》），分别对评估工作管理流程、第三方评估机构实地评估流程、市评估委员会会议流程进行规范。《规范要点》不再要求必须每年发布评估工作通知后再接受社会组织评估申请，而是按照年度预算和工作计划有序组织，社会组织提出申请后及时组织第三方评估，并在上半年和下半年至少各安排一次评估委员会会议对评估结论进行审定，实现了评估工作常态化开展。

第四，专家选定。为了规范评估专家行为，发挥评估专家作用，促进第三方评估科学、公平、公正，2020年上海印发《关于建立全市统一社会组织评估专家库的通知》，从评估专家的组成和条件、职责和工作内容、权利和义务、管理和退出等方面对评估专家库建设予以规范与明确，分三批共认定和公布全市社会组织评估专家142名，规定第三方评估机构派出的评估专家应从全市统一的评估专家库中选取，否则评估初步意见不予认可。

第五，第三方评估。上海在评估工作中认识到，既要充分发挥第三方评估机构的作用，又要加强对第三方评估机构的管理。对此，上海市民政局出台《关于规范委托第三方评估机构开展社会组织评估工作的通知》，对第三方评估机构的遴选、管理等提出明确要求，特别是督促第三方评估机构加强对评估专家的使用和评估档案的管理，防止第三方评估机构和评估专家利用评估来谋取不当利益，确保第三方评估质量。

第六，牌匾证书管理。2023 年上海依照民政部相关通知要求，结合本市评估工作实际，征求相关专家和各区意见后制定发布了《关于进一步规范社会组织评估等级牌匾证书管理等相关工作的通知》，落实“谁评估、谁授牌、谁颁证”与“谁授牌、谁颁证、谁负责”相统一的工作要求，更新并规范了牌匾证书样式和标准，加强了牌匾证书管理。上海充分考虑其作为直辖市的特点，尊重广大社会组织的呼声，对 4A、5A 级的社会组织仍由市级统一发放证书牌匾，3A 级及以下社会组织的牌匾证书的落款则是区级登记管理机关，由其按照全市统一格式，自行发放牌匾证书，由此既保证了全市高等级评估的权威性和严肃性，也充分体现了区级对 3A 及以下等级评估的责任性和自主性。

（二）创新评估方式方法

上海在社会组织评估工作中不断加强探索创新，主要创新内容包括推出实地评估“七”字工作法、统一全市高等级评估权限、率先成立省级专业评估机构、探索开展指定评估、创新实施社会组织评估督导制度、探索试行简化评估方式、编制《上海社会组织评估指南》并申请地方标准立项、推动社会组织评估工作“一网通办”、做实社会组织评估委员会功能等九项内容。

第一，推出实地评估“七”字工作法。在实地评估实践过程中，上海推出了“告、宣、听、察、问、审、馈”“七”字工作法。告，由评估组长告知受委托进行评估，介绍评估专家组的组成人员及现场评估的工作流程；宣，宣布评估纪律和参评社会组织享有的权利；听，听取参评社会组织的汇报；察，查阅评估材料，进行实地察看；问，询问社会组织相关情况；审，评估专家组进行会审，并经集体讨论和综合研判后形成初评等级意见；馈，向参评社会组织反馈现场评估发现的问题和意见建议，但不反馈评估分数和等级。

第二，统一全市高等级评估权限。为了确保评估质量，增强评估工作的公信力和权威性，上海在市区两级民政部门的评估权力划分上做了科学设定。市区两级民政局分别设立相应的社会组织评估委员会（以下简称“评估委员会”）。市评估委员会负责市级社会组织评估工作的组织和管理，并负责对市级社会组织以及各区 4A 级、5A 级社会组织评估等级做出结论。区评估委员会负责本区社会组织评估工作的组织和管理，对本区 3A 级及以下社会组织评估等级做出评估结论。区级登记管理机关只能对 4A 级、5A 级评估等级做出初步结论，最终等级要提交市评估委员会审定，并由市民政局发文确认后，对外公示公告。

第三，率先成立省级专业评估机构。2014 年 9 月，上海在全国最先成立了民办非企业单位性质的省级第三方专业评估机构——上海市社会组织评估院。评估院由市区两级登记管理机关长期从事社会组织登记管理相关工作的资深专家组成，日常接受登记管理机关委托，通过政府购买服务方式，对社会组织开展实地评估工作，通过发起组建由多方专业人员组成的专家组，以评估院名义，独立出具社会组织评估等级初步意见，并提交评估委员会会议进行审定。成立至今，市社会组织评估院共评估 2048 家（次）社会组织。其中，市级 845 家（次），区级 1203 家（次）。同时，上海市民政局协同各区民政局培育发展了一批第三方评估机构，打造了一支较为稳定的评估专业化队伍。

第四，探索开展指定评估。上海打破社会组织评估要依申请开展的惯性思维，于 2018 年，结合上海新颁布的《社会组织服务中心建设与服务指南》地方标准，对全市各街镇社会组织服务中心开展了指定评估。社会组织服务中心是上海民政部门特设的支持型社会组织，在街镇实现了社区社会组织综合服务平台功能，发挥了典型示范作用。对社会组织服务中心这一特设组织开展指定评估，很好地发挥了“以评促建”的作用，推动了一大批社会组织服务中心发展成专业化、实体化、社会化运作的专业机构，并获得相应评估等级；推动了上海社会组织服务支持体系的建设，在上海社区社会组织的培育发展工作中起到了很好的推动作用。

第五，创新实施社会组织评估督导制度。为增强评估工作的权威性和公正性，加强对第三方评估机构的监督和引导，确保第三方评估质量，上海创新推出了评估督导制度，重点对 4A、5A 级社会组织的实地评估开展评估督导。评估督导由登记管理机关评估委员会办公室或相关管理处室派员，参加第三方评估机构的实地评估工作：一是监督评估专家规范履职，二是为参评机构提供救济途径，三是避免高等级评估的廉政风险。评估督导作为实地评估流程的重要环节，现场申明评估工作纪律，告知参评社会组织享有的权利，监督评估工作的全过程开展。评估督导不干涉评估专家独立履职，但会将评估发现形成书面督导记录，提交评估委员会办公室，在召开评估委员会会议时提供综合参考。

第六，探索试行简化评估方式。为进一步提升社会组织评估率，将有限的财政资金用在更为有需要的初评社会组织上，上海从 2022 年开始探索简化评估方式，通过在市区两级部分社会组织试点取得了较好的效果。2023 年，上海又进一步细化完善适用对象、评估材料和评估方式，制定推出《简化评估的工作方案（试行）》，在市级 3A 及以下等级社会组织复评中全面推行，并延伸适用到部分 4A 级社会组织复评。各区参照市级《简化评估的工作方案（试行）》要求，结合本区实际自行开展简化评估，市民政局同步加强跟踪指导。通过简化评估工作，全市在很大程度上扭转了复评比例居高不下、初评比例低位徘徊的缓增长局面，全市社会组织总体评估率实现了大幅提高。

第七，编制《上海社会组织评估指南》并申请地方标准立项。为了帮助社会组织更好地准备迎评工作，推进全市社会组织评估工作更加公平、公正、公开，同时为了固化上海市评估工作经验，规范全市第三方评估机构工作流程，上海市社会组织评估委员会办公室会同浦东新区民政局、上海复恩社会组织法律研究与服务中心反复研究梳理，编制形成了《上海社会组织评估指南》，该指南最终由上海市民政局审定，采用红头文件形式，作为社会组织参评政策指引，于 2023 年正式对外发布。上海同步将《上海社会组织评估指南》作为地方标准申报立项，通过科学化、规范化的标准制定流程，进一步对指南进行优化和完善，对评估指标进行修订，通过地方标准的固化方式，推动评估工作更加科学、规范地开展。

第八，推动社会组织评估工作“一网通办”。上海不断提高社会组织评估信息化工作水平，将其作为行政确认行为纳入全市统一的“一网通办”规范办理流程，推动社会组织评估申请和资格审查在网上一口进行。上海社会组织公共服务平台开设评估工作专栏，提供通知公告、政策文件、评估指标和评估申请表等相关资料下载。上海将在评估有效期内的社会组织名单，在“上海民政”网站上予以公告，还设置了按行政区划和服务领域进行筛选的功能，方便公众查询了解社会组织。

第九，做实社会组织评估委员会功能。由于实行第三方实地评估机制，评估委员会委员并不参加实地评估，且上会社会组织数量众多，单靠会议听取第三方评估机构汇报，极难掌握参评社会组织的真实情况，评估的决定权容易落到第三方评估机构手中。为此，上海制定了《上海市社会组织评估委员会评审规则及建议事项》，在第三方实地评估初步意见的基础上，由评估委员会办公室综合提供社会组织成立年限、规模、实力、人员数量、党建、纳税、信用等各方面信息，供评估委员会委员综合判定。对于评估分数在高等级标准上下 5 分内的社会组织，评估委员会责成第三方评估机构开设专题进行解释说明。评估委员会充分发挥民主议事、民主决策的作用，通过书面、记名、投票 2/3 多数表决的方式，最终审定社会组织的评估等级结论，很好地保证了评估工作质量。

三　工作成效

上海社会组织评估工作开展以来，全市共开展社会组织评估 6673 家次。其中，“十二五”期间，共评估 1879 家次，“十二五”末全市在评估有效期内的社会组织共 1834 家，总体评估率 13.7%。“十三五”期间，全市共评估 2857 家次，“十三五”末全市在评估有效期内的社会组织共 2804 家，总体评估率 16.3%。“十四五”以来，截至 2023 年 5 月末，全市评估等级在有效期内的社会组织共 3250 家。其中，5A 级 310 家，4A 级 551 家，3A 级 1814 家，2A 级 315 家，1A 级 260 家；社会团体 671 家，社会服务机构评估 2274 家，基金会 305 家。全市社会组织总体评估率 18.7%。其中，高等级（4A、5A 级）社会组织的占比不足 5%，体现了从严、择优的工作导向，社会组织评估率稳步提高，呈现良好发展态势。

经过十余年的实践探索，上海市区两级民政局已将评估工作作为除年检之外，对社会组织监督管理最重要的抓手和举措。它既能较为全面地掌握辖区社会组织运行状况，又能将相关的管理要求、发展方向通过评估的形式对社会组织进行有益的普及和推广，较好地实现了以评促监督、以评促管理、以评促服务的工作目标。

上海通过“上海社会组织公共服务平台”和“上海民政”“沪上社会组织”微信公众号等，按照不同业务领域，不定期公布获得评估高等级的社会组织名单；市、区民政局通过举行社会组织等级证书和牌匾颁牌仪式等，展示社会组织风采。部分业务主管单位、行业管理部门及登记管理机关，尤其是各区，对获得评估等级的社会组织给予一定的物质和精神奖励，社会组织评估工作日益走上良性发展的轨道。评估制度的建立、评估指标的设立、评估工作的推动使社会组织找到了目标、明确了方向、看到了差距，一大批高质量的社会组织以评估为标准，较好地提高了规范管理能力，提升了自身品牌影响，成为经济发展、社会治理、公益慈善等方面的中坚力量。同时，经过多年的正面宣传和引导，有关政府部门和社会各界也越来越重视评估工作，把评估等级视为衡量社会组织公信力、管理能力的重要参考依据，在政府购买服务、公开募捐资格审定、公益性捐赠票据开具、评比表彰、品牌社会组织选树、各类人才推荐工作中，充分发挥了重要作用。

上海社会组织评估工作的成功实践证明了社会组织评估这一制度设计的科学性、有效性和延展性。“十四五”期间，上海市级社会组织的3A级以上评估率有望在2023年率先完成25%的预期指标，全市社会组织的总体评估率也有望站在20%的历史高点。展望未来工作，上海将进一步采取有效措施提升社会组织的参评率，进一步采取措施提升社会组织评估的信息化水平，进一步将评估工作关口前移，加大对社会组织规范化建设的培训和指导力度，使社会组织评估这一优秀的政策工具成为推动社会组织高质量发展的关键。

上海公益伙伴日的观察与探索

王小峋　王嘉旖　周　瑛*

"创新驱动，转型发展"。在我国改革开放的关键时期，上海转型发展任务艰巨。面对经济社会快速发展带来的各种社会问题和矛盾，公益慈善在有针对性地解决问题、提供多样化的专业服务、保障和改善民生、探索解决社会问题、倡导社会主义核心价值观等方面发挥了独特的作用。基于此，自2011年开始，上海市民政局发起了上海公益伙伴日活动，旨在通过公益伙伴日活动的开展，形成常态化、长效化的跨界合作机制，探索社会协同和公众参与公益的有效方式，搭建社会各界共同回应社会问题的平台，努力打造公益慈善事业发展的新高地。一方面，上海通过公益伙伴日这一特色活动的开展大力弘扬公益文化，提升文化软实力；另一方面，上海搭建公益平台改善公益生态，以公益伙伴日为契机构建多元伙伴关系，充分挖掘和整合各方资源，创新解决社会问题。

上海公益伙伴日是上海的公益盛事。从公益伙伴日的诞生到成熟发展、从单一场馆的公益伙伴日到多元场景的公益伙伴月，都体现了公益品牌依托公益节日不断推陈出新。公益节日在提升公益文化影响力、改

* 王小峋，上海市民政局社会组织服务处四级调研员。王嘉旖，《文汇报》社会政法部首席记者，毕业于清华大学新闻与传播学院国际新闻专业，深耕民政、立法等社会民生领域，曾获"上海人大新闻奖"一等奖、"上海市五一新闻奖"一等奖等。周瑛，同济大学政治与国际关系学院硕士研究生。

善公益生态的同时，也使节日内涵、层次更加体系化、完善化，公益生态得以不断丰富。因此，本文着重探究上海公益伙伴日在公益生态建设中的多样功能以及优化公益节日、打造公益品牌的有效经验。

一　公益生态与公益节日

生态系统作为环境科学和生态学名词，代表的是在特定空间内生物与环境共同构成的动态平衡整体。“生态系统”概念将个体与个体之间、群体与群体之间以及群体与外部环境之间联系起来，强调整体关联而非个体独立性。经济学、政治学、社会学等学科借用生态系统的关联特性开展理论解释，政治生态、经济生态、商业生态等概念也随之兴起。在公益慈善领域，公益机构、公益活动、公益品牌随着公益慈善事业和国家政策支持逐步发展壮大，公益项目所涉专业领域和活动类型也持续增加[①]。规模扩大并不意味着公益慈善事业的快速发展，在保持数量增加和公众关注的同时，如何高质量推进公益项目开展、打造特色公益品牌、整合公益资源、联动多元主体成为公益慈善发展过程中必须面对的难题。公益生态、公益生态圈、公益生态系统等概念也在此背景下获得关注，公益组织、公益人和公益研究学者也希望通过公益生态系统的构建与发展推动公益慈善行业的健康、可持续发展。根据中国基金会发展论坛2019年研究成果所述，公益生态系统是生态系统在公益慈善领域中的表现。进言之，公益生态系统包含参与和涉及公益慈善活动的不同主体经由互动形成的有机系统，公益组织、成员在公益慈善活动中的协作关系、潜在联系等都是公益生态系统的组成部分[②]。从这一定义中不难发现，公益节日、公益节气等对特定时间界定开展的公益特色活动也是公益生态中不可或缺的要素，而公益节气类型的特色品牌活动对公益生态圈、公

① 樊亚凤、胡左浩、洪瑞阳：《互联网公益平台生态圈的价值创造与治理机制——基于S公益平台的个案研究》，《中国行政管理》2022年第2期，第51~58页。

② 中国基金会发展论坛：《催化区域公益生态：基金会的机遇和责任——以福建省公益慈善生态发展为例》，www.cfforum.org.cn/Uploads/fi/e/20191122/5dd7523aef2d5.pdf.。

益生态建设的作用也是本文试图探究的关键问题。

（一）公益节日类型

公益活动存在多种分类方式，以活动场景、活动领域、服务对象等划分都是公益活动的常见分类方式，而公益节日相对于日常或短期公益活动、定期公益项目而言则是通过固定每年中特定时间使公益活动得以存续的特殊类型。作为公益活动之一，公益节日是以公益慈善等为目的，由特定主体发起并获得相应社会认同和影响力的节日界定。公益节日的当天或者临近时间节点，公益参与主体也会通过系列活动强化公益节日的公众认同、扩大参与范围[①]。如“99公益日”、“中国公益节”以及本文研究的“上海公益伙伴日”等都是典型的公益节日。根据公益节日的特点和举办方式，可以将公益节日划分为以下三种类型。

1. 群体导向的公益节日

群体导向的公益节日是指面向特殊人群、关注社会弱势群体而产生的节日类型，如全国助残日、世界孤独症关注日等。此类公益节日将活动聚焦于特定群体，通过社会倡导引发社会对弱势群体的关注，以此带动面向特定服务对象的公益活动开展。在互联网技术的支持下，此类公益节日的影响力在不断扩大，活动形式也日益丰富。如腾讯音乐公益关注孤独症群体、电竞赛事守护孤独症儿童等活动。跨界联动、多场景融合也在不断拓展群体导向的公益节日的活动范围。

2. 议题导向的公益节日

议题导向的公益节日是由特定议题出发开展的相近议题系列节日活动，如世界地球日、世界水日、世界无烟日等都是针对特定议题界定的节日，而借助此类公益节日，公益组织也会针对议题开展公益活动。此类公益节日主要通过对某一公益议题的强调，提升公众对环保、减灾等领域的关注程度，增强公众公益意识。议题导向的公益节日可以从既定

---

① 翟红新:《以互联网技术驱动公益创新发展》,《国家治理》2017年第8期，第40~42页。

的节日出发衍生出公益节日的活动方式，也可以从主题性的公益活动或项目出发，创新性地界定特定日期作为公益节日，并在开展系列活动的过程中增强节日认同和提升传播效力。

3. 平台导向的公益节日

平台导向的公益节日是以搭建公益平台为主要诉求，通过主题展会、场景活动等促使公众在关注公益、参与公益活动的同时，为公益项目、公益品牌构建政企社合作的共治平台[①]。包容的节日氛围和活动形式是此类公益节日的最大特征，在节日活动期间参与主体既可以通过展会形式获得更多资源支持，也可以通过主体赛事、参与互动、场景融入等方式寻求伙伴联结或公益支持。“99 公益日”在互联网作用下近几年出现了运动、互动打卡等行为公益形式，将公益行动与日常生活场景紧密联系起来，进而提升公益项目的公众支持度。平台导向的公益节日以节日平台为依托，为公益项目、公益活动寻求更加可持续、有效的发展路径和合作模式。本文展示的上海公益伙伴日就是平台导向的公益节日的典型代表。

二　国内外公益节日案例

（一）国外公益节日案例

1. 红鼻子日[②]

红鼻子日（Red Nose Day）是英国历史最为悠久的公益慈善节日，其自 1988 年由喜剧救济基金会在英国首次举办，每两年举行一次。如今，红鼻子日逐渐成为国际性的公益节日，在英美等国产生了重要影响。红鼻子日是通过喜剧表演的形式为贫困和弱势群体募捐，通过娱乐的方式传递社会正能量。在红鼻子日当天，普通公众可以乔装打扮，装扮红

① 李砚忠:《治理现代化视域下的政社企关系再造——〈经济社会体制比较〉杂志创刊 30 周年座谈会暨“国家治理现代化：政社企关系再造”研讨会综述》,《经济社会体制比较》2016 年第 1 期，第 215~221 页。

② 红鼻子日主题活动网页，https://rednoseday.org/what-io-red-nose-day。

鼻子庆祝节日。学校也会借助红鼻子日对学生进行爱心教育，组织爱心募捐等活动。演员、歌手等公众人物和媒体也会通过红鼻子直播、表演以及相关影片开展募捐活动，提高募捐的公众参与度。公众也可以通过烘焙活动如制作饼干等为红鼻子日筹集善款。除此之外，在红鼻子日这一公益节日不断为人所知的发展过程中，红鼻子日相关的系列公益文创产品不断被推出，公益活动形式也在持续创新。

2. 给予星期二①

给予星期二（Giving Tuesday）是由纽约一家非营利机构最初发起，后获得多家慈善机构和企业支持的慈善倡议活动，也是美国首个全国性的公益节日②。在互联网传播和社交网络的作用下，给予星期二在全球产生重要影响。给予星期二是在黑色星期五、网购星期一等购物节日之后，为扩大美国社会捐款规模、提升公益慈善认同而举办的。其最初没有过多的活动场所或活动内容设计，而是在社交媒体的传播下获得公众关注。给予星期二创办的初衷是抵制消费主义，呼吁社会减少消费，关注公益慈善。除了慈善捐款外，给予星期二还联合基金会、企业发起了玩具捐赠、多议题捐赠、志愿招募等多种主题活动。互联网公益的参与形式也让更多年轻群体加入慈善捐赠和公益行列。

（二）国内不同主体主办的公益节日案例

1. 政府发起的中国公益慈善项目交流展示会③

中国公益慈善项目交流展示会（以下简称“中国慈展会”）是由民政部、国务院国有资产监督管理委员会、中华全国工商联合会、广东省人民政府、深圳市人民政府、中国慈善联合会等共同主办的为公益慈善组织和优秀项目提供展示平台、资源交流方式和社企合作的活动平台，自 2012 年起于深圳经济特区举行。这是一个典型的平台类的公益节日和公益盛会。通过国家部委与相关单位联合创办，中国慈展会在推动慈

① 详见“给予星期二”网页，https://www.givingtuesday.org/。

② Giving Tuesday，“You Trade In One, We Give One”，M2 Presswire,2021.

③ 详见中国公益慈善项目交流展示会线上网页，https://www.cncf.org.cn/cms/node/311。

善事业创新发展、助力脱贫攻坚等方面发挥了积极作用。在展示、分享、交流慈善经验的同时，慈善组织也能够通过展会活动获得多方资源支持。除展会资源交流活动之外，中国慈展会在举办过程中还衍生出公益集市等活动，组织国内多家公益产品和创意组织参与提供公益产品营销平台，在方便公众参与的同时，也将人人公益的理念落于实处。历届中国慈展会的主题都有所不同，在发展过程中，中国慈展会逐渐成为综合品类的公益活动和公益节日。

2.“99公益日”①

“99公益日”是在中央网信办和国家民政部联合指导下，由腾讯公益联合公益组织、企业、创意传播机构等发起的公益节日。从2015年到2022年，“99公益日”历经八年逐渐发展成我国参与范围广泛、知名度较高的公益节日。“99公益日”举办是响应我国9月5日中华慈善日的号召，由此在9月上旬举办的公益活动②。在公益节日期间，腾讯公益会联合相关企业、社会组织开展不同主题、面向不同人群的各类慈善捐赠和公益活动。在公益日影响不断壮大的背景下，线上活动也逐步发展出线下公益主题活动，普通公众也可以通过社交媒体、运动等方式参与公益行动。多场景融入、贯穿全年时间节点、规范机构准入细则等也成为近年来“99公益日”体系化公益节日运行，打造高质量公益品牌，推动构建可持续健康公益生态圈的重要途径。

三　上海公益伙伴日的创新实践

2011年11月，首届上海公益伙伴日活动在上海展览中心举办，从第二届开始，主场活动在上海公益新天地园举行。活动通过展示各类社会组织的最新成果、搭建各类公益项目对接平台和开展各类公众喜闻乐见的公益活动，构建了政府、企业、社会组织、公众和媒体跨界合作平台。

① 2022年“99公益日”专题报道网页，http://yn.news.cn/topic/2022zt/jjgyr/index.htm。

② 高一村:《99公益日 让微小的善行更有力量》,《中国社会组织》2019年第18期，第14~15页。

公益伙伴日以“公益是一种生活方式”为理念，根据当年的重点工作设定不同的主题。

（一）主要历程和内容

首届上海公益伙伴日活动于2011年11月在上海展览中心举行，活动为期三天，吸引了大量公众关注和社会组织参与，专业公益组织也在此次伙伴日获得了项目支持。首届活动共有116家社会组织、企业和政府部门参加，吸引了近万人次参与。这场活动对于上海的公益之路而言，具有划时代的意义。面对“郭美美事件”“红会危机”等慈善风险事件的出现，社会化运作的公益伙伴日为公益慈善事业的发展提供了新的思路和运营模式。开展第一届上海公益伙伴日活动的目的是搭建政府、社会组织和企业的交流平台，形成“三方伙伴关系”，希望使“伙伴日”成为公益人的年度盛会。上海公益伙伴日从2011年开始到2021年结束，总共走过了11年历程。公益伙伴日创立之初主要聚焦构建公益伙伴关系，形成合力创新解决社会问题。从第七届开始，公益伙伴日在功能上进一步拓展和强化了公众参与，侧重于公益氛围的营造和“公益之城”的打造。活动逐渐分为专业观众和非专业观众两条主线，面向专业观众有论坛、沙龙、展示展览、活动大赛等各种交流研讨活动；面向非专业观众有公益体验、公益市集和公益大舞台等各项公众参与活动。公益伙伴月期间，各区民政局还在全市16个区广泛开展“公益进社区”“公益进校区”“公益进商区”“公益进园区”活动，在整个9月形成“全城共益”“人人公益、处处可为”的良好公益氛围。11年间，上海公益伙伴日推出了“公益之申”“公益盛典”“公益创业大赛”“上善论坛”等一系列慈善品牌项目，创作了伙伴月主题曲。每年公益伙伴日期间都有近千家社会组织、企事业单位在各个社区开展近千场各类公益活动，年均吸引20余万人热情观展、参加活动、分享成果，全国各地同仁都来沪交流学习。公益伙伴日也成为上海社会组织和上海公益事业发展的盛会，在上海乃至全国都是知名的公益节日和品牌。公益伙伴日活动的参与主体多元，包括公众、政府职能部门、企事业单位及社会组织。上海公益伙伴日（月）的发展经历也生动展示了公益节日体系化、成熟化的动态过程（见表 1）。[①]

表 1　历届上海公益伙伴日（月）基本情况

届次	主题	时间
第一届上海公益伙伴日	跨界合作，共建公益伙伴关系	2011 年 11 月 25~27 日
第二届上海公益伙伴日	结成伙伴关系、推进跨界合作	2012 年 12 月 2~4 日
第三届上海公益伙伴日	更有活力和更可持续的公益	2013 年 11 月 29 日至 12 月 1 日
第四届上海公益伙伴日	创新社会治理、伙伴携手公益	2014 年 10 月 31 日至 11 月 1 日
第五届上海公益伙伴日	新公益、新伙伴、新活力	2015 年 10 月 30 日至 11 月 1 日
第六届上海公益伙伴日	慈善同心、公益同行	2016 年 10 月 28~30 日
第七届上海公益伙伴日	社会组织参与社会治理	2017 年 9 月 15~17 日
第八届上海公益伙伴日	不忘初心　为爱前行——让公益成为一种生活方式	2018 年 9 月 15~16 日
第九届上海公益伙伴日	公益同行　成就未来	2019 年 9 月 21~22 日
第十届上海公益伙伴日	温暖这座城	2020 年 9 月 5~6 日
第十一届上海公益伙伴月	公益・城市软实力	2021 年 9 月

2011 年，首届上海公益伙伴日活动在上海展览中心举行，目的是搭建政府、社会组织和企业的交流平台，形成“三方伙伴关系”，希望使“伙伴日”成为公益人的年度盛会。首届活动共有 116 家社会组织、企业和政府部门参加，吸引了近万人次参与。

2012 年，第二届上海公益伙伴日活动增加了公益游园会、公益招投标和公益演出等。从参展单位来看，范围拓展到全国，吸引了来自全国 19 家基金会、11 家企业和上海本地的 82 家社会组织参与，吸引了 1.25 万余人次参与。

2013 年，第三届上海公益伙伴日活动从侧重业内交流拓展至扩大社会参与，形式上突出互动类项目。活动从单一的主场延伸至市区互动，

① 王劲颖：《上海公益创业的社会生态路径——对首届“上海公益伙伴日”的思考》，《社团管理研究》2012 年第 2 期，第 51~53 页。

各区社会组织孵化基地、创意示范园区也开始开展公益项目展示和劝募活动。共吸引112家各类社会组织参与，公众突破1.4万人次。

2014年，第四届上海公益伙伴日活动提出“人人可公益、处处有公益”的理念，创新设置了空中直播和网络对接，试图营造“永不落幕的公益伙伴日”。其重点展示了社会组织在社会治理中的积极参与情况，共吸引了164家社会组织、1.5万名观众参与。

2015年，第五届上海公益伙伴日活动打造“网上的公益新天地和新伙伴”，在长三角的影响力进一步扩大，共有60多家热心公益的企业和200多家社会组织参与，21家来自江浙的社会组织在园区进行了展示交流，近2.5万人次热心公益的专业人士和市民踊跃观展。

2016年，第六届上海公益伙伴日活动以《慈善法》正式实施为契机，聚焦“慈善同心、公益同行”主题，提出创建“上海公益之城”的愿景目标和“人人可公益、处处可公益、时时可公益”的理念。首次提出“公益四进”，除公益新天地园主会场外，还在全市160多个社区、校区、园区和商区设置分会场。吸引上海及苏浙等地的500余个社会组织和企业参加，近20万人参与。由上海市民政局与上海广播电视台联合打造的全国首家公益性新媒体演播和发布中心——上海公益新媒体中心启用。

2017年，第七届上海公益伙伴日活动以“社会组织参与社会治理”为主题，在上海公益新天地园开幕。本次活动为期三天，倡导“人人公益、处处公益、随手公益、快乐公益”的公益生活方式，健全公益服务支持体系，树立“上海是一个有温度的城市”形象。本次上海公益伙伴日活动由市民政局、市社团局共同主办，吸引了500余家机关事业单位、社会组织、企业、媒体参加。活动举办了“社会组织参与社会治理成果展”，召开了“国家治理与社会组织发展”“政府职能转变与社会组织服务”等主题论坛，发布了《上海市承接政府购买服务社会组织推荐目录》《静安区政府购买社会组织服务基础目录》，揭晓了“公益之申”年度公益榜单评选结果，为年度“十佳公益机构”、年度“十佳公益项目”和年度“十佳公益故事”颁奖，弘扬社会发展中的公益情怀，展示上海“公益之城”的温度。

2018 年，第八届上海公益伙伴日活动以“不忘初心 为爱前行——让公益成为一种生活方式”为主题。其间签署了《上海社会组织自律公约》，并在园区引入张江科学城公益事业大型展。公益新天地园区和张江科学园区签署了战略合作协议，和上海市外办达成了上海市社会组织对外交流基地共建协议。上海社会组织展示馆正式开馆。为了进一步推动上海公益之城建设，今年的“公益伙伴日”全面升级为“公益伙伴月”。整个伙伴月期间，共举办了 31 场市级大型公益活动。全市近千家社会组织，数百家企事业单位、学校合力将 500 余场公益活动送到社区居民的家门口，吸引了 10 余万人次热心公益的专业人士和热情市民。

2019 年，第九届上海公益伙伴日活动以“公益同行 成就未来”为主题，共挖掘十一大亮点，其中五个“首发”：上海市政府购买社会组织服务供需对接平台首次上线运行，发布首批 36 家“上海市品牌社会组织”，发布《温暖这座城》公益伙伴日主题歌曲，举办首届校园公益展，首届上海社会组织公益创业大赛圆满成功。本届公益伙伴月活动期间共举办了 22 场市级大型公益活动，本市 16 个区共有近千家社会组织，数百家企事业单位、学校参展、参演、义卖和提供公益服务；开展了近千场公益活动，吸引了 20 余万人次热心公益的专业人士和市民热情观展、互动交流、分享成果。

2020 年，第十届上海公益伙伴日活动以“温暖这座城”为主题。在疫情防控常态化的背景下，活动举办难度增大，虽然范围缩小，但活动形式依然非常丰富。公益市集、公益展览、公益论坛、公益互动、公益盛典等各类活动精彩纷呈。成功举办了首届“上善论坛”，发布“上善共识”。组织 24 场系列沙龙进行深度分享，为“人民城市建设中的社会力量参与”这一主题提供更多视角、呈现优秀案例和营造社会氛围。本届首次举办的“太阳公益市集”和“一平方米的温暖”爱心套餐筹款项目吸引了众多社会组织和社会公众参与。

2021 年，第十一届上海公益伙伴月系列活动以“公益 · 城市软实力”为主题。活动举办了第二届“上善论坛”，邀请高校学者、公益机构、智库、媒体等，分享最新学术成果与实践案例，围绕“‘十四五’公益组织和公益人才培育”“公益组织与社区发展”“公益慈善与第三次分配”“长三角公益一体化的实现路径”等开展主题研讨。举办上海“百佳社会组织主题展”，通过图片、文字、视频以及线上线下相结合的形式，展示“十三五”以来社会组织发挥的作用。在线上开设公益市集，围绕“拥抱未来”主题，分为科技环保、乡村振兴、绘行中国、大爱无痕四大板块，开展义卖活动，吸引公众参与，为公益伙伴基金筹款（见表 1）。

（二）品牌影响力

上海公益伙伴日经过 11 年的发展，品牌效应不断深化，有效弘扬了社会主义核心价值观，营造了良好的公益发展环境，促进了上海公益事业发展，在提高公共服务水平和城市文明程度的进程方面发挥了积极作用，是上海独创的公益文化品牌，在全国具有一定的知名度。

每年沪上 20 多家主流媒体都对上海公益伙伴日活动进行报道，近百家媒体平台发布了相关活动信息，包括电视台、网站、微信公众号以及新闻客户端。《文汇报》和《解放日报》会在活动期间刊登专版，上海东方卫视、上海新闻综合频道、上海教育电视台、上海第一财经频道、直通 990 等纷纷跟进报道，《中国社会组织》杂志还进行了公益伙伴日十周年专题报道，每年《中国社会报》都会在头版头条进行报道。公益伙伴月活动业已在全国得到认可并产生重要影响。除了媒体的宣传报道外，每年公益伙伴月期间全城都充满了浓厚的公益氛围。比如，申城 1.2 万辆出租车后窗，实时滚动播放“今天你公益了吗”“温暖这座城”“一平方米的温暖”字幕，成为申城一道流动的风景线；位于陆家嘴环路东城路华能联合大厦的户外大屏以及陆家嘴 80 余处行人指示系统滚动播放“温暖这座城”宣传短片和“公益伙伴日”大幅海报。上海市部分地铁里也纷纷响起了《温暖这座城》公益主题曲。

作为平台导向的公益节日，上海公益伙伴日最为突出的品牌效应体现在其平台搭建上。经过多年的打造，公益伙伴日活动形成了多样化的功能平台。首先，展会交流和论坛活动使其成为上海公益领域新政策、新成果、新实践的分享平台。其次，每年公益伙伴日活动期间的公益数据都成为上海公益事业发展成就和趋势的评价平台。最后，丰富多彩的公益活动使市、区、街镇多级联动，公益项目交流交易会等为政府、企业、社会组织、媒体和公众的公益伙伴关系搭建合作平台与公众参与公益的平台。从这一层面而言，公益伙伴日经过不断完善，不仅将主题活动打造成公众认同的公益节日品牌，而且搭建了具有公信力的平台，这也是伙伴日这一公益节日至关重要的品牌效应。

（三）运作机制

1. 参与主体多元化

联合多元主体共同推动城市的公益力量发展是公益伙伴日活动的运行机制，也是其最大的特色，上海公益伙伴日通过活动联动政府、企业、社会和媒体各类主体，发挥不同主体的优势。政府出思路、谋全局、抓协同、把方向，社会力量出创意、配资源、出人力、抓执行，最终形成“小政府、大社会”的联合办会机制。首先是政府主导。历届上海公益伙伴日都是由上海市民政局牵头发起的，从市到区全方位动员，在市民政局支持带动区民政局开展主题活动的同时，教委、经信委、体育局、合交办、工青妇等委办局也纷纷参与伙伴日活动，汇聚公益资源为公益组织、公益项目提供支持。由此可见，政府是为公益节日提供资源支持的重要力量，职能部门、地方政府参与公益节日在为公益发展搭建公信平台的同时，也为活动的举办提供了良好的政策环境。与此同时，“政府搭台，社会组织唱戏”的参与方式不仅保障了公益活动社会化运作和服务型政府的职能转型，而且有助于把控公益节日活动的主题方向，协同多方资源为公益节日的有序开展保驾护航。其次是企业参与。企业主体被称作公益事业中的“造血者”，具有社会责任感的企业通过捐赠、资源提供等方式介入公益活动。企业主体的营利和社会责任双重特性使其能够在公益活动、风险化解、重大社会事件等情境下发挥优势作用。在公益伙伴日活动中，企业是资源提供的重要支柱，企业的赞助参与使社会组织、公益品牌乃至公益节日得以可持续发展并产生社会影响。除此之外，企业对项目推广、产品宣传的经验和运营优势也为公益节日、公益项目带来传播优势，在企业主体提供资源赋能社会组织的同时，深度的节日参与和伙伴关系也为公益推广带来积极作用。最后是社会主体协作。参与公益伙伴日活动的社会主体包含两个部分：一是参与活动举办、寻求伙伴合作和资源支持的社会组织，二是提升公益伙伴日影响力的社会公众。社会组织在参与过程中为公益节日提供支持，策划公益议题和公益活动，获得企业、政府支持推进公益议题和品牌的落地打造。在公益伙伴日中，社会组织也是公益活动、公益产品的提供展示主体。经过多年的实践，公益伙伴日发掘了一批有能力、有想法、有资源的社会组织共同参与办会，并在实践中取得了良好的效果，这既提高了社会组织的能力，又展示了社会组织的能量。社会公众在参与公益伙伴日活动的过程中，感受公益、走近公益，在参与公益活动的同时提供公众关注和公众支持，共同营造全城公益的氛围，用公益行动温暖这座城市。

2. 资源多元化

公益是践行社会主义核心价值观的最大公约数，调动资源的过程也是社会各界助力公益的过程。公益伙伴日作为一个开放的公益节日和平台，通过展会和系列活动搭建合作平台，推进多元主体的良性合作。在政府资源层面，通过民政倡议的公益节日实现纵向联动，挖掘在地资源的同时也为公益项目提供更多的创新实践机会。除此之外，跨部门协作还为公益项目、公益组织和公益品牌提供更多资源。在企业资源层面，专题展会吸引企业主体通过冠名、赞助、主办等方式参与公益活动，通过公益伙伴日平台形成公益项目与企业的双向宣传和资源支持。在社会组织资源层面，历届公益伙伴日活动都会吸引处于不同成长阶段和不同类型的社会组织参与，参与活动也为公益慈善打造了更多创新项目和公益品牌。通过多维度宣传，公益伙伴日借助不同场景进一步扩大影响范围、增强社会认同。多元化的资源利用和整合也是公益伙伴日能够快速成长的关键所在。

3. 执行专业化

作为公益节日，举办与打造社会认同和有影响力的公益活动与平台离不开专业的节日举办及执行程序。公益伙伴日的执行专业化主要体现在以下三个方面。一是团队专业化。近年来，公益伙伴日凝聚和吸引了一批专业化的承办团队，形成了一批稳定的专业队伍，历届公益伙伴日都在完善原有活动模式的同时精准把握公益趋势、创新公益活动方式。二是项目专业化。通过几年的摸索，在活动设计上，公益伙伴日已经形成了专业观众和非专业观众两条主线，精准聚焦不同人群，项目效果显著，影响力日益扩大。三是流程专业化。经过长期实践，公益伙伴日在执行层面逐渐形成了一套成熟的运作机制，并编制了“上海公益伙伴日执行手册”，形成了完善的公益节日和平台运作流程。

（四）公益伙伴日的作用发挥

1. 推动网络联动，构建公益生态

公益伙伴日在构建公益伙伴关系、建设公益生态圈上发挥了重要作用。公益伙伴日作为平台导向的公益节日，包容开放的态度吸引了多元主体参与，构建了政府、社会组织和企业三方跨界合作的新机制。公益伙伴日通过展示公益项目、汇聚公益人才、整合各方资源实现了供需的有效对接。如通过上海社会组织公益创业大赛，带动了“市－区－街（镇）”三级培育孵化资源的联动，引起了各级政府部门和社会组织的重视，选拔出一批在全市有创新活力和影响力的好项目、好组织、好故事，在全市营造了力争上游的竞“益”氛围，促进了社会组织专业化水平和品牌影响力的提升。在公益生态圈层中产生公益创意的社会组织也能够在公益伙伴日中得到展示和支持。品牌公益基金会带来公益故事，凝聚公益力量。不同主体在公益伙伴日中形成了良性网络联动，也形成了联系紧密、互动合作的公益生态系统。

2. 打造合作圈层，凝聚公益共识

不同主体参与公益行动的侧重维度、注意力分配存在差异，如何整合多样化公益资源、促使差异化主体形成合力是公益慈善事业发展的关键问题。公益慈善不仅是关注社会问题、回应社会需求的善行，而且是体现国家、城市整体发展水平和文明程度的重要标志。公益伙伴日则是通过活动的形式为多元主体提供良性协商、针对性互动、有效协同的平

台，而主体间关系的调整也可以对公益生态多元合作圈层建设产生正向作用。上海公益伙伴日在发展过程中不断发挥其凝聚公益共识的作用。从2011年的“上海公益伙伴宣言”到2018年的《上海社会组织自律公约》，再到2020年上海市民政局指导、上海复星公益基金会等13家基金会联合主办首届的“上善论坛”推出“上善共识”，传达了上海公益慈善界“向上向善、共享共建”的共同理念，提出了建设“大城有爱、公益之城”的共同目标，明确了“公谨自律、诚实守信”的共同责任，倡导了“至善至美、追求卓越”的共同追求，推动公益慈善事业高质量发展。公益伙伴日在倡导慈善界的共同理念、号召社会公众成为更积极的行动者方面持续发力。

3. 展示社会组织风采，增强社会组织认同感

社会组织是第三次分配的中坚力量，激发社会组织活力、增强社会组织的社会认同感非常重要。举办公益伙伴日活动，社会组织是当仁不让的主角，它是办展的主体力量，而且各类活动也无不体现出社会组织的重要作用。每年的主题展都是展示社会组织参与城市治理的成就展，从中可以呈现社会组织的独特作用。如为期一个月的社会组织主题展，划分为名录区、成就区、媒体互动区等多种板块，并在线上线下同步开展，以便让市民群众更直观地了解当下上海的社会组织能干什么、做得如何。这些成果被固化下来，陈列在公益新天地园的社会组织展示馆，成为展示社会组织的窗口。对于社会组织来说，这些窗口不仅给予其一种肯定感、认同感，而且让它们有了继续创新的动力。对于社会组织来说，公益伙伴日活动搭建的平台，可以解决其“从无到有”的问题，并助力其实现“从有到优”。社会组织借由活动平台，让小而美的社会组织有了走出去的机会，通过社会组织主题展等平台被看见、被传播，有助于增强社会对社会组织的了解和认识，汇聚资源更好地实现提质增能。

4. 倡导公益文化，扩大公益影响力

公益节日只在特定时间举办，大多公益节日更是采用一年一次的举办方式，为了获得更多关注和参与机会，公益节日也会不断丰富活动内容和活动场景。高质量的公益节日和密集的公益项目展出、系列活动开

展使公益节日成为倡导公益文化、扩大公益影响力的良好契机。公益节日带来更加广泛的公益参与，也为普通公众认识、了解、参与公益活动提供了机会。这样一来，公益节日和公益生态建设相互促进，公益节日可以扩大公益影响力、建设公益生态，同时，更有广度和深度的公益生态圈也提高了公益节日的社会认同度和知名度。上海公益伙伴日在不断创新活动形式的过程中，让公益走进千家万户，为倡导人人公益发挥重要作用。公益伙伴日期间，品牌项目“一平方米的温暖”联合上海及全国 27 家知名餐饮企业的 200 个门店在餐厅开辟出一平方米区域，以宣传、展示公益产品及内容，并推出公益套餐部分款项定向捐赠公益项目。在网红打卡地标思南公馆、外滩等推出公益市集，引入社会组织和企业公益项目，开展丰富多彩的公众体验活动等，这些接地气、聚人气的活动带给上海市民“好玩、有趣”的公益体验。“微公益”“随手公益”等创新形式也让更多市民参与公益，提升对公益的认同感。

（五）思考和启迪

1. 建立新型政社企伙伴关系

多年的公益伙伴日活动，形成了一种共建共创的新型政社企伙伴关系。在平台搭建方面，政府为社会治理创新提供制度规范和政策支持，企业持续赋能公益项目，社会组织则负责以专业化团队运营开展具体公益项目，打造公益品牌。政府、企业、社会组织在公益节日中能够各司其职，发挥各自优势实现协同合作。公益伙伴日活动开展期间，志愿者招募、培训管理等都由社会组织负责。这一模式不仅让承接的社会组织得到了锻炼，也为其扩大资源库、朋友圈奠定了重要基础，还能了解社会组织的共性需求，并在后续活动中有针对性地解决难点、堵点问题。政府不再“大包大揽”后，由社会组织负责实际推进的公益伙伴日活动获得了自由空间，从贴合社会需求的热点主题、持续涌现的“新面孔”到专业观点丰富的公益沙龙，都是政社建立良性关系的产物。除此之外，公益伙伴日活动走过 11 年历程，成功让大量社会企业参与。除了简单的捐钱捐物，这些企业也在不断寻找新的参与方式并尝试打造自己的公益品牌。对于这些原创性的公益品牌，它们愿意投入大量的时间和精力，并多年如一日地坚持。其动力就在于，一个优秀的公益品牌既能提升企业本身的品牌价值，也是一种隐性的“增值”。近年来，一批民营企业公益基金会逐渐走到台前。政府助力、民营企业基金会扮演主角，各方合力，一张张属于上海公益的亮丽名片也持续向外传递，形成良性互动循环。

2. 构建跨部门的深度合作机制

在政府部门设计的架构下，许多机构在实操环节难免形成“各管一摊”的思维定式。公益伙伴日活动虽由上海市民政局牵头，但诸多活动落地时，相关部门积极沟通推进，多方构建起一种跨部门的深度合作机制。以“一平方米的温暖”活动为例，该活动在推进过程中需要许多餐饮商户参与，因此，如何与上海市商务委进行有效沟通和协商，成为重中之重。当时，正是疫情刚发生时，不少餐饮机构遭受打击。作为业务主管部门的市商务委本身就在思索如何更好地为商户赋能引流，在此背景下，“一平方米的温暖”恰逢其时。作为一种“公益 + 商业”的新模式，其能很好地为商户引流，同时兼顾公益属性。另一个类似的案例是与市政府合作交流办之间的合作。此前，上海市民政局与市政府合作交流办之间的交集甚少。正是借助公益伙伴日活动的举办，受邀参与的市政府合作交流办相关负责人看到了社会组织参与脱贫攻坚的更多可能。于是，从试点到成熟，越来越多拥有专长的社会组织投身脱贫攻坚事业。为扩大它们的参与范围，两部门联合制定相关文件、配套扶持资金，使这一创新机制予以固化。

此外，上海市民政局还与市妇联、市残联等形成了良性的合作关系。这些深度合作不只产生于公益伙伴日活动期间，而且将影响力辐射至日常业务合作中。比如，针对困境儿童，上海于 2022 年启动建设首批“未爱小屋”。这一新载体的牵头部门虽然是上海市民政局，但是在实践推进中需集合市妇联、公检法等多方力量。基于公益伙伴日活动的举办，“未爱小屋”建设也得以顺利搭建畅通的交流渠道，让处于困境之中的儿童获得全链条、全环节的保护。这种跨部门良性合作机制的形成，正是基于双方共益的前提。由于活动本身没有上级行政力量的直接介入，各部门并不会将其作为一项任务指标强势推进，参与的积极性和力度完全取决于活动本身是否匹配它们的业务需求，是否能促进其自身的发展。这也更考验活动经办者的能力，需要其精准了解各参与主体的需求，并借由公益创新将这些需求整合在一起。

3. 打造人人参与的“公益之城”

身边的公益“跳蚤市场”、工作日必不可少的公益咖啡、一顿爱心午饭……公益伙伴日活动走过的 11 年里，上海不断创造新的公益载体和模式。更难得的是，基于多样化的公益参与平台，“随手公益”“人人公益”有了实现的可能。公益伙伴日活动结束后，不少来自基层的活动参与者还询问是否会继续举办活动。这种情感联结源于最初自上而下的活动举办形式，已在实践中演变为自下而上的主动发起模式。

公益伙伴日活动虽是一年一度的规定动作，但由于发动了全市 16 个区的公益伙伴们广泛参与，不少区也在多年实践中逐步结合区域特点打造出品牌项目。于他们而言，一年一度的公益项目，不再只是活动本身，而是一种实打实的公益支撑，为日常的公益实践、业务开展提供了资源支持、服务供给等。比如，于 2019 年公益伙伴月活动期间上线的上海市政府购买社会组织服务供需对接平台，为初步进入公益领域的草根组织提供了一个被“看见”的窗口。除了口耳相传的熟人介绍外，它们也能将组织机构的服务内容传到网上，让更多意向合作者看见，拓展其公益服务半径。

4. 推进社会影响力传播

参与规模和影响范围是衡量活动与节日知名度的重要标志。从最初近 1 万人次参与到近年来年均参与人数约 20 万人次，参与人数的指数级上升背后离不开持续推进的社会影响力传播模式。

在依靠体育明星为公益引流方面，上海公益伙伴日做了大量探索。比如，通过与上海市体育局紧密合作，该活动近年来邀请到许昕、吴敏霞等一批沪上知名的体育明星助阵。更难得的是，明星“站台”的活动与公益项目本身的契合度颇高。作为奥运冠军、国乒队主力的许昕，其参与的公益项目是环滴水湖公益骑行。活动的受众群体本身就与许昕号召力较强的体育爱好者这一群体适配。在项目实践中，“公益项目不能为追求明星效益放弃自身的价值判断”成为广泛共识。

以公益伙伴日活动为起点，“公益＋明星”模式在实践中有了诸多新探索。除短期的公益项目代言、慈善活动之外，需长期培养的明星基金会、专项基金等也如雨后春笋般兴起，如进驻上海公益新天地园的袁立公益基金会。该基金会由演员袁立发起，在上海市民政局注册成立，专注于帮助尘肺病农民工。自 2016 年成立以来，该基金会在患者医疗救助、制氧机发放、尘肺病家庭子女助学、特殊困难救助等方面开展工作，效果显著。

与此同时，上海公益伙伴日也积极探索青年人参与公益节日的有效方式。上海公益伙伴日创设新链接、新渠道，越来越多的城市空间找到了对接公益的可能性，生动阐释了人民城市的共建共治共享。共建是公益伙伴日活动的根本动力，共治是主要方式，而共享是最终目标。为实现三个“共”，相关部门坚持问题导向、需求导向，以基层为核心，以百姓需求为核心，更追求暖心导向。以此为基础，打造六大体系，即公众参与的社会动员体系、公益资源的优化配置体系、公益人才的培育激励体系、公益行业的诚信自律体系、公益事业的协调支持体系和公益之城的宣传推广体系。

走过 11 年，公益伙伴日活动的意义不仅在于看得见的公益项目、公益活动，而且在于看不见的公益种子。它们持续激发着社会参与热情，丰富着“公益之城”的内涵。如今，它完成了阶段性的历史使命，并将继续以“上海慈善周”的形式进行更新和迭代。不过，这一由上海首创的公益品牌所展现的公益精神，将持续为城市软实力注入汩汩活力。这既是一种传承、一种坚守，也是一种热爱、一种信仰，更是一种情怀、一种境界。

上海公益创业育人的探索与实践

王晶晶　闫贝贝　余古家佳　谢文轶*

公益育人是在新时代新发展大背景下培养德智体美劳全面发展的社会主义建设者和接班人、担当中华民族复兴大任的时代新人，坚持“立德树人”根本宗旨的一条创新路径，是“为党育人、为国育才”的一条重要路径，是“大思政”课程结合学生社会实践融入基层社会治理的一个“知行合一”的创新做法，同时也是为社会建设发展储备公益慈善行业、社会组织行业人才的一个关键举措。在“大思政”育人格局的指引下，公益育人的重要性已经从思政教育、实践育人方面延伸至吸纳就业、鼓励创业方面。近年来，上海市从制度完善、基地建设、校社联动、人才梯队等多个方面进行了公益育人的积极探索，围绕“为党育人、为国育才、立德树人”宗旨，将公益育人与上海及长三角一体化的战略发展有机结合起来，创新建立中国式现代化思政教育新型模式，为社会组织及公益慈善事业的发展储备人才，使公益育人成为助力上海城市建设和社会发展不可或缺的关键要素。

---

* 王晶晶，上海颂鼎社会公益创新发展中心副主任。闫贝贝，上海颂鼎社会公益创新发展中心项目总监。余古家佳，上海颂鼎社会公益创新发展中心项目经理、公益会客厅主理人。谢文轶，上海公益育人实践基地项目负责人，其参与的“党建引领公益育人”项目获 2022 年上海市教学成果奖。同济大学政治与国际关系学院硕士研究生孙湘茗、周瑛对此文亦有贡献。

一　公益育人的概念与功能

公益育人是在“公益创业”和“实践育人”等相关概念的基础上衍生发展而来的。“公益创业”(social entrepreneurship) 也被译为“公益创新”或“社会创业”，是20世纪80年代以来兴起的一种创业模式，它主张通过创新服务、产品、生产过程、组织形态回应社会问题、满足社会需求、实现社会目标。“实践育人”是近年来学校及其他教学机构人才培养过程中不可缺少的组成部分，是提高人才培养质量的重要环节，是提高学生创新能力的主要方法，是巩固学科知识、提高理论联系实际能力的关键途径。在此基础上，公益育人以公益活动为桥梁，并为学生搭建展示和实践平台，让他们在真实的场景中学以致用，帮助他们更好地回应社会需求，通过“利他”增强和提升学生的社会责任感和创新实践能力，贯彻“三全育人”的理念，形成“梯度育人”的良性循环。

（一）公益育人的功能

1. 教育功能

公益育人是经由公益实践方式，给予参与者输出及展示其自身素质能力的平台。相应地，公益创业活动在开展实施中也兼具极强的教育功能。公益实践所包含的公益精神与服务品质有助于社会责任感和历史使命感的培养。现代育人理念不再偏重知识教育和行为训练，而是更加注重培养学生的道德判断和道德评价能力，以人为本，实现个人的自由与解放。公益育人的教育理念有助于将参与者的慈善精神内化为积极的价值观、人生观、世界观。

2. 服务功能

公益创业面向社会公众展开，是一种以提供社会服务为主要目标的创业形式及活动形态，服务功能与教育功能在公益创业领域中得到充分展示。公益活动所追求的是公共利益的实现以及社会的公平正义与发展进步，它不仅能够发挥育人作用，也能够为社会创造价值，由此形成的公益创业和公益服务反哺社会同样具有社会价值。

3. 整合功能

公益创业涉及社会中的多个环节，能够对各环节的价值及资源进行深度整合，在确保公益创业能够获取经济效益的同时，还可以给各参与主体提供发展方向及目标上的引导，从而使公益创业既体现出人才价值，又为社会提供了更加丰富多样的公益服务内容。

（二）公益育人的主要模式

从目前的公益育人实践来看，公益育人可以分为学校主导和联合共创两种模式。

1. 学校主导的公益育人

习近平总书记在2016年12月全国学校思想政治工作会议上指出，要坚持把立德树人作为中心环节，把思想政治工作贯穿教育教学全过程，实践育人是这一要求实现的重要途径。目前，国内许多学校的公益性学生社团都开展了多种类型的公益实践活动，参与其中的学生在做贡献的同时获益颇丰，公益实践活动成为学校“实践育人”理念的良好载体。学校不仅有公益社团带领学生参与各类社会活动，还有专门的教学团队为学生提供指导。

2. 联合共创的公益育人

联合共创的公益育人模式，即建立一个“公益育人共同体”，“公益育人共同体”是一个基于社会问题解决、社会价值创造、促进社会公共利益、承担社会责任的特殊群体、组织或团队。建立这一共同体的目标是在团队中实现价值共享、资源互助、合作共赢。对于学校来说，公益实践育人项目与活动既离不开地方政府的政策和资金支持，也离不开社会组织的平台支撑。政府、学校、社会组织通过融合发展互动而生成的“公益育人共同体”，发挥协同创新的引领作用，汇聚有效资源与核心资源，打破行业壁垒，释放全社会公益人才培养及社会创新创业的活力。

二　上海公益育人的发展与路径探索

（一）上海公益育人的发展阶段

2019年以前，上海尚没有完善的公益育人体系，主要以授牌式公益基地为主要阵地。上海市民政局发布的《上海公益数据（2019版）》显示，截至2019年8月末，全市共有慈善组织386家，其中基金会364家，全市共创建各类公益基地4755个，设置志愿服务岗位11550个。

2019年，上海市民政局和上海市教育委员会合作设立了上海公益创业育人实践基地（以下简称“公益育人基地”），旨在激发在校学生的公益创业热情，促进公益领域的创新创意与创业，挖掘和提升上海社会组织、院校、社区的公益创新创业潜能和社会影响力，完善院校、社区、社会组织协同发展新生态，助推上海“公益之城”建设。公益育人基地的成立，使上海的公益育人项目进入了集中发展的阶段。2020年，在上海市民政局的指导委托下，上海颂鼎社会公益创新发展中心具体开展公益育人基地的建设、合作、发展以及协调推进各项具体工作。

2021年，公益育人基地各项工作稳步推进，针对不同学校的需求，有针对性地探索合作机制，在公益体验、公益实践、公益人才培育等方面取得了显著成效。公益育人基地根据各学校的需求，有针对性地设计合作目标和内容，并与各学校签署战略合作协议，目前已与上海交通大学、同济大学、上海财经大学、上海五角场创新创业学院、上海对外经贸大学、上海大学、上海应用技术大学、上海健康医学院等众多学校达成了战略合作共识，为深耕高校公益创业、公益实践奠定了基础。

从2022年开始，公益育人基地进入新的发展阶段，服务领域进一步扩展到长三角地区及全国学校，还入选了教育部2022年供需对接就业育人项目。作为唯一入选的公益创业、公益育人类单位，公益育人基地已与全国十余所学校签订合作协议，助力大学生就业与人才培养的有机联动。此外，基地充分发挥社会组织网络优势，与上海市劳模协会劳模学员分会以及上海相关行业协会、专业协会、企业家协会等机构合作，进一步完善公益育人导师及课程资源，建设“公益育人”知识库平台，力争将“公益育人”的培养体系做到中小学、职业学校及高校全覆盖。

（二）上海公益育人路径探索

公益育人基地发展迅速，在路径探索方面以学校育人为起点，以公益赛事为契机，以制度化建设为保障，以公益人才培养为目标。

1. 以学校育人为起点

在“三全育人”的格局之下，学校育人应奉行“因事而化、因势而新”的原则，深刻把握社会经济发展方向、高等教育发展态势、青年学生发展规律，推进学校人才培养高质量提升。自“实践育人”概念被提出以来，经过多个阶段的理论创新和实践探索，目前学校的实践育人取得了显著成效。特别是在党的十八大以后，学校大多积极构建实践育人体系并将公益理念纳入实践育人活动中，培育当代大学生的公益实践观，学校的实践育人进入高质量的全面发展阶段①。2020 年，教育部等八部门联合发布了《关于加快构建高校思想政治工作体系的意见》，明确指出：“要深化实践教育。把思想政治教育融入社会实践、志愿服务、实习实训等活动中，创办形式多样的‘行走课堂’……推动构建政府、社会、学校协同联动的‘实践育人共同体’，挖掘和编制‘资源图谱’。”通过与学校开展联合育人工作，公益组织将拥有更多资源和更强能力从事公益服务，同时助力学校学生规划未来职业发展方向，链接更多社会优质资源，开辟公益创业新道路。

案例 1：同济大学的公益实践育人模式

当前，国内许多学校都以培育“德才兼备”的新时代大学生为目标，其价值定位彰显了“实践教学”与“思想教育”的内在统一。

① 费兰兰：《“大思政”格局下学校实践育人模式的探索与实践》，《黑龙江教育》（高教研究与评估）2023 年第 5 期，第 82~85 页。

一方面，实践育人模式是学生接受专业教育的渠道，可以巩固和深化他们已有的专业知识、开阔他们的视野，增强他们对理论的认识。另一方面，实践育人的过程不仅是知识转化为经验的过程，也是道德内化为习惯的过程。社会的“大课堂”蕴含着丰富的育人资源，有助于大学生淬炼意志品质，塑造人的全面发展的素质。以同济大学为例，同济大学的实践育人呈现阶梯形特征，具体内容包括校地合作基地、专业实习、课程合作、联合指导双创项目、学生见习实践等。

（1）专业教学合作：建立教研实习基地

作为公益创业育人实践探索的方式之一，同济大学社会学专业和社会组织领域高度契合，于 2021 年 7 月开展了为期一个月的暑期实习活动。这一活动既可以帮助学校学生更好地了解真实的社会组织，也能帮助社会组织引进优秀的公益人才，为全面培养城市治理与社会创新方面的社会栋梁和专业精英打下基础，使社会组织和学校学生碰撞出火花。实习活动的地点位于颂鼎社创和同济大学政治与国际关系学院社会学系共建的“同济大学城市治理与公益创业育人实践基地”。该基地的成立是为了积极落实上海市民政局和上海市教育委员会关于合作打造上海公益创业育人实践基地工作，推动课程教学与实践锻炼相结合的学校人才培养工作，共同探索校社联合培养的创新型、复合型、应用型人才的新模式、新途径，打造适应社会发展需求的人才高地。

（2）双创教育合作：赋能社会创新项目

同济大学的创新创业训练计划项目为一年一度，目的是增强和提高大学生的创新精神、创业意识和创新创业能力，建立以创新创业为导向的新型人才培养模式的重要项目，将创新创业教育贯穿人才培养全过程。该项目遵循“兴趣驱动、自主实践、重在过程”的原则，培养大学生独立思考、善于质疑、勇于创新的探索精神和敢闯会创的意志品格，提升大学生创新创业能力，主要包括国家大学生创新创业训练计划、上海市大学生创新创业训练计划、校级大学生创新创业训练计划。项目内容分为创新训练项目、创业训练项目、创业实践项目。创新训练项目是在导师指导下，自主完成创新型研究项目设计、研究报告撰写、成果交流等工作；创业训练项目是在导师指导下，团队中每个学生在项目实施过程中扮演一个或多个具体角色，完成商业计划编制、企业模拟运行等工作；创业实践项目是在学校导师和企业导师共同指导下，采用创新训练项目或创新型实验成果等，提出具有市场前景的创新型产品或服务，并以此为基础开展创业实践活动。在创新创业项目进行过程中，有许多团队的项目重点聚焦于未成年人保护、长者关怀、残健共融、艺术疗愈、女性发展、传统文化、绿色环保、社区融合、乡村振兴等社区议题，发现一批以“解决真实社区问题和满足迫切社区需求”的公益组织和公益项目，以自身的专业素质为公益项目提供治理方案，推动社会治理创新。

（3）社企合作课程：共建 MBA 行动学习课程

同济大学经济与管理学院专业学位中心与上海颂鼎社会公益创新发展中心合作建立教育部第二期供需对接就业育人项目。帮助引领学生组织实习实践和现场教学，安排企业参访、校企合作及赛事活动，协同组织毕业生招聘、职场体验和职业生涯教育等活动。基于就业实习基地的合作建立，双方共同开展“社会创新与创业”行动学习项目，通过结对、调研、参与等过程，引导学生对社会问题、对社会基层主动关心、主动对接、主动参与（介入），为以解决社会复杂问题为目的的社会创新、社会（社区）治理注入新的活力。该项目旨在引导专业学位学生更好地了解社会创新和公益创新创业。第一期课程，同济大学经济与管理学院 MBA/EMBA 中心已组织五十余名学员，与公益育人基地九组公益项目成功结对。未来，MBA/EMBA 中心将持续推动公益项目小组深入交流，整合社会资源，深耕合作，鼓励同济师生一起努力，为社会公益事业与社会治理注入新血液、新活力。

2. 以公益赛事为契机

公益育人要坚持以活动为契机，通过多种渠道获取资源支持。资金短缺是社会组织发展面临的共同问题，社会公益组织的资金主要来源于运营收入、政府资助和慈善捐款。其中，慈善捐款的主要实现方式是公益补助，即基金会或企业出于公益目的，以资金捐助的形式为非营利组织提供财务支持，非营利组织则利用这些资金来实施公益项目、完成目标。这种模式存在不少弊端，如效率不高、问责力度不足、短期资助对非营利组织能力建设的帮助甚小。对于中国来说，公益竞赛和公益创投能够有效解决长期困扰非营利组织的资金难题，同时推动社会组织的发展，解决社会服务供给不足的问题。通过各种公益创投和社会创新创业大赛获取资金以及其他资源，是公益育人发展的有力支撑。

案例 2：上海社会组织公益创业大赛

上海社会组织公益创业大赛由上海市民政局（上海市社会组织管理局）指导，上海颂鼎社会公益创新发展中心（上海公益创业基地运营方）、上海市浦江社会组织促进中心（上海公益新天地园运营方）和上海联劝公益基金会联合主办，面向已在国内注册登记并处于初创期（0~3 年）的社会组织和尚未注册但有公益创业意向及项目实践经验、有意愿落地上海的公益团队。自 2019 年以来，上海社会组织公益创业大赛始终以解决社会问题为导向，鼓励、引导致力于公益事业的创业者们不断创新探索公益创业新思路，为公益创业者拓展创业资源、搭建赋能沟通平台。大赛至今已连续举办四届，累计吸引了来自全国各地近 1000 个公益创业项目聚集于此。参赛者已辐射到长三角、京津冀、内蒙古、新疆等全国 14 个省份、37 个地区，落地上海 16 个区、180 个社区，主要服务领域包括女性赋能、未保关爱、为老服务、社区治理、乡村振兴、文化教育等，受益对象超过 47 万人次。大赛通过“政府搭台、社会运作、多方联动”的方式以赛促建、以赛促育、以赛促联，开展全方位的赋能培训和全链条系统支持，精准聚焦社会需求，引入社会资本，搭建供需对接平台，助力公益项目落地生活、生产、生态等社会生活场景，推动社会组织高质量参与社会治理创新。

首届上海社会组织公益创业大赛于2019年4月25日正式启动，此次大赛以“让公益创业汇聚上海，让公益事业温暖上海”为使命，以“公益创业 时代风尚”为主题，设立社会组织和公益团队两个赛道。社会组织赛道的报名要求为已在国内注册登记并处于初创期（0~3年）的社会组织。首届公益大赛报名参赛队伍达到263支，其中公益团队类194支，社会组织类69支。263个参赛主体的业务范围包括垃圾分类、社区营造、助老为老、特殊群体关怀、传统文化等传统公益领域，也不乏科技、金融、健康等跨界融合的创新公益模式参与。其中，社会组织、公益团队各20支队伍进入复赛，社会组织、公益团队各9支队伍晋级决赛。

首届大赛产生了广泛的社会影响力，此后举办的历届大赛都在此基础上进一步拓展了参与面和覆盖面，创新了组织方式和合作渠道，特别设立大学生公益创业先锋奖，鼓励、支持大学生参赛。在第三届大赛颁奖典礼上，“十七村”公益创业训练营正式启动。该训练营面向参赛组织及团队提供系统化课程，如“社会组织的使命与公信力”“社会组织的营销战略”“公益项目管理”“社会组织人力资源管理”“公益项目筹款”等。链接杨浦区社会组织服务中心、静安区社会组织服务中心、长宁区社会组织创新实践园、浦东公益服务园等区级培育孵化基地，拓宽了公益项目落地的孵化渠道。参赛的公益创业者掌握了一套能有效管理社会组织的知识体系，结识了一批能相互合作的公益伙伴，拓宽了公益项目落地的孵化渠道。第四届大赛主办方与市妇联合作，新增了“女性发展专项奖”，鼓励女性参与公益。在资源支持上，本次大赛与上海市社会组织服务供需对接平台和其他职能部门及群团组织进行联动，提供专项筹款、高质量系列培训、资金直通机会、创变客直通名额，增强媒体宣传力量，共同推动大赛优质项目落地上海、服务社区。

3. 以制度化建设为保障

公益创业与公益育人模式是社会发展的新趋势和创业的新模式，如今已成为多元化群体实现自身价值和社会价值的重要途径。公益创业的发展需要国家、社会的支持，由于公益创业在我国起步较晚，国家以及地方政府的政策支持对公益创业以及公益育人的发展具有重要意义。近年来，上海市不断更新关于社会公益组织的法律框架和制度构建，为公益组织、公益创业、公益育人的发展营造了良好的社会氛围和政策环境。

公益育人基地根据学校的公益育人需求，与上海市教委、人社部门联动，充分整合学校双创教育、大学生就业见习补助等资源，与上海交通大学、同济大学、上海财经大学、上海五角场创新创业学院、上海对外经贸大学、上海大学、上海应用技术大学、上海健康医学院等 40 多所学校达成合作共识，以公益见习、公益参访、公益志愿活动、公益赋能、公益创新创业人才工作站、公益课题研究、公益创业项目联合孵化等多种方式，共同探索合作育人方式。

在小学、初高中层面，黄浦区教育学院联动黄浦区中小学生社会实践认证点，以黄浦区格致初级中学、敬业初级中学、大同初级中学等为试点，为师生有针对性地设计公益体验、公益宣导、素质教育与职业教育课程，通过公益养成营、公益启程、易起读、教师训练营等项目，在师生中播撒公益种子、培养公益思维。

4. 以公益人才培养为目标

公益育人基地把对社会组织人才的培养纳入各级党委和政府的视野，社会组织负责人队伍呈现人才结构好、党员比例高、职业化程度高、创新创业热情高的特点。其通过在社会组织领域推荐产生“两代表、一委员”，以及推荐社会组织列席市“两会”等重要会议，畅通党委、政府与社会组织代表人士沟通协商的渠道；通过组建新社会阶层人士联谊会，加强对重要领域、重点类型社会组织领军人才的统战工作。从 2013 年开始，据不完全统计，有 60 多位社会组织领军人才通过统战系统在各基层单位挂职。为了更好地帮助社会组织广纳海内外英才，上海市民政局打通了社会组织人才落沪绿色通道，通过市特殊人才引进联席会议机制，成功为1名基金会理事长办理了上海户口；面向长三角举办社会组织公益创业大赛，开展“筑梦公益创业就业”系列社会组织助力大学生就业专场招聘活动，促进各类有情怀的人才投身公益事业，在社会组织领域建功立业；实施中央财政支持社会组织参与社会服务示范项目——社区社会组织领军人才培训，探索长期、成体系、重实务的人才培养模式。

三 经验借鉴

（一）校地合作

校地合作育人体系。公益育人基地充分发挥资源集聚的优势，自成立以来不断拓展公益育人的实践场域，积极开展校地合作项目，先后与上海市的众多学校建立合作关系，以公益传播、志愿服务、实习就业、创新创业、创新社会治理实践五种形式，构建全生命周期的公益育人实践体系。

以赛促教育人体系。在公益育人基地的推动下，上海市已成功举办四届社会组织公益创业大赛，积累了很多优秀项目和资源，它们涵盖了广阔的社会服务领域。公益育人基地在“政府搭台、社会运作、多方联动”的模式下以赛促建、以赛促育、以赛促联，助力公益项目落地现实社会生活场景，推动社会组织高质量参与公益育人实践环节。

（二）多元协同

“政府－学校－公益育人基地”三位一体的协同育人模式已在上海市得到初步发展。在政府层面，上海市民政局发布了《关于鼓励社会组织吸纳大学生就业的通知》等政策文件，为公益育人的社会实践提供了基础保障；在学校层面，各高校在各自的育人方案之下引导大学生走出校门、走进社会，参与培养综合素质的公益育人活动；在公益育人基地方面，为满足学校的公益育人需求，共同探索合作方法，以公益见习、公益参访、公益赋能等多种方式进行协同教育，使在校学子了解公益并参与公益，最终促进公益创业就业。在与学校育人方的合作中，注重通过通识课程、职业培训、专业见习、项目指导、创业赋能等培养大学生的公益就业创业能力，提升其求职能力、职场适应能力、成长力和胜任力。

（三）场景落地

在上海各大学校内部，以思政课堂为主阵地，在教师引导下，学生能在实践中思考，加深对思政理念的理解和认同，进而形成正确的思想观念和优良的行为作风；在引导学生关注基层民生问题、参与解决基层民生问题的过程中，培养、锻炼、铸就人的公益属性；帮助引领学生组织实习实践和现场教学，安排企业参访、校企合作及赛事活动，协同组织毕业生招聘、职场体验和职业生涯教育等活动。学校之外，企业、社会组织和公益育人基地为学生提供了丰富多彩的工作场景，并与学校加强沟通、达成共识，不断探索创建合作共赢机制，架起学校与社会之间的桥梁，及时对接地方需求。上海目前正处于高速发展时期，人人公益、处处可为的城市公益理念，需要通过公益育人基地的宣传贯穿于上海的各项发展和建设中，公益育人基地将校社合作的公益育人课程与上海自贸区临港新片区、上海五大新城发展、上海四大品牌和五个中心的建设结合起来，构建供需匹配的公益人才培养体系。

国际性社会组织在上海的探索与成长*

赵　宇　金欢妹**

中国日益走向世界舞台的中央，迫切需要深度参与全球治理。当前全球治理的机制主要包括国际组织和跨国公司，国际组织又分国际政府间组织和国际性社会组织。国际政府间组织、国际性社会组织和跨国公司作为全球治理的三大支柱，互相作用，共同搭建了全球治理的舞台。国际性社会组织作为非国家行为体，对其进行有效引导能使其更好地发挥民间外交的积极作用，拓展中国参与全球治理的深度与广度，有助于上海实现建设卓越全球城市的目标。当前，国际性社会组织登记成立缺少相关法律法规和政策引导，国内社会组织的国际化程度不高，开展国际合作时面临缺少政策、资金、人才和经验不足等挑战。

上海在提升城市能级和国际化大都市治理水平的同时，积极探索国际性社会组织登记成立路径，优化国际性社会组织成长环境，推动国际性组织为上海提供更多全球资源。同时，上海通过深化涉外社会组织登记试点，加强社会组织涉外活动指导，引导国际性社会组织有序成长，积极参与卓越的全球城市建设。当前，国际性社会组织在国内成立主要有三个途径：第一，在民政部申请登记成立为国际性社会组织；第二，

* 上海市民政局社会组织服务处供稿。

** 赵宇，上海市民政局社会组织服务处（涉外社会组织管理处）处长。金欢妹，上海市民政局社会组织服务处一级主任科员。

依照《境外非政府组织境内活动管理法》登记成立为境外非政府组织境内代表机构；第三，在上海等国际化程度高的地区，以民办非企业单位的形式，参照《民办非企业单位登记管理暂行条例》，试点登记成立涉外社会组织。本文主要从上海涉外社会组织登记试点的角度，对相关问题加以总结和分享。

一 概述

（一）定义

涉外社会组织是指在沪的外商企业和外国人出于联谊、合作交流、服务以及维护自身利益等需要，在经济、教育、科技、文化、卫生、体育、环保、公益慈善等领域举办的非营利社会组织，其发起人或开办资金主要来自境外，或者法定代表人由境外人士担任，或者服务对象主要是境外人士。

按照学术定义，涉外社会组织根据社会组织的不同属性和涉外维度大致可以划分为两种类型：一是从国际资源“引进来”的角度而言，涉外社会组织可以是在境外成立，具有国际组织身份，在中国境内开展活动的民间组织；二是从社会组织“走出去”的角度而言，涉外社会组织还可以是在中国境内依法成立，主体、活动、资金、战略等要素涉及境外因素的中国民间组织（境内涉外民间组织）①。可见，涉外社会组织包括境外在华社会组织和境内涉外社会组织两部分，前者涉及港澳台民间组织和在华外国民间组织，后者包括走出国门的社会团体、民办非企业单位、基金会和在华成立的涉外社会组织。

（二）特征与功能

第一，涉外社会组织因具有非政府性、灵活性和专业性等特质，在国家主导下可以配合参与不同领域的全球治理，有助于促进民心相通、

① 魏红英、史传林：《中国政府对境外 NGO 管理存在的问题及对策》，《社会主义研究》2013 年第 5 期，第 89~96 页。

优势互补、技术合作及资源整合，进而提升国家及地区的国际形象。第二，涉外社会组织具有专业化特征，是加强国家间关系，构建多层次、宽领域、全方位的国际合作网络体系的重要力量，有助于国际层面决策和全球公共利益维护。第三，涉外社会组织的集聚有助于带动国际经济交流与合作，是全球资源配置能力的重要方面，是城市国际竞争力和影响力的重要指标。

（三）国内实践

当前，美国、英国等发达国家非营利组织的国际化程度较高，建立了广布全球的民间社会网络，成为全球治理的重要主体。代表性案例包括联合国、红十字会、世界经济论坛、国际标准化组织等，它们通过建立全球性网络，实现各国政府、企业、社会之间的互动和合作，共同实现全球公共事务的治理。

国内实践主要包括“请进来”和“走出去”两个部分。

“请进来”主要涉及涉外社会组织的管理。2017 年，《境外非政府组织境内活动管理法》正式实施，从登记管理、活动监管、财务管理和人员管理等方面完善相关法律法规和管理措施，加强对涉外社会组织的规范化管理，为推进国际交流和涉外组织服务管理提供保障。

“走出去”包括组织和人才两个层面。在组织层面，“一带一路”倡议提出后，京津冀地区探索社会组织“走出去”建设服务平台，以中关村建设推动社会组织创新创业和国际孵化器合作对接。国内社会组织也充分借助国际平台与沿线国家充分交流合作，参与全球治理和国际规则的协商制定。2022 年民政部社会组织管理局举办国际性社会团体法规政策及“走出去”能力建设培训班，为社会组织国际交流、国际交往经验以及内部治理和相关政策法规等提供全方位能力提升与强化。在人才层面，国际教育合作、联合培养等成为涉外社会组织的重点服务领域之一，其在深化国际交流的同时吸引更多青年人才参与涉外活动，搭建国内外互动桥梁。

“引进来”案例：整合全球优质教育资源，深化国际协同与合作
——以上海纽约大学为例

上海纽约大学成立于2012年，是经教育部批准、由华东师范大学和纽约大学合作创办的中国第一所中美合办研究型大学，也是纽约大学全球体系中具有学位授予资格的三大门户学校之一。在创建中美第一所合作办学高等教育独立法人机构的过程中，国家教育主管部门和上海市区两级政府都给予巨大的支持和帮助。作为由中美两所高水平大学合作创办、具有独立法人资格和学位授予权的中外合作办学国际化教育类社会组织，上海纽约大学实现了在专业设置、课程建设、学校师资、办学设施、学生质量、校园管理等方面与世界一流大学全面接轨，在扎根中国大地创办国际化、综合性、研究型中外合作高等教育机构方面走出了一条新路。

建校十载，上海纽约大学始终以学生为中心，充分发挥国际协同创新、跨学科研究和跨文化交流三大优势，以“小而特、小而精、小而优”为办学目标，构建起一个高质量的国际化人才培养体系。学校本科教育秉承博雅教育的理念，荟萃通识培养与专业训练之精华，将学生们培养成既具扎实基本功又有极强跨专业知识迁移能力的多专多能型人才。前瞻性的课程体系和灵活的选课机制，为学生自主定制专业知识与技能模块提供了自由，助力学生在特色化的路径中提升能力。

作为中美人文交流的先行者和中美关系发展的推动者，由上海纽约大学打造的“共赢链”彰显出“千磨万击还坚劲”的韧性与活力，体现了在“双循环”新发展格局下东西方文明之间交流交融、互学互鉴的宝贵价值。学校坚守“建成一所世界级的、多元文化融合、文理工学科兼有的研究型大学，成为全球化进程中不同文化交流、教育合作典范”的目标，不仅积极探索了全球化背景下的人才培养新模式，而且为我国高等教育改革及中外合作办学起到了引领和示范作用。

“走出去”案例：小小再生电脑，让爱跨洋传递

——以上海众谷公益青年发展中心为例

上海众谷公益青年发展中心（以下简称“众谷公益”）成立于2012年6月，机构以“让乡村与城市共享”为使命，通过汇聚各方优质资源，用公益方式使中西部偏远地区得以分享发达城市的教育、教学设备等各类资源。众谷公益于2021年12月获评5A级社会组织称号。

众谷公益发起并长期专业实施“爱传递·再生电脑教室”公益项目（以下简称“爱传递”），发动公众捐赠出淘汰闲置的电脑等电子设备，组织专业力量进行规范再生，帮助偏远地区乡村学校高标准建设电脑教室，并持续提供监管维护、应用提升的系统性支持。

爱传递自2009年开始实施，累计用14700多台性能良好的再生电脑帮助国内云南、新疆、江西、甘肃等30个省份及蒙古国、布基纳法索、缅甸等国的乡村学校建成524间电脑教室，帮助超过22.49万名乡村老师和孩子平等享受优质信息化教育，被联合国开发计划署全球环境基金评为“中国最佳执行项目”，先后获得首届“‘四个100’全国最佳志愿服务项目”、中国青年社会组织公益创投大赛金奖（全国第一名）、国务院原扶贫办“社会组织扶贫50佳案例”等荣誉，并荣获第一届“上海慈善奖”。

2019年5月，在中国民间组织国际交流促进会的组织下，爱传递作为中国优秀公益项目代表之一，参与在蒙古国首都乌兰巴托举办的“丝路一家亲”蒙古站系列活动。同年10月，众谷公益团队再次来到蒙古国，正式开展“中蒙爱传递”活动，以“捐赠信息化设备”和“推广爱传递公益模式”两种形式，助力蒙古国开展乡村信息化教育。7所蒙古国乡村学校获赠电脑教室，11024名蒙古国老师和学生因此受益；20多名蒙古国民间组织代表参加项目模式分享，积极发动本地企业及公众承担社会责任，实现民间组织、企业、公众、乡村学校等多方共赢。

2021年，众谷公益又一次在外交部及上海外办的支持下，开展了“中非爱传递”活动，向西非国家布基纳法索捐赠115台性能良好的再生电脑。除了蒙古国与布基纳法索，“爱传递”电脑也抵达了肯尼亚、乌干达、缅甸这3个“一带一路”倡议沿线国家，以信息化设备和信息技术助力当地乡村学校，为这些地方的青少年教育做出了上海社会组织的贡献。

二　上海涉外社会组织的试点登记

改革开放以来，随着上海经济发展和城市国际化水平不断提高，在沪的外商企业和外国人越来越多，出于工作、生活服务需要，成立涉外社会组织的要求日益迫切，加强对涉外社会组织的管理已经被提到上海社会组织管理工作的重要议事日程。1999年上海市社会团体管理局成立时，专门设立了外国人社团管理处，负责涉外社会组织的相关管理工作。在前期深入调研和民政部的支持下，2004年上海以民办非企业单位形式开始试点登记涉外社会组织。

截至2022年底，上海登记在册的涉外社会组织共49家，按具体的业务活动领域可划分为：教育领域34家、交通领域5家、经济领域3家、民政领域2家、劳动领域1家、文化领域1家、体育领域1家、卫生领域1家、其他领域1家。在上述49家涉外社会组织中，举办者有境外人士、境外机构或者举办资金有境外资金的共43家，服务对象主要是境外人士的有30家；涉及15个国家和地区，分属10个业务主管单位，地域分布在全市12个区。试点登记以来，以上海组约大学、上海波罗的海国际航运公会中心等为代表的一批涉外社会组织，在服务上海经济社会发展、参与国际标准制定、传播中国传统文化、参与公益慈善活动等方面发挥了积极作用，如上海根与芽青少年活动中心的“百万植树项目”获得2022年第一届“上海慈善奖”。

（一）建立过渡期管理机制

长期以来我国对涉外社会组织登记管理的立法一直滞后，管理方式一直比较模糊，为了改变这种情况，适应上海形势发展的需要，市社团管理局成立伊始，便开展了涉外社会组织管理的系列工作。具体有以下三个方面。

组织“过渡期”调查研究形成应对措施。在摸清涉外社会组织基本情况的基础上，针对涉外社会组织的一些特殊情况，2000 年底，市社团管理局提出“如何在从多头管理到归口管理的‘过渡时期’加强对上海涉外社会组织管理”的课题。2001 年第一季度，市社团管理局与相关部门组织召开“‘过渡时期’如何加强对涉外社会组织管理座谈会”；同年 3 月底到 4 月中旬，市社团管理局连续上报《当前上海涉外社会组织现状及加强管理的建议》等多份专报，得到上海市委、市政府领导和民政部的高度重视，为规范有序管理涉外社会组织打下了良好的基础。

建立联席会议制度整合工作机制。根据市领导的有关批示，2001 年 4 月下旬，市有关部门主持召开各相关单位分管领导和部门负责人会议，就全市加强涉外社会组织管理问题统一思想、提高认识、研究对策。同年 5 月中旬，由市有关职能部门牵头，召开 10 个相关委、办、局处室负责人参加的联席会议，宣布上海市涉外社会组织管理联席会议正式成立，成员由 11 个市级有关委、办、局组成。建立联席会议制度，不仅在“过渡时期”为加强上海的涉外社会组织管理工作发挥了重要作用，而且为涉外社会组织法规出台后在上海的实施，进一步加强协调、理顺关系、完善涉外社会组织管理等发挥了重要作用。

加强工作研究形成宣传口径。市社团管理局一方面多次组织《在华外国民间组织登记管理暂行条例（送审稿）》的学习研究，结合全市涉外社会组织调研情况，从总体把握和具体条款两个方面，对条例送审稿提出修改意见和建议，专报民政部，得到民政部领导的重视。另一方面，探索开展涉外社会组织咨询接待工作。2000 年，接待 22 家要求成立“涉外社团”或要求成立“境外 NGO”驻沪办事机构的咨询；2001 年，又接待 52 家要求成立“涉外社团”的驻沪办事机构的来电来访咨询。接待和宣传工作的开展，不仅使咨询者了解了我国政策的制定进程，也为政府相关部门开展涉外社会组织管理工作积累了经验。

（二）开展首批涉外民办非企业单位试点登记

2003 年 2 月，国务院第 68 次常务会议通过了《中外合作办学条例》，允许外国教育机构同中国教育机构在中国境内开展中外合作办学，要求取得中外合作办学许可证的中外合作办学机构进行民办非企业单位登记。据此，23 家中外合作办学机构相继纳入市民政局登记范围。2003 年 7 月，民政部下达《对上海市关于中外合作办学机构登记问题的答复》，同意上海对中外合作办学机构通过涉外民办非企业单位进行登记。同年 8 月，上海蒙妮坦职业培训学校完成注册，成为上海第一家按照《中外合作办学条例》设立的中外合作办学机构。

2003 年 12 月，市社团局制定《上海市涉外民办非企业单位登记试点方案》，先后向市政府和民政部请示，拟依据《民办非企业单位登记管理暂行条例》对外国人和中国港澳台人士举办的涉外社会组织进行登记管理。2003 年 12 月 31 日，民政部下达《关于对上海开展涉外民办非企业单位登记试点工作请示的批复》，正式同意上海开展涉外民办非企业单位登记试点工作。2004 年 1 月 29 日，市政府便发函至市民政局，正式同意市民政局开展涉外民办非企业单位登记试点工作。至此，全市涉外民办非企业单位登记试点工作正式开展。

上海涉外民办非企业单位登记试点的首批对象，确定为 3 家单位，即上海日本商工俱乐部、上海根与芽青少年环保工作俱乐部（暂定名）以及上海美国企业中心（暂定名）。2004 年 3 月 25 日，上海首家经济领域涉外民办非企业单位——上海日本商工俱乐部登记成立；11 月 18 日，上海首家公益领域涉外民办非企业单位——上海根与芽青少年活动中心登记成立。上海美国企业中心因名称等问题，主动要求暂缓登记。

（三）规范教育类涉外民办非企业单位登记管理

2006 年，教育部组织开展外籍人员子女学校教育质量认证工作，并将法人登记作为认证标准之一，北京、天津等地的外籍人员子女学校陆续进行了法人登记，上海的外籍人员子女学校在申报认证中也要求进行法人登记。2007 年初，市教委与市民政局协商，提出外籍人员子女学校涉外民办非企业单位登记事宜。同年 4 月，市社会团体管理局涉外社会组织管理处、登记处与市教委国际交流处就外籍人员子女学校涉外民办非企业单位登记事宜召开专题会议，并签署三方会议纪要，同意将经市教委批准同意，办学比较规范的；已经在税务部门登记，对依法纳税没有异议的；向教育部申请教育质量认证并向市社会团体管理局提出登记申请的外籍人员子女学校，纳入登记试点范畴。为进一步规范对外籍人员子女学校的登记管理，2008 年 7 月和 11 月，市社会团体管理局涉外社会组织管理处、登记处与市教委国际交流处磋商，对外籍人员子女学校的开办资金、法定代表人、章程等内容进行明确，并再次以三方会议纪要的形式进行确定。上海外籍人员子女学校登记试点工作自此有序、顺利开展。

（四）进一步扩大涉外民办非企业单位试点范围

为促进上海“四个中心”建设，2012 年下半年，在总结本市涉外民办非企业单位登记试点经验的基础上，经民政部和市政府同意，上海进一步推进涉外社会组织登记试点工作，进一步扩大试点范围，由教育领域逐步向经济、科技、文化、卫生、体育、慈善、环保等领域发展，试点登记了上海波罗的海国际航运公会中心、国际体育仲裁院上海听证中心、国际海事教师联合会、国际海上人命救助联盟等单位。

（五）助力国际性社会组织落户上海

2019 年，上海研究制定关于吸引国际性社会组织入驻本市的实施意见，提出了涉外社会组织登记作为国际组织落地上海的一种路径。《上海社会组织发展“十四五”规划》也明确提出，“支持打造国际性社会组织总部基地，吸引国际性社会组织落户上海”。“十三五”期间，在民政部社管局的大力支持下，第一家入驻上海的国际性社会组织——全球中央对手方协会（CCP12）2016年在民政部完成登记。对愿意以“涉外民办非企业单位”形式进行法人登记的国际性组织，上海市民政局梳理出更有针对性、更加简便的操作路径，助力国际性社会组织入驻上海。

（六）授权浦东开展涉外民办非企业单位试点

根据国家对浦东新区新的定位和要求，上海支持浦东试点登记涉外民办非企业单位，推动更多国际性社会组织在中国（上海）自由贸易试验区落户。聚焦经济、科技领域，发起创建国际性社会组织；鼓励和帮助有影响力的国际性社会组织落户上海；加强高校培养和输送国际性社会组织人才资助专项，加速培养国际性社会组织后备人才。例如，上海临港知识产权交流促进中心就是由中国（上海）自由贸易试验区临港新片区管理委员会作为主管单位指导成立的社会组织，它通过专业化提升园区的知识产权服务效能，促进创新成果转化为生产力。

三　认识和思考

（一）关于国际性社会组织的界定

关于国际性社会组织很难有统一的定义。国际协会联盟（Union of International Associations，UIA）提出，可通过某些特定“标签”来判定某个组织是否属于国际性社会组织，比如成员是否分布在多个国家，名称或活动看起来是否具有国际性，该组织是否获得联合国经社理事会咨商地位等。联合国经社理事会虽然建立了社会组织的咨商地位制度，但是对申请的社会组织并未有清晰的定义，只是强调不应是由政府间协议建立的组织。

名称是判定国际性社会组织最显性的因素，很多国家的地方政府包括我国香港地区都可以以“国际”“全球”等名义登记社会组织。但是即使以“国际”“全球”等命名，如果其只是在国内开展活动，并不关注全球议题，也很难称其为“国际性社会组织”。因此，国际性社会组织不过是对社会组织身份附加的一个“标签”，对其判定的基本原则应该包括：

名称有国际性特征；会员或活动跨国家和地区；经联合国权威机构或国际社会认可；在全球治理进程（如联合国2030可持续发展目标）中充分发挥作用。

如果这样界定国际性社会组织，那么可以认为，即便只在我国地方登记，名称中也没有“国际”“全球”等字样，只要其能在全球开展活动或对全球的某个议题有重要影响，也可以称其为国际性社会组织。这样做有助于走出国际性社会组织一定要从国外吸收引进的误区，支持社会组织国际化发展和申请联合国经社理事会咨商地位，由此为所谓“国际性社会组织落户上海”另辟一条新路。

（二）关于地方性外国商会问题

外国商会通常也被认为是国际性社会组织中的重要一类。根据国务院颁布的《外国商会管理暂行规定》，其所称的外国商会是指外国在中国境内的商业机构及人员依照本规定在中国境内成立，不从事任何商业活动的非营利性团体。这里的“商业机构”是指外国公司、企业以及其他经济组织依法在中国境内设立的代表机构和分支机构，可以商业机构名义成为“团体会员”。“人员”是指商业机构和外商投资企业的非中国籍任职人员，可以本人名义成为外国商会的个人会员。

这里的“商业机构”明显不是我国所称的外商投资企业。依照《外商投资法》，外商投资企业是指全部或者部分由外国投资者投资，依照中国法律在中国境内经登记注册设立的企业，不包括外国企业、公司和其他经济组织在中国境内设立的分支机构。外商投资企业依法取得中国的法人资格，属于中国的营利法人。依照《外商投资法》第二十七条之规定，“外商投资企业可以依法成立和自愿参加商会、协会。商会、协会依照法律法规和章程的规定开展相关活动，维护会员的合法权益”。

由此可见，外商投资企业在境内的结社权是有相关法律保障的，其完全可以按照现行《社会团体登记管理条例》发起成立国内的商会组织。如果说《外国商会管理暂行规定》中所说的外国商会带有境外机构和人员成立的国际性社会组织色彩，那么由境内的外资企业发起成立的所谓

“外国商会”，完全不属于《外国商会管理暂行规定》的管辖范畴，其性质属于国内法人发起成立的地方性社会团体，更类似于已在上海普遍登记的异地商会，只不过在“上海”地域名之后增加了“美国”“澳大利亚”等特定地域称谓。进一步分析，无论是个人会员还是团体会员，商会归根到底是由“人”组成的。假如在上海本地成立了外国商会，那么担任外资企业法定代表人的外国人是否可以作为单位会员的代表在社会团体中任职？这里面又涉及外国人在我国的结社问题，按照现行条例和有关规定，答案是不可以。但是如果由在外资企业中任职的中国高管担任，那么又属于现行条例所允许的范围了。

（三）关于加强国际合作和促进民心相通

上海的城市基础设施、经济影响力、政府管理能力、人文环境等，都是吸引国际性社会组织落户的有利条件。越来越多的国际性社会组织落户申城，为上海集聚了更多国际资源，提升了城市能级和核心竞争力。2017 年全球中央对手方协会落户上海后，在上海制定并发布第一个清算行业国际标准，被称为“外滩标准”，一些金融领域的国际高端研讨会也因此陆续在沪召开。国际海事组织（IMO）将亚洲区域的海事技术合作中心设在上海，就船舶如何按照国际公约进行节能减排防污染提供技术方案，并对“一带一路”倡议沿线的国家提供技术服务。上海市可持续发展研究会依托世界城市日平台，积极参与打造联合国人居署全球城市监测框架——上海应用指数，为全球可持续发展提供中国智慧。

社会组织作为民间外交的使者，在促进民间友好、增进民心相通等方面也是重要的桥梁和纽带。近年来，上海真爱梦想基金会的“去远方·看上海”项目和上海众谷青年公益发展中心的“爱传递·再生电脑教室”项目已经走出国门，在海外成功落地。以“爱传递·再生电脑教室”项目为例，该项目发动市民捐赠出淘汰闲置的电脑等电子设备，组织专业力量进行规范再生，帮助偏远地区乡村学校高标准建设电脑教室，并持续提供监管维护和应用提升的系统性支持，既符合联合国 2030

全球可持续发展议程，帮助落后国家和地区的青少年拥抱互联网时代，也可在全球气候变暖的大背景下，有效减少电子垃圾和温室气体排放，促进绿色经济和循环经济发展，在经济和生态上都有重大价值。该项目的成功实施，为更多上海本土公益项目的国际化推广提供了无限的发展空间。

下　编

案例与实践

在“党委领导、政府负责、社会协同、公众参与”的社会治理共同体基础上，上海社会组织“不在体制内，却在格局中”，在上述立体丰富的场景中，以自身数量规模化、形态多元化、运作规范化、服务专业化的特点，逐步形成了具有中国特色和上海特点的生态体系。本编以案例形式展现了三级基地、支持型社会组织和成长型社会组织的特征、发展模式及可鉴经验，以社会组织的实践案例勾勒出其成长周期、可用资源及行动策略等，对初创期、转型期的社会组织有较强的借鉴价值。

“基地建设”部分选取了“市－区－街（镇）”三个层级的案例。以上海公益新天地园为代表的市级基地在引领公益文化、构建公益生态、规范行业发展、促进社会创新等方面起到了示范作用；区级基地在市域层面积极发挥承上启下的“桥梁”作用，推动政策资源下沉、重点场景打造、全域主体合作及基层网络建设；街镇级基地在社区社会组织培育孵化、社区需求挖掘、社区资源整合等方面进行了有力探索。

在社会组织的成长体系和公益生态中，除了深耕于社会发展创新前端的专业型社会组织、社区类社会组织等，社会组织的有序发展也离不开扮演中介角色的支持型或枢纽型社会组织。此类组织或由政府主导成立，在市、区、街镇联动过程中，成为跨层级沟通的“桥梁”，在“政府搭台，社会化运作”中协助社会组织开展政策转译、培育赋能等工作，为社会组织提供支持型平台；或由社会力量自下而上成立，充分发挥自身的专业性、灵活性优势，从而为社会组织成长争取多样化资源、提供多维度支持。“支持型社会组织”部分将通过社会团体、公益基金会和民办非企业单位等不同类型的支持型或枢纽型社会组织的案例展示，探讨社会组织生态体系中支持型社会组织发展的多种可能。

从初创期到发展成熟期，社会组织面对不同发展契机、时间节点有着不同选择，继而在培育支持下形成了差异化的成长路径和组织特色。该编选取的成长型社会组织虽然擅长领域各有不同，但是共同之处在于，无论处于哪个成长阶段，都能够通过社会组织公益创业大赛等特色培育机制得到进一步发展和能力提升。成长型社会组织通过社会组织公益创业大赛、入驻孵化器及在地生长等方式不断发展，其从0到1的成长历程也全面展示了社会组织成长的制度环境、支持资源及行动能力等内外因素，为社会组织培育孵化机制助力初创型社会组织发展提供了思路和有益经验。

基地建设

上海公益新天地园：可持续社会创新的“试验田”

钟晓华　王　勇*

十年来，上海公益新天地园积极探索“政府负责、社会协同、公众参与”的社会创新模式，融合多方资源实现公益赋能，引领开启解决社会问题的“共益时代”，从而更有效增加社会的公共利益，已经成为全国最具影响力的公益地标。作为公益文化领航站，上海公益新天地园打造品牌活动平台，倡导“人人公益，处处公益”的公众参与理念，为公众参与和实践创造独特的空间，助力提升城市软实力；作为公益机构生态圈，上海公益新天地园吸引了众多头部枢纽型、支持型社会组织以及细分领域的头部专业社会组织入驻，形成行业集聚效应，连接协同合作和价值链条；作为社会组织加速器，上海公益新天地园不断迭代品牌项目，提升人才培育能力，为社会组织、公益团队、企业社会责任部门提供专业化、多维度的服务支持；作为社会创新策源地，上海公益新天地园建设公益创业基地，广泛链接资源，推动公益创新创业并联动市、区、街镇三级网络。

* 钟晓华，同济大学政治与国际关系学院社会学研究所副教授。王勇，上海市浦江社会组织促进中心理事长兼主任。

一　基地介绍

进入21世纪，随着全球化、现代化的不断推进，各种不确定性风险急剧增加，单纯的政府行政、市场供给或传统慈善都因信息不对称、资源不均衡或缺乏透明度等问题，无法解决复杂多元的社会问题。因此，社会创新受到了世界各国的广泛重视，它们通过引入新的思维和方法，重构政府、市场、社会之间的伙伴关系，促进社会资源的优化配置和高效利用，激发公众的参与和监督热情，进而有效解决社会问题、提高社会效益。为响应联合国2030年可持续发展议程提出的通过重振全球伙伴关系，建设和平、包容的社会，共同实现可持续发展目标，上海公益新天地园（以下简称“公益新天地”）经过多年实践，努力打造社会创新的“试验田”，积极推动公共服务多元供给、有效整合公益资源、提高公众参与度等目标的实现。

公益新天地位于上海市中心黄金地段，自2010年由上海市民政局发起筹备，于2013年11月正式开园，占地面积23000平方米，是目前中国最大的公益园区。园区以“创新、开放、共享”的发展理念为指导，探索政社企合作运营模式，推动建立公益伙伴关系，广泛进行社会动员和资源整合，通过跨界合作寻找解决社会问题的创新方案。园区长期致力于构建“人－平台－资源”的多元公益生态，建设服务支持体系助力社会组织成长和公益事业发展，开展公益资源再配置、再利用，以实现社会创新和社会价值再生产。

二　实践过程

公益新天地原址为20世纪二三十年代远东最大的留养类慈善机构“新普育堂”，曾举办“第一届中华国货展览会”和“第一次全国美术展览会”，新中国成立后被作为上海市儿童福利院所在地直至2001年，2013

年由上海市民政局立项改建为公益新天地。园区有着百年公益慈善文化历史，拥有全国第一家省级民政博物馆、社会组织展示馆和福彩文化展示馆，建有市级公益创业基地，见证了上海公益事业与城市社会同频发展的历程。

公益新天地目前有超过 50 家优质社会组织和公益团队入驻，落地 3 个委办局的 5 个合作基地，连续 10 年举办上海公益伙伴月（日）主场活动，连续 6 年开展公益新天地品牌项目培育资助计划，连续 5 年举办上海社会组织公益创业大赛，连续 4 年举办上海社会组织联合招聘会，平均每年有 50 余个国内外团队来访交流学习。园区为探索新型政社关系提供了丰富的场景，并在探索中激发创新实践，不断完善公益伙伴关系网络。

（一）公益文化领航站

公益新天地建园伊始就坚持“开门办园”，致力于跨界传播公益知识和文化，倡导“人人公益，处处公益”的公众参与理念。早在 2011 年，上海市民政局就发起举办首届上海公益伙伴日活动，旨在通过公益伙伴日活动形成常态化、长效化跨界合作机制，探索社会协同和公众参与公益的有效方式，形成多方合作解决社会问题的平台。活动从第二届起主会场就落在公益新天地，连续举办了十年，引领公众了解公益、践行公益。上海公益伙伴日活动以“公益是一种生活方式”为理念，每年根据当年的重点工作设定不同的主题。活动通过展示各类社会组织最新成果、搭建各类公益项目对接平台和开展公众喜闻乐见的各种公益活动，构建政府、企业、社会组织、公众和媒体跨界合作生态。从第七届开始，活动逐渐分为专业观众和非专业观众两条主线，面向专业观众的有论坛、沙龙、展示展览、活动大赛等各种交流研讨活动；面向非专业观众的有公益体验、公益市集和公益大舞台等各项公众参与活动。活动周期也从伙伴日延长为伙伴月，场所从园区延伸到市、区、街镇多级空间，并拓展了园区、商区、校区和社区等多元场景。

以 2021 年第十一届上海公益伙伴月活动为例，该次活动在公益新天地以及全市范围内共举行近 200 场公益活动；上海 8 家有实力且具有代表性的基金会同内蒙古 8 家儿童福利院签约，5 年内将各自提供不低于 100 万元价值的公益项目援助；在园区社会组织展示馆和线上开展“百佳社会组织主题展”，汇总展示“十三五”以来荣获市级及以上荣誉或奖项的各类社会组织；举办“未成年人保护”主题的公益养成营活动，200 组家庭报名参加六个方面的公益体验和竞赛活动；“一平方米的温暖”公益活动在 11 个省 / 直辖市、33 个城市、25 个品牌、592 家（其中上海 433 家）餐饮品牌连锁门店开展，相关门店开辟出约一平方米的位置宣传公益活动，推出各具特色的公益套餐，商家通过“消费捐”定向帮扶困境儿童；全市近 20000 块移动电视屏幕，200 多个街道、乡镇社区信息大屏，近千栋政府大楼、商务楼、医院等楼宇电视滚动播放公益伙伴月相关宣传信息。

（二）公益机构生态圈

公益新天地聚集了众多头部枢纽型、支持型社会组织，细分领域的专业社会组织和属地社区社会组织，以及孵化培育阶段的创业组织和团队。在运营过程中，园区通过品牌活动和项目合作，不断扩大自身的朋友圈，链接众多外部伙伴企业、高校和合作团体，构建了丰富多元的公益机构生态圈。通过社会招募、专家评审和正式签约的方式，园区已吸引了专业支持、特定人群、社区服务、扶贫济困、应急防灾五个类别共 32 家社会组织入驻，其中社会服务机构 23 家、基金会 8 家、社会团体 1 家，有 8 家在园入驻时间已满十年。多家园区社会组织获得“全国先进社会组织”、“中华慈善奖”上海市推荐对象、“上海慈善奖”、“上海市品牌社会组织”、“上海市社会组织品牌项目”等荣誉称号。

园区枢纽型和支持型社会组织在营造良好的园区公益生态方面起到了积极的作用。上海市浦江社会组织促进中心有着 20 年市级社会组织服务历史，负责园区、社会组织展示馆和档案馆的日常运营，专注于园区平台建设和行业推动，为入驻机构提供全方位的公共服务。上海联劝公益基金会是 2009 年成立的上海首家民间发起的公募基金会，致力于用联合劝募的方式支持民间公益。截至 2022 年底，其累计捐赠收入 11.07 亿元，资助全国 32 个省区市的公益项目 6338 个，合作公益组织超过 1000 家，2021 年获得“全国先进社会组织”称号。上海颂鼎社会公益创新发展中心于 2016 年在园区登记注册，是业内为数不多的关注社会公益创新创业、深耕社会资源再生产的社会组织，多年来在社会组织孵化方面的作用凸显。上海市黄浦海燕博客公益发展中心从 2006 年起共孵化培育文化、艺术、青年成长、参政议政等领域的 20 个子社团和 20 个知名品牌项目，是沪上最活跃、最资深，团结凝聚新的社会阶层人士的特色社会组织。

（三）社会组织加速器

公益新天地的培育支持体系可以覆盖公益组织的全生命周期，针对公益团队、初创期社会组织、成长期社会组织和成熟期社会组织提供基础性公共服务和针对性培育扶持，为组织发展提速。在公共服务方面，一是提供价格优惠的固定项目展示和办公场所或自由工位，打造园区室内外公共空间环境支持公益项目和开展活动；二是提供“一站式”园区运营管理服务，设立统一窗口和流程为入驻组织提供事务受理、空间活动、物业服务、便民服务等菜单式服务；三是建立公益智库专家团队，邀请公益慈善领域前沿和资深从业者及高校导师，为入驻组织发展提供必要的专业咨询和个性化指导；四是整合品牌传播和培树资源，通过园区官微和合作媒介协助入驻组织进行活动宣传、成果展示，支持优秀机构申报各类评估和奖项；五是进行多元主体资源对接，打通供需两端的渠道，推进政府、社会组织、企业之间的跨界合作。在培育扶持方面，从 2016 年起筹备实施公益新天地品牌项目资助计划，按照“民办官助”的社会化运作模式，以申请机构自筹资金为主、政府专项资助金配比支持为辅的定位，重点发现和培育潜力型、创新型、专业型的公益项目，并持续探索园区品牌项目培育支持和评价体系建设。截至 2022 年底，公益新天地已投入资金超过 500 万元，资助扶持 30 家社会组织的 50 多个公益项目，培育出如“公益之申”“上海社会组织公益创业大赛”“公益养成营”等一批模式较为成熟、具有行业影响力的公益项目。

近年来，上海市民政局持续开展了一系列助力大学生就业的工作，公益新天地借此在公益人才的招聘服务、梯队培养和沟通交流方面做出了大量的探索尝试。园区连续四年承办“筑梦公益”上海社会组织联合招聘活动，为社会组织招贤纳才。2020~2022 年的联合招聘活动共有 320 家社会组织参与，累计为高校毕业生提供了 1823 个岗位，收到简历超过 5000 份，联动相关合作伙伴举办各类专场招聘、主题分享会、研讨沙龙等活动超过 25 场，为社会组织发展注入新鲜血液，并扩大了社会影响力。联合招聘活动已较好地链接了民政、人社和教委资源，建设了以公益新天地官微、上海公共招聘新平台、上海学生就业创业服务网为核心的整合服务平台，在岗位征集、社会招聘、送岗到校方面形成了流程闭环，并通过社会组织就业见习工作，在园区落地了首个市级就业见习（综合类）基地。通过逐步迭代社会组织人才招聘、就业见习、实习实训和专业志愿者等多维度人才服务功能，公益新天地为社会组织基层、中层和高层人才储备和用人留人“蓄水”，推动紧缺人才培养和职业素养提升。

（四）社会创新策源地

公益新天地于 2017 年落地上海公益创业基地，旨在激发社会创新活力，汇聚各方力量为社会创新智慧提供资源、平台与环境，助力创新思维落地实践，探索解决社会问题和推动社会发展的新途径与新模式。上海公益创业基地运营方上海颂鼎社会公益创新发展中心自 2019 年起联合上海市浦江社会组织促进中心、上海联劝公益基金会举办上海社会组织公益创业大赛，四届大赛共吸引近千个社会组织、企业公益团队和高校队伍报名参加，参赛者已辐射到长三角、京津冀、内蒙古、新疆等全国 14 个省份 37 个地区，落地上海 16 个区 180 个社区，直接与间接服务受益对象超过 47 万人次，参赛项目涉及未保关爱、为老服务、残障群体关怀、女性发展、社区营造、乡村振兴、文化传承、就业创业等各类社会创新议题，推进现实社会问题的解决，为公益事业注入了新的血液。上海公益创业基地以大赛为抓手，聚焦热点社会需求，引入政、社、企、校各方公益力量，推动具有上海特色的“共建共创共享”的社会组织孵化培育工作模式建设，搭建社会问题供需对接平台，整合各类公益创业孵化资源，为社会创新提供全方位的赋能培训和全链条系统支持，并自主研究开发线上线下互动互补的社会组织孵化器功能线上服务产品益创云，探索完善社会创新孵化培育服务功能支持体系模式，为进一步提升上海公益创业公益事业软实力发挥积极作用。

上海公益创业基地依托市民政局主导建设的“市－区－街（镇）”三级培育孵化网络，分阶段、陪伴式、多样性、大平台优选优育初创期社会组织，创新探索多渠道跨界合作的方式孵化培育社会组织，并进一步为大赛创新团队提供系统性、陪伴式落地服务，包括场地支持、注册孵化、赋能培训、沙龙交流、公益传播等，将市级基地经验成果及公益资源及时应用推广到区和街镇基地项目，提升孵化培育服务工作时效和资源链接实效，助力公益项目落地社区等社会生活场景，为社区可持续发展提供解决方案，推动社会组织参与社会治理创新。

三　经验借鉴

（一）基于开放包容的政府角色转型

在公益新天地实践中，政府（民政职能部门）作为园区所有方、项目发起方和协同治理方很好地体现了其开放包容、寻求合作共赢的态度，开展基层务实调研，积极促进多方融合。在落地和推广社会创新理念和实践过程中，政府起到了协调多元主体间利益、提供政策支持和容错机制的重要作用，从而为可持续社会创新生态的构建提供了制度保障。

（二）基于跨界合作的平台枢纽建设

公益新天地作为市级平台，并非仅从宏观层面出发指明政策导向，而是更注重将宏观政策引领同具体实践相结合，在始终秉承公益慈善初心、强调“让公益成为一种生活方式”的理念引导下，通过联动园区物理空间、社交空间、网络空间，倡导和推动跨界合作，持续鼓励企业、基金会及社会公众在公益事业中广泛参与，从而形成良性发展的公益生态，缔造更具可持续性的公益成长共同体。不只在横向上的平台拓展，公益新天地在纵向上也积极联动区级和街区、社区，包括日常走访调研、园区邀请参访、媒体宣发合作、项目活动合作等事项，进而强化在微观层面上的实践经验积累和项目优化，打造广度和深度并存的公益伙伴关系网络。

（三）基于生态场景的公益融资和再分配

公益新天地关注社会创新领域，鼓励和支持各类社会创新实践者及公益项目，通过设立合作基地、加速器和资金池，为初创型、创新型的公益组织和公益创业者提供有针对性的支持和帮助。通过政府种子资金和靶向政策支持，撬动社会资本加入，选择那些能够产生积极社会影响的项目和团队进行资助，实现社会价值和财务可持续的双重目标。这种“公益融资”亦可以帮助公益更好地融入社会不同领域和行业，推动社会发展和经济增长。以园区作为一个浓缩的场景，公益生态也能够以空间性平台或场景搭建为抓手，联合多元主体共同营造公益氛围，构建基于“人－平台－资源”多点协同、网络联结的公益生态系统，更好地开发和匹配公共资源。

（四）基于公益文化的人才培养和公民教育

公益新天地在打造筑梦公益、育人实践等活动的过程中，注重串联社会公益及社会组织成长的实践场景，同高校等主体共同完善公益人才培育、输送机制，以人为本实现公益事业的可持续发展，并通过多领域、多类型、多层次的项目培育与品牌建设，结合公众喜闻乐见的活动形式、多样化宣传推广，让公益文化和人才资源真正能够下沉基层，关注特殊群体和现实社会问题，树立正确的公益价值观，倡导全社会公益氛围营造，打造人人公益、处处公益的良好社会环境。

（五）基于多方协同的合作模式和创新机制

公益新天地采取的“政府＋企业＋社会”协同合作模式，实现了政企社之间的优势互补和资源共享。园区由企业提供服务保障、政府购买服务和资助项目、社会组织社会化运作品牌活动并链接各方资源，入驻的社会组织缴纳园区运管费用，多方共同成立园区共建委员会，共同参与园区的治理和运营。

这种创新机制既能发挥社会主体的内生动力和社会影响力，又能更好地维持园区可持续运营和发展。除此之外，园区还充分运用机制优势开展委办局合作，如和市人民政府外事办公室合作建设上海市社会组织对外交流示范基地，和市教育委员会合作建设上海公益创业育人实践基地，和市就业促进中心、黄浦区就业促进中心对接落地上海市创业孵化示范基地、上海市就业见习（综合类）基地等，以更好推动公共政策落地和融合创新，为园区资源拓展和平台发展提供良好的支撑。

全域公益新场景：社会组织培育孵化的“杨浦模式”*

在“一轴、两翼、多联”的公益网络布局下，三级联动、多元协同机制贯穿于杨浦区社会组织培育发展的全过程。政社合作充分发挥了公益总部基地的策源及辐射作用，整合了知识社区、创新社区、工业社区的在地优势资源，在三级支持体系建设中起到了承上启下的关键作用。杨浦区通过举办公益创投大赛、最佳社会治理案例评选等活动，将社会组织创业和市域公益场景相互融合，探索社会组织高质量参与城区发展和社会治理的特色路径。

杨浦区在上海中心城区中具有最大的土地面积，约 60.61 平方公里，同时也拥有最多的人口，共有常住人口 124.25 万人。杨浦区的发展经历了工业杨浦、知识杨浦、创新杨浦三个阶段。杨浦区现有社会组织 874 家，其中社会团体 162 家、民办非企业单位 712 家，另有备案社区群众活动团队 1859 支。近年来，杨浦区注重推进社会组织有效参与社会治理，发挥它们在提升社会服务、解决社会问题等方面的积极作用，进行点面结合的市域公益布局，探索分段分类的社会组织培育孵化模式，积

* 上海市杨浦区民政局供稿。

极构建社会组织成长的“杨浦模式”。

一 “党建引领 + 政策保障”，领航社会组织发展方向

近年来，杨浦区在推动社会组织高质量发展的过程中，坚持党建引领，积极探索社会组织党建工作规律，实现党的组织和党的工作有效覆盖，带领社会组织朝着正确的方向发展，引导社会组织顺应时代发展趋势、契合城市战略定位、回应人民群众期盼，以“红色引擎”激发社会组织发展活力。

目前杨浦区的社会组织党建工作初显成效。在组织框架上，构建形成了区社会组织促进会联动 12 个街道社区社会组织联合会的社会组织党建服务支持平台，通过不断加强党建服务功能，凝聚、引领辖区社会组织。在制度建设中，探索实践了党建“六同步”机制，即社会组织党建与成立登记同步、与章程核准同步、与年检年报同步、与专项抽查同步、与等级评估同步、与教育培训同步，把党建引领贯穿于社会组织运行和发展的全过程。截至 2023 年 6 月，全区有 244 家社会组织建立了党组织。杨浦区在成立登记过程中鼓励社会组织形成党建方案，在章程核准过程中推动社会组织将党建工作有关内容写入章程，在年检年报中督促社会组织准确真实填写党建工作情况并同步督促完善机构党建工作，在专项抽查中把党建工作情况列入重点检查指标，在等级评估中对党建工作应建未建的实行“一票否决”，在组织教育培训时专门安排了社会组织党建专题培训课程。

结合完善的顶层设计，党建引领为基层社会力量有序参与公共事务、提升治理的社会动能提供了有效保障。杨浦区高度重视为社会组织提供政策保障，致力于推动构建良性有序的社会组织发展秩序和规范的外部环境，“十三五”期间出台了《关于进一步促进杨浦区社会组织健康有序发展的实施意见》的“1+4”政策，2021 年印发了《杨浦区关于进一步促进社会组织培育发展的行动方案（2021—2025 年）》，2022 年修订了《杨浦区政府购买社会组织服务实施细则》《关于推进杨浦区街道社工站建设

的实施方案》，目前正研究制定关于进一步促进社会工作人才队伍建设的扶持政策，助力社会组织进一步提升专业服务水平。

二 “外引内联 + 优化流程”，打通孵化培育“过程链条”

百年工业、百年高校、百年市政共同构成了杨浦区深厚的历史底蕴，超过全市总量 1/3 的高校和上百家科研院所，为社会组织在杨浦创新创业奠定了优势资源和发展土壤的基础。从老工业基地到“创新杨浦”、支持双创发展，新旧动能转换，是杨浦区释放中心城区活力的主动选择。大学校区、科技园区、公共社区“三区联动”，学城、产城、创城“三城融合”，外引内联、优化流程，整合多方资源推动社会组织培育孵化，以创新创业带动有机更新，探索杨浦区转型发展的创新之路。

杨浦区为培育社会组织创新发展，积极引入外部资源，推进市区联动。以市级平台为依托，精准整合导入外部资源，推动公益项目落地，如积极推荐老友记、为宁、齐欣三家社会组织，老友记、为宁参与觉群文教基金会“一碗长寿面”为老服务公益项目大赛；积极推荐杨浦区社会组织在市民政局组织的社会组织参与社会治理街镇示范班上进行分享，在全市街镇负责人面前展示杨浦区社会组织风采。

在社会组织快速发展、社会治理项目多点开花的背景下，杨浦区推动构建“一轴、两翼、多联”（1+2+X）的社会组织培育发展一体化空间布局。“一轴”，即杨浦区社会组织发展总部基地；“两翼”，即五角场社会组织公益创业见习基地、滨江社会组织公益创新实践基地；“多联”，即区内各孵化园、社区睦邻中心。

杨浦区社会组织（公益）总部基地聘请第三方组织社会化运营，并为入驻组织提供以下五个方面的培育孵化服务。一是综合性保障服务，为孵化对象提供公益创业的基本保障（如登记注册指导、办公场地、办公设备等）服务，帮助社会组织解决注册难、办公租金贵等问题。二是能力提升服务，包括邀请专家老师提供如战略管理、社会创新能力、组织管理能力等一对一问诊式服务，根据社会组织发展阶段开展包括项目开发运作、资源整合、传播推广在内的综合课程培训，帮助社会组织提升适应新时代新发展新要求的能力，提高服务群众的能力和水平。三是规范引导服务，召开入驻社会组织的年度恳谈会，了解社会组织的发展状况，协助社会组织强化内部管理、规范化意识；引导规范参与公益的动机和行为，创造有利于社会组织发展的环境和条件。四是跨界合作服务，通过总部基地公益平台，聚焦政府、企业、基金会、社区、媒体等各类社会资源，引导孵化对象回应各方需求，促进社会组织与资源方的对接合作。五是平台效益功能，在推进跨界合作的基础上，为政府、企业、社会组织、志愿者搭建资源交汇平台，实现多方合作共赢。

杨浦区社会组织（公益）总部基地

杨浦区社会组织（公益）总部基地（以下简称“总部基地”）在区委区政府的大力支持下，承载着培育、孵化杨浦区社会组织的重要使命，以集聚（Collect）、社区（Community）、协作（Cooperation）的3C关键词引导总部基地建设与发展，以“形成市－区－街（镇）三级联动的培育孵化工作机制”为总体定位，探索多方资源有效对接、公益资源社会化运作的示范机制。

1. 基地日常运营

在社会组织培育孵化方面，总部基地采用定期评估、优胜劣汰的模式，在为初创期社会组织提供服务、空间场地资源的同时，督促入驻组织实现可持续发展；构建入驻社会组织电子信息网络，搭建好第三方沟通桥梁，实现政府与社会组织、社会组织与社会组织之间的沟通交流；协调社会组织宣传展示工作，积极辐射总部基地在公益领域的影响力，树立杨浦区公益新地标。总部基地面向不同发展阶段的社会组织有针对性地开展孵化培育服务，根据初创期、成长期、成熟期三个阶段的不同特征，划分了不同的孵化点位。

2. 品牌活动打造

总部基地主理人品牌活动以基地入驻组织为活动实施对象，以总部基地入驻组织以及杨浦区全区社会组织为服务对象，鼓励基地入驻的组织以及公益团队以“主理人”身份参与基地自治；以各自的专业特长不断丰富总部基地的文化、空间氛围，提升入驻机构的黏性，增强组织共建，打造具有成长性的基地品牌活动。目前主理人品牌活动打造已完成十多场，围绕党建引领、供需对接、沟通共建、就业创业、专家赋能、多样化筹款等主题，联动街道、社区基金会、高校、企业等多元主体。

3. 重点场景营造

总部基地主要聚焦于杨浦滨江和创新街区两大重点场景。总部基地为滨江社会创新治理实践的优秀公益项目建设“公益苗圃”，将儿童友好社区、青年就业促进、环滨江安全教育等系列主题同杨浦区初创期社会组织培育发展结合起来，投身把“工业锈带”重塑为“生活秀带”的社会治理工作中；在沿线社区、校区、园区、商区内开展公益伙伴日活动，打造政社企联动合作样板，形成传递公益理念的社会公益生态圈，增强社会参与意愿，以实现人民城市人民建的目标。在大学路创新街区打造上，总部基地联合五角场双创学院，汇集周边多所高校、10家知名机构、5家龙头企业资源，发挥空间优势，在五角场街道开展社会组织服务展示、公益彩绘墙等活动，着眼于建设创新发展带，形成“公益+科创”的特色模式。

4. 全域网络布局

总部基地通过参访各街道社会组织服务中心建立起联络员制度，将形成标准化管理体系的街道作为案例代表开展宣传推广。在与杨浦区各街道深入合作、调研的基础上，总部基地进一步针对社区基金会面临的普遍困境，结合公益会客厅活动积累资源与经验，为杨浦区12个社区基金会的建设提供针对性赋能培训服务，开展社区活动——社区基金会专场，搭建社区基金会同社会组织项目合作的供需对接平台，提升社区基金会资源辐射能力与社会影响力，发挥社区基金会提升社区公共服务供给和社会组织培育的重要作用，形成布局全区的下沉式服务网络。除此之外，组织整合市区两级资源，引导基地组织精准回应社区“一老一小”服务、微更新、稳岗就业等需求，深度参与社工站建设、社区防疫等阶段性重点工作，助力社会组织高质量参与社区治理。

三 “专业赋能 + 公益创投”，激发社会治理创新活力

杨浦区结合总部基地等平台为社会组织从业人员开展专项培训，为公益创业者提供专业支持，从社会组织从业人员的实际需求出发，分类开展精准赋能。针对未持有社工证书的社会组织从业人员，提供考前辅导培训系列课程，提升社会组织从业人员的持证率及专业水平；针对已持证人员，加强继续教育，组织专业知识培训讲座和互动教学，确保社会组织从业人员专业理论基础和实务能力“始终在线”。区民政局委托的培训组织方，也与复旦大学、同济大学、华东师范大学、上海大学、上海师范大学、华东理工大学等高校建立了良好的合作伙伴关系，借助高校外脑外力，为杨浦区社会组织工作专业化、创新化发展支招助力。另外，为减缓特定领域社会组织从业人员的压力，近年来，杨浦区根据社会组织从业人员的需求和喜好，积极开展主题沙龙活动，主要包括红色专场、文化专场、法制专场、亲子专场等，涉及手工制作类、成品体验类、场馆学习类，在缓解社会组织从业人员压力的同时，进一步夯实支持网络基础，使社会组织从业人员以更好的精神状态投入工作。

为促进社会组织参与社会治理，推动社会创新，自 2012 年以来，杨浦区坚持每年举办公益创投活动，为社会组织提供创新的“试验田”，形成一批具有品牌性的特色项目，推进杨浦区“四高城区”打造。通过社会组织公益创投平台，杨浦区加强社会需求评估和投后服务，引导社会组织高质量回应需求、提供服务，以政府“种子资金”撬动社会资源，与企业、高校、基金会等开展广泛合作。2022 年的社会组织公益创投项目针对社区治理、活力滨江、创新街区三条赛道共评选出 24 个优秀项目及团队，杨浦区社会组织（公益）总部基地邀请资助方、项目实际落地

方同团队开展洽谈活动，实现政社企联动助力社会组织成长；同时设立创投专项资金 75 万元，为项目的顺利实施提供了资金保障。

四 “民主协商 + 联动治理”，发挥社会组织在地优势

社会组织联系范围广、覆盖面大，对群众需求感知直接、反应灵敏，在整合和表达民意、传递党和政府声音方面优势明显。社会组织作为桥梁能更好地联系群众、服务社区，触及社会治理的“毛细血管”。在杨浦区社会治理中，社会组织的培育也为基层治理、民主协商起到了积极作用。

知识社区的资源禀赋促使杨浦区产生了不同类型的社会组织，社会组织专长优势能够更好地激发杨浦区社会治理的活力，提高社会治理效能，多元共治过程中社会组织形成的“金点子”“好办法”也是推动社会治理创新、推进资源下沉至基层社会的良性因素。杨浦区通过社会组织发挥专业特性深耕基层社区，结合“两翼”公益基地，重点打造杨浦滨江和创新街区两大社会治理共同体场景。社会组织利用在地沟通和专业项目开展的双重优势，将儿童友好社区、青年就业促进、环滨江安全教育等系列主题同杨浦区初创期社会组织培育发展相结合，投身把“工业锈带”重塑为“生活秀带”的社会治理工作中；在沿线社区、校区、园区、商区内开展公益伙伴日活动，塑造政社企联动合作样板，形成传递公益理念的社会公益生态圈，增强社会参与意愿，践行人民城市人民建理念。

杨浦区社会组织参与社会治理十大创新案例征集活动

为学习贯彻落实党的二十大精神，完善社会治理体系，健全共建共治共享的社会治理制度，提升社会治理效能，建设人人有责、人人尽责、人人享有的社会治理共同体，2022 年杨浦区民政局举办“杨浦区社会组织参与社会治理十大创新案例征集活动”。活动旨在及时发现、总结和推广一批创新案例、品牌案例，推动社会组织在

更广泛地凝聚人民共识、参与构建多元共治的社会治理格局中实现价值、展现作为、体现专业。案例征集活动围绕社区治理中的热点难点议题，比如物业纠纷、小区更新、加装电梯、垃圾分类、邻里矛盾调处、居民互助、规约守则等所形成的经验机制；聚焦社会组织在区域、园区、街区等重点场景提供的专业化、特色化服务；宣传推广社会组织在平战转换中所形成的快速应急响应和参与机制。

通过自荐、他荐和专家评审，最终入选的10个创新案例和10个创新入围案例在“沪上社会组织”“上海杨浦”“杨浦民政”等新媒体平台以及杨浦区社会组织年度峰会进行了集中宣传。同时，活动也挖掘储备了一批优秀社会组织、品牌项目和领军人才。本次评选活动涌现了一批立足本土发展、回应地方需求的优秀社会组织，如践行人民城市理念、推动多方协同共治的上海市杨浦区滨江治理联合会，助力业委会对互联网企业等新经济业态进行改选的上海律佑社会治理法律服务中心，指导老旧小区加梯议事、赋能全过程人民民主的上海杨浦区长海路街道红湾住宅小区指导服务管理中心，打造社区文化及睦邻认同的上海乐善社区生活服务中心等。

此外，杨浦区创新探索“三师”（社区规划师、治理师、健康师）、“三微”（微整治、微改造、微更新以及微规约、微课堂、微公益）模式，增强和提升社会组织的在地问题意识和基层工作能力。在品牌治理项目运作过程中，杨浦区集聚多种资源，“下沉社区，服务基层治理”，如针对老旧小区社区公共活动空间稀缺、公共服务不足等问题，以同济大学为代表的专业力量，以社会组织、公益项目等方式参与社区问题的改善，由专家学者担任社区规划师，并在四平路街道、五角场街道分别创建了两个社会创新实验区，充分发挥了三区联动的机制作用。如上海四叶草堂青少年自然体验服务中心成立于2016年，由三位来自同济大学的空间设计师发起，通过社区花园等公共空间营造项目，联动高校、企业、社会组织、居民等多元主体，在提升空间美观度与舒适度的同时，增强居民的社区归属感，创建在地共建共治社群。在社区小微空间的更新改造中，社会组织发挥了协调基层社会关系、构建社区网络的重要作用，在推进城市更新的同时促进公众参与，有效地践行了全过程人民民主理念，提升了基层软治理水平。

五 “宣传展示 + 强化监管”，支持社会组织规范有序发展

创新项目、实践经验能够得以推广，离不开有效的宣传展示。对公益项目、社会组织的宣传不仅是对优秀案例的展示和推广，也是推进社会各界对社会组织工作全方位监督的有力举措。近年来，依靠社会组织自身的活动和执行能力，杨浦区策划开展了“上海公益伙伴日——杨浦分会场”活动，充分发挥公益“进园区、进社区、进校区、进商区”的同城效应，在全区营造公益氛围。在 2022 年的“上海慈善周”，区社会组织服务中心鼓励社会组织在优质、特色的公益活动中展示和亮相，通过整合杨浦区公益服务资源，联动各街道组织党建、关爱、义卖、筹款等公益主题活动，展现杨浦公益风采，实现沉浸式公益服务体验，让市民感知“公益是一种生活方式”。另外，杨浦区通过加强宣传报道，努力打造闪亮的“公益名片”，拍摄《阿拉杨浦公益人——人民城市中的社会组织微镜头微故事》原创视频，通过挖掘公益项目实践中的感人故事，展现社会组织在参与“人民城市”建设中的实践创变过程，展现坚守公益梦想的温情故事。

在探索社会组织成长机制的同时，杨浦区注重“底线思维”，构建社会组织综合监管体系。完善监管机制，推动健全登记管理机关、党建工作机构、业务主管单位、行业管理部门、相关职能部门各司其职、协调配合、依法监管的综合监管体制。加强日常监管，扎实推进社会组织年检工作，加大对社会组织财务审计、业务运作的抽查力度。加强并推动落实社会组织重大事项报告制度。持续推进社会组织评估工作，动员尚未获得评估等级的社会组织申报等级，全区社会组织获得评估等级的比例创新高。对社会组织实施分类评价与管理，结合社会服务与社会治理的重点、热点、新兴领域，推出社会组织“资源名册”。加强执法监督，

持续开展打击整治非法社会组织和清理“僵尸型”社会组织专项行动，净化社会组织生态空间。

杨浦区培育孵化社会组织，形成了政府监管、区域放活、多点联动立体支持网络，改变了仅凭行政力量推动社会组织导致自主性不足、资源乏力的困局。构建政社企多元伙伴关系，提升了社会组织自身能力，拓宽了组织成长的资源渠道。基层社区成了提升社区服务水平、激发社区治理活力的积极力量。

全生命周期陪伴社会组织成长：长寿路街道社会组织服务中心*

在发展过程中，长寿路街道社会组织服务中心逐渐形成了社区社会组织联合会、社会组织服务中心、社区基金会“两会一中心”的协同支持平台，体现了“早、全、优”的基层枢纽特色。长寿路街道社会组织服务中心具有以下特点：第一，具有规模效应，作为全国第一家街道层面的社会组织服务中心，在地社会组织数量较多，有一定的规模效应；第二，类型多样，通过社会组织创新服务中心、“达人工作室”等平台实现多维度资源整合，为社会组织发展提供全方位支持；第三，组织优化，在窗口、平台、阵地功能一体化的“长寿模式”下社会组织发展能级优、活力强，以高质量组织发展带动社区治理水平的提升。

长寿路街道社会组织服务中心聚焦党建枢纽功能高水平、社会组织发展高质量、基层社区治理高效能，积极培育引领社会组织健康有序发展，激发社会组织参与社区治理的热情，充分发挥社会组织人才资源和专业优势作用，探索集平台、窗口、阵地等功能于一体的“长寿模式”。

---

* 上海普陀区长寿路街道社会组织服务中心供稿。

一　基本概况

长寿路街道社会组织服务中心（以下简称“服务中心”）的前身为长寿路街道民间服务中心，是于2002年成立的上海市首家街镇级社会组织服务中心。2004年被民政部授予“全国先进民间组织”荣誉称号；2008年荣获“第四届中国地方政府创新奖”，同年又获评上海市5A级社会组织；2014年服务中心党支部获评五星级党组织；2016年在全市率先培育孵化成立了街镇级的社会组织联合会；2018年荣获上海市“公益之申”年度十佳公益机构称号，同年又荣获“上海市十佳服务机构”及“上海市巾帼文明岗”称号；2019年荣获“上海市十佳公益品牌”称号；2021年荣获“上海市品牌社会组织”称号；2022年荣获“上海市三八红旗集体”称号。自市委“1+6”系列文件落地以来，在普陀区委、区政府的领导下，在长寿路街道党工委、办事处的指导下，服务中心始终坚持党建引领，积极发挥服务中心枢纽作用，“陪伴式”培育、孵化、服务社会组织“全生命周期”，积极探索社会组织参与社区治理新途径。自服务中心成立以来，辖区社会组织持续呈现加速发展态势，始终秉承“党建高水平、发展高质量、治理高效能”的新发展宗旨，发挥社会组织在基层社区治理中的积极作用。

二　实践经验

（一）旗帜鲜明、推动创新，坚持党建引领

服务中心坚持党建引领，在组织建设、自律自治、资源共享、健康发展、服务群众等方面为社会组织创造了良好条件。

1. 夯实组织机构基础，保障党建枢纽高水平

早在2003年4月，长寿路街道就成立了民间组织联合党总支。20年来，随着长寿路街道社区社会组织数量的不断增加，结构趋于优化。为

理顺党建体制，长寿路街道民间组织联合党总支于2016年正式更名为长寿路街道社会组织联合会党总支，服务中心主任兼任长寿路街道社会组织联合会党总支书记和会长，做到“一职两责”。目前，党总支下设20个党组织、1个党总支、6个联合支部、13个独立支部、1个党的工作小组，现有党员99名。党建工作做到“五个明确”：明确党总支的功能定位，明确党总支的工作关系，明确党总支的人员组成，明确党建工作经费来源，明确党建工作机制。探索形成了以社会组织党总支为核心、社会组织党支部为纽带、党建联络员为支撑的“三位一体”工作网络。同时，对于没有党员的社会组织，由社区党建服务中心选派党建联络员，党总支建立培训和联席会议制度，加强党建联络员队伍建设，做好神经末梢党建工作。

2. 完善组织机制，提升党建引领水平

服务中心以组织生活为抓手，紧扣“价值引领、服务凝聚、同心共治”三大理念，开展了一系列凝聚力建设活动，创新主题党日形式，包括开展情景党课、建立学习教育体验站等，并将公益理念引入党建活动。例如，开展“学习党的二十大精神”系列活动，激发党员的爱国意识；组织“走红途学党史”，带领党员重拾红色记忆，通过走、听、看、学等“沉浸式”学习，寻访苏河沿线红色印记补足“精神之钙”，点亮党员的红色初心；而“感党恩、学精神、践初心”主题党建活动也被“学习强国”录用刊登。以定期组织生活为机制，不仅增强了党员的凝聚力，而且聚拢了一批原先游离在边缘的社会组织，通过党建一根红线，把散落的一颗颗珍珠串在一起，大大增强了社会组织向心力。同时，服务中心通过党建引领，带领社会组织和公益人才共同成长、学习、交流、合作。党建不仅是服务中心组织生活凝心聚力的法宝，而且是帮助引导社会组织在“正确、正向、正能”的轨道上做强品牌的社会组织。

3. 党群共享共融，建设实现高水平党建引领

经过多年的运行和探索，服务中心的平台功能、枢纽功能、社会工作服务功能初步显现。一是推动社会组织党建“两覆盖”。通过进一步加大党建工作力度，服务中心开展社会组织党员排摸工作，指导组建党组织。党总支更名成立以来，已新建4个党组织，还有2个正在办理手续，

5名社会组织从业人员递交入党申请书，并积极推动有条件的社会组织党组织开展党建阵地“六有”标准化建设。二是参与区域化党建。党总支依托长寿路街道党群服务中心、“两站一中心”、社区党校、街道“靠谱党建联盟”等32家核心成员单位等社区资源，借由社会组织承接购买服务项目、接受社会资助之机，加强与居民区、驻区单位的合作共建。三是促进供需对接。服务中心通过项目对接会、公益伙伴日等对接社区需求，凝聚社会组织力量，助力社会组织成长，引入近百家社会组织到居民区举办公益活动，一批喜闻乐见的公益项目落地见效。整合辖区内社会组织资源，以“社区居民”需求为导向，以服务群众、解决问题为根本出发点和落脚点，发挥社会组织专业优势，助力社区共建共治共享。

（二）规范管理、行业凝聚，社会组织高水平发展

截至2023年3月31日，经服务中心培育孵化长寿辖区内各类登记的社会组织总共200家（其中民办非企业单位163家、社团37家）。按类别看，社区生活服务类71家，社区文体活动类26家，社区公益慈善类18家，社区专业调处类5家，教育培训类35家，行业协会37家，其他类别社会组织8家。自2015年以来，辖区内社会组织数量呈递增态势（见表1）。

表1　每年新增社会组织数量较上年新增比例

单位：家，%

年份	数量	新增比例
2015	102	—
2016	149	46
2017	170	14
2018	176	4
2019	182	3
2020	188	3
2021	195	4
2022	200	3

1. 聚合社会组织促“量变”

近年来，社会组织发展出现两种新趋势。首先，规范化建设从“外在要求”转变为“内在需求”。目前辖区有5A级社会组织2家、4A级社会组织6家、3A级社会组织22家。根据社会组织自身发展需求，2023年服务中心将指导3家社会组织由4A级升为5A级，4家社会组织由3A级升为4A级。其次，有政府出资背景的社会组织比例持续下降。目前辖区内社会组织主要分为四大类：第一类是政府购买服务型，主要依赖政府资金，以政府购买服务的方式开展公益服务，比如上海长寿敬老志愿者指导中心，这类社会组织占20%；第二类是以商养公型，比如上海子木社区服务中心，以连锁健身产业为支撑提供专业化社区健身康体服务，通过社区公益服务打开自身知名度，实现双赢，这类社会组织占13%；第三类是纯公益型，能自我运作，募集社会资金、基金会资金作为支撑，比如分享冰箱公益项目的上海和绿社区公益发展中心，注重唐氏儿童的希之星公益发展中心，这类社会组织占2%；第四类是社会化运作型，完全以市场化的方式来开展活动，比如上海爱星家园儿童康复中心，依靠招生收培训费来实现发展，这类社会组织占23%。

2. 聚集五大机制促“质变”

通过构建完善的孵化机制、培育机制、联席机制、支持机制、服务机制，长寿路街道进一步为社会组织高质量发展搭建平台。一是孵化机制。孵化园设6个工位，以共享式办公模式向初创的社会组织提供3~6个月免费使用期，同步提供政策、法律、财务等方面的咨询和培训，并提供多功能会议室、活动空间等场地免费使用服务，“陪伴守护”初创期社会组织，为其提供最大的便利。同时严格规定孵化园退出机制，确保公益资源的公正、高效使用。二是培育机制。孵化成功的社会组织经服务中心推荐将加入长寿路街道社会组织联合会，轮值理事制的运作方式能够调动社会组织的参与积极性，促进相互学习借鉴、取长补短。三是联席机制。服务中心发挥枢纽作用，以服务凝聚社会组织与社区力量，进行双向互动沟通。结合节假日及志愿服务场景，如3月5日学雷锋、12月5日国际志愿者日等活动，不仅服务了社会组织，使其凝聚力日益增强，而且聚拢了一批愿意参与社区治理的社会组织。四是支持机制。服务中心依托社区基金会，通过项目公益创投会、对接会、推介会、公益伙伴日等形式将会员推送到各个社区，如长寿社区基金会已运用项目合作、公益众筹、定向募集等形式共募得社会资金518.68万元，全部用于社会组织参与社区治理项目。五是服务机制。围绕社区治理中的服务人来激发人的潜力，既服务社会组织领军人才，也关心从业人员，还不断通过服务和活动来发现社会组织的潜在人才。

3. 聚焦发展瓶颈促“核变”

自上海市委开展一号课题调研以后，长寿辖区内社会组织的数量和质量均获得了显著增加和提升。在此基础上，服务中心进一步加大对社会组织发展的有效途径和平台建设的探索力度，组织召开了社会组织、居民区、街道职能科室等多个不同层面的座谈研讨及调研会。经分析，服务中心发现社会组织呈现“三有三无”的整体发展态势。“三有”即有热情、有专业、有需求，在公益这个巨大公约数下乐于参与社区治理，并在不同领域展现出各自的多元化视角和专业敏感度，同时社区对社会组织的服务有强烈需求。“三无”即无渠道、无政策、无组织，从而带来参与社区治理的社会组织覆盖面较窄、社会组织提供的服务与社区的实际需求有出入、社会组织与政府采购之间的信息不对称等问题。因此，服务中心聚焦社会组织发展瓶颈，改变以往半行政化的服务模式，为社会组织提供“陪伴式”周到、贴心、专业的服务，帮助社会组织在服务中心培育下做强做大。比如，剪爱公益、和绿社区、青创公益、臻意雅创等一批有知名度、有影响力、有创造力的社区组织已经走出长寿、走出普陀，走向了更大的平台。又如，在2017~2022年“上海市公益之申——十大优秀公益项目”评选中，长寿社会组织就占了三席（剪爱公益——记忆学堂、和绿社区—分享冰箱、艺助行—非遗竹编）。艺助行公益促进中心在服务中心推荐下在央视CCTV进行展示，品牌效应显著。疫情期间，长寿路街道社会组织联合会面向辖区内的社会组织发出倡议，鼓励大家在做好个人防护的前提下，发挥社会组织各自的专业优势。长寿路街道社会组织纷纷挺身而出，捐款捐物、出人出力，积极参与服务居民区、守护群众的志愿者行动，同心守护家园。

（三）五社联动、专业为先，社区治理项目高效能

1. 应势而发——倡导“养事不养人”服务模式

服务中心注重发挥辖区内社会组织的专业优势，通过政府购买服务、让专业的人干专业的事，提高公共服务供给水平，采用了以下三种服务模式。一是合作式服务。以政府出场地、定任务、提要求的模式，委托社会组织承接与民生保障等密切相关的基本公共服务。比如，面向社区公共服务阵地和社区公共文化阵地，街道引入专业社会组织对党群服务中心、长寿邻里中心、邻里分中心进行整体运营。二是项目式服务。比如，为缓解社区城市管理人力资源不足的问题，服务中心购买社会组织公共服务开展市容环境管理工作；再如，服务中心引进第三方专业团队，打造“创客鸟巢”工作品牌，创新就业创业服务模式。通过社会组织专业化、精准化的服务，进一步改善社区公共管理、民生保障服务。三是课题式服务。目前社区存在老旧公房加装电梯、业委会矛盾调处、智慧社区建设等一系列居民区“急难愁盼”问题，针对这些问题，2018 年 11 月长寿路街道社区治理促进中心正式落成，在中心下设新长寿业委会、健梯、沈望云法律咨询、智慧社区、民星智理团五个工作室，作为专业调处类社会组织的孵化基地，因地制宜地根据社区动态需求，培养优秀的社区治理工作者。通过采用上述三种服务模式，服务中心有效地改变了以往活动形式单一、活动内容单调、管理形式僵化的情况，让专业的人干专业的事，“养事不养人”的意识已然形成并发展成熟，服务中心已成为社会组织参与社区治理的助推器。

2. 顺势而为——发挥“公益资源”杠杆效应

服务中心以长寿社区基金会为媒介，以社会组织的公益项目为杠杆，挖掘多方资源参与社区公益事业。一是常态化对接。定期邀请不同类型的社会组织共同参加居民区的专项调研、访谈，通过了解居民和居委会的需求确立服务方向。二是项目化合作。以“公益性强、操作性好、覆盖面广”为原则向社会组织公开募集公益项目，自 2015 年长寿社区基金会成立以来，已与 70 余家优秀的社会组织共同推出了 96 个公益项目。三是品牌

化打造。通过与优秀的社会组织合作，服务中心打造出一批品牌项目。例如，与上海和绿社区公益发展中心共同发起的“长寿社区食物银行暨分享冰箱”，不仅深受社区居民欢迎，而且在上海掀起了一股公益新风尚；再如，与长寿邻里分中心合作的“长寿失智老人日间照护中心”推出后，不仅失智老人的家属们表示万分感激，而且为社区服务照护失智老人提供了样本，并吸引了爱心企业定向捐助 30 万元。四是社会化筹资。据不完全统计，在服务中心的牵线搭桥下，长寿社区基金会已通过项目合作、公益众筹、定向募集的方式共募得社会资金 100 余万元，物资折合人民币 600 余万元。服务中心将优质的公益资源引入社区、服务社区，造福群众，大大提升了社会组织服务社区的能效，得到了社区居民的称赞。

3. 循势而变——创新“五社联动”闭环机制

服务中心创新构建了社区、社会组织、社工、社区志愿者及社区慈善资源的“五社联动”机制，全谱系实体化运作，形成长寿街道“五社联动”的组织架构（见图 1）。这种全新模式不仅为社区与社会组织之间搭建了交流对接平台，而且实现了社会组织在开展行业自律、维护权益、共享资源等方面的自我管理功能。“五社联动”与服务中心“五大机制”相辅相成，形成基层社区治理新生态。一是社会组织党总支党建引领突出“重点”，推动党建工作全覆盖，加强党建力量配置，培育行业领军人才，突出以党建促社建，夯实社会组织发展基础，畅通社会组织参与自治的渠道，充分发挥凝心聚力、服务社会组织党建的作用。二是社会组织联合会建章立制明确“要点”，长寿路街道社会组织联合会以法制化的方式根据章程进行设立，以理事会为决策机构，以会员大会通过的规章制度为运作准则，以轮值理事制为运作方式。区别于社会组织服务中心以“管”为主的功能，联合会更注重“联”，即联络会员、联通资源、联建社区。三是社会组织服务中心发挥枢纽作用连接“断点”，以服务凝聚社会组织与社区力量，进行双向互动沟通。四是社区基金会项目化解决社区“痛点”，通过项目对接会、推介会、公益伙伴日等形式将会员推送到各个社区。2019 年起长寿社区基金会创新了“社区创投会”平台，即由“两会一中心”牵头社会组织对居民区开展实地调研，通过社会组织和居民区负责人、居民代表面对面的交流，共同策划设计出社区需要、居民得益的“个性化”定制项目，深受群众的好评与认可。五是社区公益促进中心发挥居民自治作用直击社区治理“难点”。服务中心通过搭平台、建机制、强队伍，为“达人”参与社区“智”理营造良好氛围，构建协商共治、项目驱动、信息畅通、共治共享的社区治理共同体。六是社工站进一步治理“盲点”。服务中心通过社工与社区志愿者广泛参与社区治理，全过程、全周期介入各项社会工作，针对社区治理疑难杂症、居民的个性化需求以及困境，发挥专业社工和志愿者的优势，开展个案、小组、社区工作，不断深入探索参与社区治理的新模式。

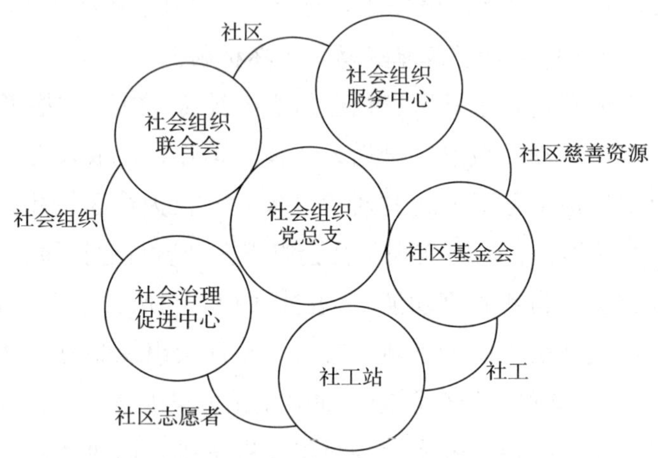

图1　全谱系街镇社会组织“五社联动”架构

服务中心坚持贯彻党的二十大精神，做实需求导向、做活社会治理、做强社会组织，通过党建引领、平台搭建、民主协商、提供服务、协调关系、整合资源，激发了社会组织参与社区治理的热情，引领了社会组织健康有序发展，提升了社区居民的获得感与满意度，为上海社会组织发展提供了“长寿模式”。服务中心是长寿辖区的社区组织和公益人共同成长、学习、交流、合作的平台，是优秀的社会组织和优质社区治理项目的展示窗口、创新型社区治理和公益项目推广对接的中介窗口、志愿公益理念形成和宣扬的传播窗口，是党建宣传阵地、社会组织培育孵化阵地、公益项目结合社区实际的研发教学阵地。

“五社联动”赋能基层治理：程家桥街道社会组织服务中心 *

程家桥街道社会组织服务中心是社会组织赋能探索的典型。在街道层面，程家桥街道首先引入专业社会组织服务中心作为场所，其次以全托管方式专业化服务社会组织，对拓展政社合作进行积极尝试；在区级层面，长宁区通过资源支持打造社会组织整合性平台，依托政府购买服务的方式促进社会组织链接多样化资源，支撑区域服务，促成公共服务体系的完备建设。在区级层面同程家桥街道的联动过程中，支持平台的成功搭建打破了社会组织独木难支和行政化驱动非此即彼的非协同合作状态，在利用行政化方式撬动、导入多样化资源的同时，充分保持了社会组织的自主性，提升了社会组织的专业性、灵活性，加强同社区紧密合作，形成共建共治共享的治理模式。因此，程家桥街道在短时间内形成可持续的社会组织培育发展路径，得以充分引导社区社会组织高质量发展，形成可供借鉴的政社联动模式。

一　基本概况

程家桥街道社会组织服务中心（以下简称“社服中心”）成立于 2011

* 上海长宁区程家桥街道社会组织服务中心供稿。

年2月21日，并于2018年5月获评3A级社会组织。社服中心位置优越，周边聚集了街道社区党群中心、事务受理中心、营商中心、卫生服务中心、虹桥商务大厦白领中心。因而，社服中心在发挥自身作用的同时，深化加强与其他中心的信息互通、强化联动，打造共融互助的枢纽，共同推动社会组织发展。中心办公面积约100平方米，设有党建引领区、孵化办公区、风采展示区等区域。为营造社会组织良好的生存环境和发展态势，社服中心立志将阵地空间打造成满足多元化需求的服务载体。

目前，街道注册有社会组织45家，其中25家是在中心实体运作后，在中心指导下培育孵化引进的。另外，还有群众活动团队53支，活动小组28个。通过梳理现有社会组织的情况，45家社会组织按服务领域可分为以下四类：生活服务类15家，文体活动类6家，社区事务类17类，公益慈善类7家。在分类过程中，社服中心发现社会组织服务领域还存在公益空白点，如从事防灾减灾、生态环保、创业就业指导等领域的公益机构是目前社区稀缺类型。

因此，社服中心自成立以来，始终坚持“优质+均衡”的孵化原则。一方面，社服中心会设置“门槛”把好起步关，做到高起点孵化，为高质量发展打好坚实基础；另一方面，社服中心积极回应社区居民的多样化需求，在不断丰富辖区社会组织类型上下功夫、翻花头。社服中心打造“孵化—培育—辐射”的跟踪式“工作链条”，即约谈了解初心、考察审核资质、介绍街道情况、实现双向奔赴、入壳开启孵化、提供十项支持、接受出壳评估、出壳跟踪服务。在孵化工作中，社服中心注重多渠道挖掘与社区需求匹配的社会资源。一是从社区群团骨干中物色领军人物，引导成立文化活动类的社会组织，如象棋协会、桥牌俱乐部；二是链接外部社会组织资源，特别是从合作过的社会组织入手，引导这些较为成熟的机构成立新的社会组织，如海程社会创新服务中心；三是围绕中心服务大局，加强与街道各部门、条、线的信息互通，引导热心公益事业的企业、个人成立社会组织，如乐房加梯中心、众蚁社区、綦心公益、香巴拉；四是依托社服中心合作方的丰富资源，引入辖区外社会组织资源和社会企业资源，如汉方众福公益促进中心、诺宝文化艺术服务中心。

对处于不同时期的社会组织，社服中心会有针对性地提供支持服务。对处于萌芽期的群众团队组织，提供登记注册和备案辅导；对处于初创期的社会组织，提供无偿使用的共享工位、供需对接平台、内部治理等方面的支持；对处于成长期的社会组织，提供财务培训、规范化建设指导、项目督导等服务；对处于成熟期的社会组织，提供能力建设、领袖培养、专业技能提升等支持服务。在孵化培育过程中，社服中心始终坚持“以老带新”“新老联建”，激发社会组织的活力，发挥辐射带动作用。

二　实践经验

社会组织工作是党建引领社区治理共同体建设中的重要一环，街道党工委、办事处高度重视，将社会组织高质量发展纳入街道全年重点工作之中。2023 年，街道对社会组织“四大计划”的内涵进行了整合挖掘。一是实施社会组织党建“种子”计划，创新探索社会组织“街区党建”建设。二是实施社会组织品牌“领军”计划，围绕社会组织参与社区治理全过程人民民主总结 2~3 个品牌项目，不断探索社会组织数字化转型。三是实施社会组织全生命周期“赋能”计划，助力社区社会组织高质量发展。四是实施社会组织规范化“细胞”计划，动员社会组织积极参与评估，切实提升参评率与合格率。

（一）服务社会组织发展，做实一个“引”字

坚持党建引领，团结凝聚社会组织。街道现有社会组织中，成立联合党支部的有 1 家（社联会）。45 家社会组织中，现有党员 15 名，其中有 5 名党员组织关系在街道社联会党支部。社服中心通过实施社会组织党建“种子”计划，聚焦社会组织党建与区域化党建的融合发展，搭建社会组织系统全面的培育成长服务平台，有力助推社会组织党建高质量发展。街道将社会组织联合党支部纳入区域化党建网格，社会组织党员和入党积极分子每月参加党群中心的二网格组织生活和党建活动。通过

“两个百年”系列特色活动，“城市发展与历史同行”行走程桥立体式党课，“千年非遗，百年建党”品味程桥沉浸式党课，“学习二十大、奋进新征程”党史学习教育活动，在增强属地化认同感和归属感的过程中，进一步扩大党的组织和工作的覆盖面，让社会组织的党员和入党积极分子在实践中坚守初心、坚守信仰、坚定信念，主动肩负新时代的使命。此外，街道还与上海人民广播电台阿基米德开展深度合作，在社区治理电台开辟社会组织“领航”巡礼专栏，结合党史学习教育，引导社会组织“立足新时代、贯彻新理念、着眼新发展，推动社会组织高质量发展”，通过推出社会组织“领航讲坛”，提高社会组织参与社区治理的综合能力。

（二）服务政府事务性工作，体现一个“助”字

为更好地将社会组织的拳头项目和社区需求精准对接，社服中心在搭建供需对接会平台的基础上，通过深入调研排摸，推出《“益”本小册子——程家桥社区社会组织服务项目手册》，精心梳理出首批社会组织服务项目清单。内容涵盖了社区治理、亲子教育、社区培训、家政服务、法律咨询、环境保护等，有效地满足了不同群体、不同领域的服务需求。一方面，精准开展供需对接，了解现有社会组织的情况；另一方面，对社区加大调研力度，完善各居民区条目式、项目化服务需求清单，深入挖掘社会组织的优势，精准对接社区治理需求，将社会组织与社区紧密联系起来、优势发挥出来、积极性调动起来，实现共建共进、互补互促。社服中心搭建供需对接会、自治金项目、公益创投项目等平台，促使更多社会组织与民生需求精准对接，架起社会组织和政府部门的合作桥梁。在供需对接过程中，职能科室、各中心、居民区全覆盖提出有意向和社会组织合作的需求清单。在社会组织的选择上，社服中心在程桥社会组织服务清单的基础上，遴选长宁乃至上海的优秀社会组织合作。2023 年，街道向区民政局申报的 4 个创投项目均通过了评审，服务内容涵盖创新社区治理、高质量发展、民生服务等多个领域。为进一步规范公益创投项目管理，提升承接主体的项目实施能力，社服中心推出了《程家桥街道公益创投项目管理制度汇编》，在项目实施过程中做好全程监督指导。

（三）服务社区治理，突出一个“创”字

自2021年中共中央、国务院下发《关于加强基层治理体系和治理能力现代化建设的意见》以来，社服中心深入践行人民城市人民建重要理念，大力推进社区、社会组织、社工、社区志愿者、社会慈善资源的“五社联动”建设，积极引导社会组织参与社区治理。在开展自治金项目、一街一品项目过程中，社服中心实施品牌社会组织“领军”计划。在全市范围内海选具有社区自治项目督导职能的社会组织，联合职能科室共同指导自治金项目的全流程实施，通过海程社会创新服务中心、思麒青少年成长中心等成熟社会组织的过程督导管理，在完成项目落地的同时，教授居民区社工开展自治项目的方式方法，让居民切实感受到这些项目带来的新气象。例如，第一，在嘉利豪园商品房小区“细胞”计划项目中，社会组织发动居民出资打造公共客厅和生境花园，每个楼道都形成自己的特色，在商品房小区分类治理和熟人社区建设中起到了很好的效果，在提升环境品质的同时，促进了邻里关系和谐。第二，在破解物业治理难题中，街道物业事务指导站成立绿苹果业委会自治沙龙，众蚁社区服务中心与上海市共青团共同打造“青春社区治理赋能”项目，通过课堂培训、社区探讨、互动交流、参观学习等形式让业委会获得专业知识，学会理性思考社区存在的问题，积极探讨解决方案，从而使小区治理规范化、专业化。第三，在商居共治联盟品牌项目中，海程社会创新服务中心作为街道近年来孵化的领军社会组织，着力于将抗疫经验转化为常态化服务群众的手段，通过党建引领的社区参与路径，在程家桥路开展共建文明街区、为民公益服务等共治行动，建立起一支有议事机制的商居共治联盟队伍，促进商居形成社区生态一体化的互动模式，通过正向引导推动商居共建温暖社区，形成长效机制，并探索出一套“商居联盟共治”模式，形成可复制、可推广的社区治理经验。

（四）规范社会组织发展，写好一个“督”字

一是加强社会组织规范化建设，实施社会组织规范化“细胞”计

划，依托专业力量，围绕健全社会组织内部治理结构、建立规范的财务管理制度、完善社会团体换届选举等内容开展社会组织培训，重点强化对社会组织规范化建设要求，引导社会组织积极参与等级评估。辖区内现有的45家社会组织中，获得3A等级的社会组织有8家，目前参评率17.78%。2023年，社服中心已收到4家机构的规范化等级评估申请（均为首次参评）和3家机构的复评申请，其中有1家机构申请了高等级，社服中心将积极做好培训指导，力争2023年做到高等级社会组织“零突破”，参评率达到25%以上。二是聚焦赋能培训，根据疫情形势，积极推出线上赋能培训计划。在领航讲坛成为线上品牌系列后，2022年社服中心再接再厉，推出“聚沙‘程’塔——社会组织每周问答”栏目，每期介绍10个关于社会组织运营、财税、法律等方面的知识点，助力社会组织的运营管理更规范、更高效。三是聚焦数字化转型试点工作，在区社团局的大力支持下，作为长宁区社会组织数字化转型的三个试点街道之一，程家桥街道在数字化转型过程中围绕社会组织三个维度、四种亮灯、五项指标的生命体征模块，推出普惠性、专项性、聚焦性的社会组织“全生命周期”赋能计划。四是做好预警网络的建设工作，构建“社服中心－居民区－社会组织”预警信息员网络，注重预警信息员队伍的专业培训及能力提升，及时发现和报送非法社会组织与违法行为，为社区的平安稳定提供保障。五是做好群团信息的动态管理，对已登记备案的53支群众活动团队，社服中心通过“一团队一档案”进行备案与管理，定期普查，动态掌握各类信息以便督导，并做到“三台账”相一致。

（五）打造资源汇集枢纽，写好一个“联”字

一是迅速行动，驰援社区担使命。疫情期间，全市封控，街道依托社会组织数字化转型中奠定的良好基础，第一时间通过公益上海、社区云、街道官方和程桥社服微信公众号等线上平台，广发英雄帖，招募“作战兵”。街道社区基金会在筹资和运作上显实效，社会团体在资源链接和渠道整合上出实招，社会服务机构在组织协调和创新服务上干实事。街道商会牵线搭桥爱心企业鹏欣集团，从云南昆明出发，全程冷链运

输，历时两天两夜，将2000多份冰鲜牛肉送给程家桥街道居民。綦心公益事业发展中心在云南红河农家采购千枚鸭蛋为程家桥街道社区卫生服务中心医护人员提供营养补给。思麒青少年成长中心为程桥社区捐赠口罩4375只。这样的社会组织不胜枚举，它们用爱心和善举共同撑起这个不平凡的春天。据统计，程家桥街道共动员31家社区社会组织，300余名公益伙伴参与社区疫情防控工作，通过社区基金会、商会等渠道捐款捐物共30余万元。二是专业支撑，满足需求补漏缺。疫情防控期间，各种社会问题和矛盾凸显，社会组织发挥其专业优势和特长，弥补政府工作的缺位和不足。人寿堂为社区居民配药开辟"绿色通道"，解决封控期间居民"配药难"的痛点，累计解决了1140人次的紧急用药问题。社区参与式博物馆合作伙伴大鱼营造，为街道和多个居民区制作防疫作战图。遥顺青少年社区活动服务中心推出线上遥顺常住体姿修复课程，帮助孩子们居家运动，预防近视，纠正体姿体态。汉方众福公益促进中心利用自有医生资源和科学家资源，为社区提供药物物资配送渠道，开展线上健康咨询。社会组织不仅为疫情防控提供人力、资金和物资支持，还解决了封控期间遇到的各种"卡脖子"问题，为疫情防控提供了特色服务和专业支持。三是共建共享，志愿服务暖人心。依托"两会一中心"，动员辖区内社会组织力量参与基层防疫工作，当好疫情防控的"宣传员""守门员""服务员"。康宁启程爱国卫生服务社的16位突击队成员不畏风险，承包了街道整个区域的消杀工作。海程社会创新服务中心组织11名志愿者参与社区卫生中心和嘉利豪园居民区防疫志愿工作。在社会组织的专业支撑和穿针引线下，居民区通过党建引领广泛发动群众同心抗疫，形成了程桥一村乘风破浪"董姐姐"、机场新村"小白云"、宝北"宝贝"等一批典型品牌，成为抗疫阶段最闪亮的"民星"团队。

三　问题挑战

近些年来，在市区民政局、社会组织管理局的指导下，在街道党工委、办事处的大力支持下，区域社会组织得到蓬勃发展。社会组织参与社会治理的力度不断加大，参与社会治理的范围不断扩大，在参与社会公共事务管理中起到了整合优化资源、化解社会矛盾、加强基层治理的作用，但同时社会组织也面临着一些发展困境和制约因素。

（一）社会组织参与社会治理重要性的认识要统一

新时代治理现代化的目标和要求对社会治理提出了新的挑战。社会治理更具多样性、复杂性和艰巨性，政府和社会对如何加强社会治理的认识还有待进一步统一，对社会组织及其从业人员参与社会治理重要性的认识也存在偏差。一是对社会组织解决公共服务供需矛盾的重要作用认识不够，二是对社会组织如何化解公共事务管理危机的能力认识不够，三是对社会组织在社会治理领域所能延伸的触角认识不够。

（二）社会组织参与社会治理的能力不足

现阶段，社会组织机构不够规范、发展不够均衡、运营不够独立、实践能力不强的状况，直接影响了社会组织参与社会治理的成效。首先，社会组织准入标准及程序要进一步规范；其次，社会组织不仅要高质量发展也要均衡发展；最后，社会组织机构职能要更加独立。

（三）社会组织参与社会治理的保障机制不够健全

从社会组织参与社会治理的环境和条件出发，其保障机制还不够健全。具体体现为：一是束缚制约较多，动力不足；二是社会组织参与社会治理的职能定位、目标激励、行动管理、项目对接等机制不够完善；三是对社会组织经费支持力度需要进一步加大。

四　经验启示

（一）坚持党建引领，增进思想认同

要牢牢把准社会组织参与社会协同治理的政治方向，把“支部建在社会组织中”，坚持党建引领，发挥党组织统大局、把方向、抓重点的关

键作用，着力加强社会组织从业人员的思想政治工作，不断凝聚共识和力量；要在构建思想认同上充分发挥政府部门的引导作用，把握基层社会治理的重点、难点、社会矛盾和关键环节，鼓励和支持社会组织在参与社会治理的顶层设计、政策制定、法规完善、机制建设等方面积极作为；要注重党组织和党员的示范引领作用，把社会组织从业人员当中的优秀人才作为吸纳和发展的重要对象。

（二）构建伙伴关系，增强组织协同

政府与社会组织之间不是上司与下属的伙计关系，而是同属于平等合作、利益共享、独立自主的社会治理主体的伙伴关系，应该通过合力搭建多方共治平台形成治理合力，各司其职、协商讨论、相互促进、资源共享。政府要加强顶层设计和政策引导，推动社会组织协同参与社会治理，加大对社会组织的培育和资源支持力度，简政放权加强职能转移。同时，社会组织要理顺与政府的关系，遵守政府调控政策，接受政府的指导，提升自身造血能力，以专业优质的服务协助政府解决社会各领域的治理问题。

（三）健全保障机制，增强行动趋同

从社会组织参与社会治理的环境和条件出发，其保障机制还不够健全。社会组织参与社会治理的职能定位、目标激励、行动管理、项目对接、监督管理等机制不够完善。因此，要发挥好社会组织及从业人员的优势，推动项目化、社会化、网络化运营，以参与社会治理的实践行动驱动创新活力。建设社会组织联合参与治理的孵化系统。向萌芽期及初创期社会组织提供能力建设培训、联合办公场地、设备支持、资金管理、财务监管、社工监管、项目评估、注册指导和咨询等服务。同时，由具备孵化功能的社会组织带动和培育其他社会组织联合参与社会治理，共同进步，从而推动社会组织健康、持续、规范发展。

“多位一体”的社会组织综合服务平台：夏阳街道社会组织服务中心*

夏阳街道位于上海市青浦区，其覆盖范围包括城镇社区、乡村社区、转型社区等社区类型，具有在社会治理方面的特殊性与复杂性。因此，区别于行政化驱动的枢纽型平台建设，在治理架构转型背景下，夏阳街道以党建带动社建，从党群整合、志愿服务视角切入，实现跨部门资源整合，在拓宽资源渠道的同时为社会组织提供全方位支持服务，引导社会组织高质量健康成长。社会组织在发展过程中也能够充分发挥党群部门的下沉作用，起到精准对接社情民意、上传下达的重要作用，促进人民民主建设，成为链接党政与社会、人民关系的重要桥梁，进而实现社会治理格局的整体可持续发展。

一 基本概况

2014 年，上海市将“创新社会治理、加强基层建设”列为市委一号重点课题开展调研，并形成了“1+6”文件成果。“1”是《关于进一步创新社会治理加强基层建设的意见》，“6”是涉及街道体制改革、居民区治理体系完善、社会力量参与、网格化管理、村级治理体系完善、社区工

* 上海青浦区夏阳街道社会组织服务中心供稿。

作者的六个配套文件。为了激发社会力量参与社会治理，提升社会组织在社会治理中的专业服务能力和水平，上海市民政局积极推进社会组织服务平台建设，明确提出在全市街镇层面做到社会组织服务中心全覆盖的工作要求。

青浦区夏阳街道地处上海市西郊、青浦区中部，辖区面积约 35.93 平方公里，耕地面积 6545 亩，下辖 24 个居委会和 8 个村委会。随着市委“1+6”文件的颁布实施，基层治理架构发生了变化，街道办事处的工作重心由原来的招商引资逐步转向公共服务、公共管理和公共安全。夏阳街道为青浦区人民政府所在地，因此，虽然区域内社会组织数量不少，但是大多与政府存在或强或弱的“伴生”关系，而真正能够满足社区居民群众多元化需求，提供专业化服务的社区社会组织数量不多。正是基于上述原因，青浦区夏阳街道社会组织服务中心（以下简称“夏阳社服中心”）应运而生。

夏阳社服中心成立于 2015 年 4 月，是青浦区第一家街镇级社会组织服务中心。中心以“打造多位一体的社会组织综合服务平台”为愿景，设立 6 个分中心：登记服务分中心、社会组织信息发布分中心、政府购买服务受理分中心、规范化建设评估分中心、能力建设培训分中心和社会组织培育孵化分中心。它们主要为夏阳街道区域内的社会组织提供政策咨询、孵化培育、能力建设、资源链接、品牌建设、公益项目过程指导、政府购买服务和信息宣传等服务。

社区社会组织是社会治理的重要协同力量，培育发展好社区社会组织是构建共建共治共享社会治理格局的重要一环。如何培育发展好社区社会组织、助力社会治理？如何发挥社会组织服务中心的优势和作用？社会组织服务中心如何行稳致远？这些都是全市各级社会组织服务中心需要破解的难题。夏阳社服中心紧紧围绕“创新社会治理、加强基层建设”的目标，以促进规范化建设为抓手，为区域内的社区社会组织提供全方位精细化的服务和支持，截至 2023 年 6 月，共孵化培育了 36 家社区社会组织。经过不断探索实践，夏阳社服中心形成了一套以注重党建引领、注重制度先行、注重完善机构、注重服务凝聚、注重积极引导、注重公益形象、注重信息支撑和注重内部治理为主的“八注重”工作方法。这套工作方法为促进区域内社区社会组织健康有序发展、激发社区社会组织内生动力奠定了基础、提供了保障。此外，夏阳社服中心还高度重视社会组织规范化建设评估，在成立之初就严格按照社会组织等级评估标准来建设、运营、管理，从而提升了自身的公信力和社会影响力。夏阳社服中心在2017年和2021年分别获得社会组织评估3A和4A等级，真正实现了“以评促建”和“以评促管”的目标。

二　实践经验

上海自2002年起开始探索建立社会组织服务中心，经过多年探索发展，已实现市、区、街镇三级社会组织服务中心全覆盖。夏阳社服中心主动融入三级社会组织服务支持体系，积极发挥综合服务平台作用，为区域内的社区社会组织参与社会治理提供强有力的服务和技术支撑，在社会治理中发挥的作用日益凸显。与此同时，其自身在发展过程中也遇到了一些困难和问题，面临着不少挑战，主要表现在以下三个方面。

第一，可持续发展挑战，即如何减轻社区社会组织的负担，让社区社会组织得以可持续发展。

第二，供需匹配挑战，即如何引导社区社会组织通过提供及时有效的服务回应社会热点问题。

第三，资源支持挑战，即如何解决社会组织服务中心资金来源单一的问题，广开财源，实现良性发展。

针对上述难题，夏阳社服中心实行了一系列实践举措，以推动社区社会组织参与社会治理，打造共建共治共享的社会治理格局。

（一）全方位精细化孵化培育

夏阳社服中心从硬件基础建设方面努力帮助区域内的社区社会组织减少开支，减轻其发展的资金负担，全方位精细化做好社会组织孵化培育工作，为入驻的社区社会组织免费提供办公室工位、办公设备，无偿共享使用孵化园内的多功能会议室、培训室、影剧场等设施。同时，夏阳社服中心积极探索社会组织大党建工作，于2016年成立了社会组织党支部和社会组织统战工作室。根据社会组织中绝大多数从业人员为非中共党员、长期游离于体制外的特点，运用“广交朋友”的思维和工作方法，建立统战联络员制度，加深与辖区内社区社会组织的联系，及时了解它们在工作中遇到的困难，并予以帮助和解决。通过加强社会组织党建工作，引领社会组织朝着正确的方向发展，激发社会组织活力；通过提供服务把社会组织及其从业人员紧密团结在党的周围，不断扩大党在社会组织中的影响力，广泛凝聚共识、凝聚人心、凝聚力量。

此外，着力提升社区社会组织从业人员的专业能力和个人素质水平，是夏阳社服中心孵化培育中最为重要的一环。根据区域内社区社会组织的实际情况，夏阳社服中心创立了“‘夏’益站‘阳’新帆”社会组织能力建设品牌项目。该项目主要包括社会组织党建工作、社会组织相关政策和法规、公益品牌项目管理、财务管理、品牌策略制定、宣传策略制定、社区活动开展和社会组织规范化评估指标解读等课程，以集中授课、互动式教学、小组讨论和现场学习等形式，全面提升区域内社会组织从业人员的能力水平，助力社会组织高质量发展。

可持续性是社会组织长期发展的重要保障。社区社会组织在发展过程中常常会因为资源缺乏或资源整合能力弱等问题而导致机构无法有效运作和健康发展。夏阳社服中心充分利用与政府部门、企事业单位之间的良好关系优势，搭建政社、社企、社社合作交流的平台，为社区社会组织提供资源链接服务。一方面，把社区社会组织比较成熟、具有示范性和公益性的项目积极推荐给街道相关政府部门和村 / 居委会；另一方面，将区体育局、团区委、中山医院青浦分院、区中医院等单位开展的健身与健康空间托管、暑托班课程、青年中心课程、志愿服务等活动与社区社会组织进行精准匹配。

夏阳社服中心行政负责人孙军是上海市第十五届、十六届人大代表，他十分关注社区社会组织的健康有序发展，经常深入基层一线，认真倾听社会组织从业人员的呼声，通过分析整理和归纳总结，形成一份份议案或书面意见建议。在代表履职期间，他领衔提出了“关于制定《上海市加强和创新基层社会治理条例》的议案”“关于提请市人大常委会对本市基层社会治理相关工作开展综合执法检查的议案”，提交了“培育和扶持社区社会组织参与基层治理的建议”“关于加强政府购买服务信息公开的建议”“关于全力防控疫情支持本市社会组织平稳健康发展的有关建议”“关于因疫情发生对政府购买社会组织服务项目的执行作适当调整的相关建议”等与社会组织相关的建议。他希望通过市人大代表的身份，为社会组织的孵化培育和扶持争取更多的政策支持，推动社会组织的制度环境更加完善。

（二）分阶段精准化孵化培育

社区社会组织的主要优势是熟悉社区情况、贴近社区居民，其服务可以满足社区居民多样化的需求，促进社区的良性发展，增加社区的凝聚力，所以是社区治理中不可缺少的重要力量之一。夏阳社服中心以社区居民需求为导向，分阶段孵化培育各种类型的社区社会组织，并积极引导它们通过提供及时有效的服务来关注社会需求，回应社会热点。

第一阶段，主要培育社区民生服务类社区社会组织。夏阳社服中心工作人员通过走访调研了解到区域内社区居民对助餐点、为老服务等方面的需求非常强烈，街道办事处也希望通过专业的社区社会组织来承接此类项目，以减轻政府在服务方面的负担。夏阳社服中心根据实际情况重点孵化培育了三家社区社会组织，帮助它们承接了街道的老年助餐点、日间照料中心、独居高龄老人关爱等服务项目。经过一段时间的运作，这些服务得到了社区居民的一致好评，也让社区居民对社会组织的作用有了初步的认识和了解。

第二阶段，主要培育文化体育类和公益慈善类社区社会组织。社会发展的需求总是千变万化的，社区居民在获得了专业的民生服务后，对提升文化素养、追求高品质的生活也有了更高需求。及时满足社区居民多层次、多样化的社会需求需要社区社会组织的积极参与。夏阳社服中心在摸清社区居民需求的基础上，认真分析研究，积极物色有意向成立此类社会组织的发起人。通过提供一对一、面对面的注册登记前的咨询服务，让他们对街道的相关情况、居民的实际需求和区域内社区社会组织的分类情况有了初步了解。在此期间，夏阳社服中心对其成立社会组织的初衷、目的、提供的服务内容及成立后的规划和打算也有了进一步认识。经过这一阶段的努力，街道区域内的社区社会组织蓬勃发展，社区居民对社区社会组织也越来越了解，逐步形成了政府、社区和社会组织之间的良性互动局面。

第三阶段，主要培育解决社会热点问题的专业性社区社会组织。夏阳社服中心在孵化培育扶持方面取得了一些成绩，得到了街道办事处的高度肯定。街道办事处希望能够再培育孵化一些专业社会组织，在参与社会治理中发挥积极作用，以解决社区居民在生活中遇到的热点、难点问题。比如，长期以来，物业管理一直是居民小区的“老大难”问题。2019 年，为了破解物业管理中的难点问题，夏阳社服中心孵化培育了三家物业支持型社区社会组织。这三家物业支持型社区社会组织各有特色，在指导和规范业委会组建运作、物业企业考核管理、为社区居民提供法律咨询与援助、化解物业纠纷等方面提供服务，为住宅小区综合治理与“美丽家园”建设贡献了专业社会力量。再如，老旧小区加装电梯是一项重要的民生实事，对提高群众出行便捷度和群众生活幸福感有着重要意义。但加装电梯不是传统意义上的政府工程，而是业主自治、政府扶持的项目，既是好事又是难事，在实施过程中内容多、问题杂、要求高。一台台电梯的“落地”需要经历业主意愿征询、审批流程、建设资金分配、后期维护保养等环节。为了积极满足区域内老旧小区老年群体对加装电梯的需求，夏阳社服中心专门推荐专业的社区社会组织来协助社区居民完成此项工作。首先，基础摸排，掌握居民诉求信息。通过居委会了解小区业主加梯意愿，掌握基本情况，了解高层业主与低层业主的不同诉求，仔细分析，寻找最佳工作路径，提高签约率。其次，精准施策，积极回应。不同楼道不同情况，因地制宜制订不同工作方案。对加装意愿强烈的业主及时召开座谈会，进行现场答疑解惑。对持不同意见的少数业主，逐个上门，各个击破。一楼一方案，不搞“一刀切”。最后，充分利用邻里网络，加强居民之间的联系。老旧小区的大多数业主都是住了几十年的老邻居，有“远亲不如近邻”的情结，打好邻里之情这张牌，与签约成功与否关系很大。为此，在做解释工作的时候，注重引导业主将心比心、换位思考，激发邻里之情，懂得感谢、懂得感恩。在新青浦社区加装电梯过程中，出现了很多感人的场景。例如，底楼业主的谅解成全，化解了楼上楼下由漏水导致的长达十年之久的矛盾纠纷；有的高层业主签约成功后特地买了水果等礼品一一上门向低层业主表示感谢。由于专业的社区社会组织的参与和努力工作，新青浦居民区同步签约了13部电梯，在整体推进加梯工作中发挥了专业社区社会组织的独特作用。

（三）多样化拓宽资金来源渠道

目前，上海市绝大多数社会组织服务中心的资金来源都比较单一，主要依靠政府资金的支持。由于政府资金使用管理限制比较严格，投入金额不会太大，这对社会组织服务中心长期稳定发展，提升组织活力，履行社会责任等带来不同程度的影响。特别是筹集资金遇到困难或者资金中断，将会对社会组织服务中心的财务状况产生重大影响，甚至导致机构关停。

夏阳社服中心自成立以来，积极拓宽资金来源渠道，寻求更多的合作机会。从最初的街道扶持资金单一来源，逐步发展到政府购买服务、自身提供服务、社区基金会项目支持、社会捐赠等多渠道资金来源。这不仅增强了夏阳社服中心的经济稳定性，扩大了发展空间，提升了机构的公信力和创新能力，也为承担更多的社会责任提供了强大的经济支撑。值得一提的是，夏阳社服中心在支持西部脱贫攻坚中，为云南、新疆捐赠了价值20余万元的物品，接下来还将为社区社会组织的发展提供资金支持。

三　经验启示

（一）全方位支持服务，赋能组织可持续发展

上海市街镇社会组织服务中心要找准定位，强练内功，不断提升专

业服务能力和水平，为社区社会组织提供全方位多元化的服务和支持。加强对社区社会组织的规范引导和积极培育，形成科学合理的社会组织结构。切实推进社会组织自主发展，为社会组织自主发展创造各项条件，提高社会组织自力更生能力，帮助它们实现可持续发展。

（二）下沉访民情，精准供需匹配

作为直接面向基层一线的街镇社会组织服务中心，要做到深入基层“接地气”，全面了解社区一线的社情民意，摸清社区居民的真实需求。引导区域内的社会组织积极参与公益事业、民生事业、治理事业等领域事务，提升社会组织的参与能力和参与水平，贴近社区事务和民生需求，及时回应社会关切的热点，精准提供细致专业的服务，充分发挥街镇社会组织服务中心在服务社会组织、推进社区治理中的积极作用。

（三）多元伙伴联结，拓宽资源支持渠道

加大对社区社会组织的资金、人才保障和资源支持力度。资金保障是社区社会组织得以不断成长的物质基础，街镇社会组织服务中心要加强与政府、企事业单位和社会组织之间的交流与合作，通过开展多样化的交流合作项目，不断提升自身服务能力和水平，拓宽资金来源渠道，以资金来源多样化和稳定性来应对不断变化的社会环境和发展需求。同时，要动员全社会加大对社区社会组织的资源支持力度，通过政府项目扶持、企业捐助、个人捐赠、慈善捐款等方式，为社会组织提供资金保障。社区社会组织发展必须更加重视人才保障，要多方面吸引和培养专业人才，形成具有较强专业素质和业务能力的人才队伍，不断强化持续发展的动力支撑，拓展社区社会组织发展空间。

党建引领下的枢纽型支持平台：上海市静安区社会组织联合会 *

“枢纽式党建”结合“枢纽式服务”是静安区社会组织联合会强化社会协同治理的一大特色。一方面，枢纽作用体现在政府职能部门和各层级的社会组织培育协同上，即以党建引领为抓手，静安区社会组织联合会作为集中平台，实现其他社会组织的结构性层级联动、跨部门资源整合。另一方面，枢纽服务体现在多元关系和资源的协调导入过程中。区域化党建形成了“共同行动”的工作联盟，进而成长为整合多样化资源的枢纽型支持平台，静安区社会组织联合会得以依托本土化资源，扎根基层治理并不断扩大辐射效应，形成为政社协同关系提供联结纽带的枢纽型支持平台。

一　基本概况

2006 年 10 月，党的十六届六中全会通过的《中共中央关于构建社会主义和谐社会若干重大问题的决定》明确提出，要健全“党委领导、政府负责、社会协同、公众参与”的社会管理格局。“社会协同”力量的主体和基础之一就是社会组织。在深入思考不改变社会组织基本属性，既引领得好又发展得好的基础上，2007 年原静安区突破传统管理思

* 上海市静安区社会组织联合会供稿。

路，率先在上海创建以“社会组织引领、凝聚、服务社会组织”为核心理念的“1+5+X”枢纽型社会组织管理模式（“1”是静安区社会组织联合会，“5”是5个街镇社联会，“X”指劳动、文化、教育、商业等大口社联会），以体制机制创新激发强大的内生动力，扎实推动社会组织参与创新社会治理各项工作。时隔十年后的2017年，为进一步贯彻中共中央办公厅印发的《关于加强社会组织党的建设工作的意见（试行）》精神及市委、市政府相关要求，在原闸北区、静安区“撤二建一”后，新静安区14个街镇全部成立社区社会组织联合会，实现从“1+5+X”到“1+14+X”，将全区社会组织纳入党建、业务工作覆盖网络中。

作为模式中的“1”，静安区社会组织联合会（以下简称“区社联会”）成立于2007年，是一家登记管理机关和业务主管单位为区民政局的枢纽型、联合型社会团体。区社联会成立之初同步建制党总支，隶属区委组织部（区社工委），把“坚持中国共产党的全面领导”郑重写入章程，成为会员共同遵守的行为准则。在无任何现成模式经验可借鉴、社会组织对枢纽型定位持观望甚至质疑态度等多重考验下，区社联会十年如一日，坚持以“党建引领下，陪伴社会组织健康有序发展”为使命，把党建工作贯穿于社会组织发展的始终，成为党和政府联系全区1017家社会组织、124家社会组织党组织、2000名党员、2万名从业者的桥梁和纽带，荣获“全国先进社会组织”“全国巾帼文明岗”“5A级社会组织”等称号。

二 问题挑战

2006年底，中共上海市静安区委、区政府在调研中发现，要改变民生需求回应方式、基层社会治理力量、社会矛盾化解方法等相对单一的现状，就必须在政府行政力量之外，动员社会资源，让第三方力量即社会组织发挥社会协同作用。当时，静安区社会组织的发展仍处于初级阶段，党建工作存在薄弱环节，双覆盖率及有效性亟待提高；社会组织在参与社会治理全过程中的作用不够明显；从业人员年龄老化、能力欠缺，尚未形成有影响力的领军人才和品牌项目；尚未建立社会组织向党和政府有序反映诉求的渠道等。区社联会作为枢纽型、联合型的社会团体由此应运而生。作为联系政府和社会的媒介和纽带，区社联会在创立之处就面临静安区社会组织发展的种种问题。以组织发展带动高质量社会组织支持，区社联会也面临不小挑战。

（一）角色定位挑战

作为枢纽型社会组织，区社联会如何平衡政社关系，在党建引领下激发社会组织创新活力，陪伴式推进社会组织健康有序发展？

（二）供需匹配挑战

以枢纽型支持平台为角色定位的区社联会，如何在外部环境不断变动、参与场景不断转换的情况下实现资源整合，助推公益服务和社会组织发挥优势作用？

（三）主体联结挑战

区社联会的枢纽作用能够在不同情况下为社会组织发展提供多维度支持，从关系联结层面，不同主体如何通过社联会展开合作，形成可持续的良性伙伴关系，进而为基层社会治理提质增效？

三　实践经历

（一）坚持党建引领，发挥枢纽“领航员”作用

社会组织党建是其高质量发展的首要因素，区社联会对有效发挥社会组织及党组织的战斗堡垒作用进行探索。面向全区开展社会组织党建品牌征集活动，在甄选、整理具有真实性、典型性、实践性案例的基础上，在全市首创形成《百炼成“纲”——静安社会组织党建工作十法》，象征着静安区社会组织党建工作历经“百次”锤炼形成“纲常”，连同《静安区社区社会组织联合会工作指导手册》《社会组织联合会的六大功

能》《益本通——社会组织相关法规政策汇编》等，将党和政府的声音及时传递至社会组织，引导社会组织准确理解、真心认同。

社会组织党建是带动其自身发展的“强心剂”，区社联会对有效扶持社会组织健康发展进行探索。“红”是底色，“潮”是亮色，“益”是本色，打造“静安社会组织党建微项目大赛”平台，通过设计多元素融合的党建主题活动，展现社会组织“党建 + 项目”参与社区治理的新成就，提升党建工作亲和力，实现从活动吸引到价值引领。坚持“双向培养”，推出“静安社会组织人才成长阶梯计划”，依据社会组织人才职业发展各阶段需求，打造包括春芽基金公益学堂、公益导师带教、社会组织之星推介、党组织书记培训班等内容的“三阶段六阶梯式”人才成长路径。其中，春芽基金累计资助 51 名社会组织一线骨干共计 15 万元，97 名学员受益，125 名“社会组织之星”事迹通过《至爱》期刊向社会大众传播，编印《公益达人：新时代的活雷锋——静安区青年社会组织印象》《小巷大爱——上海市中心城区社会组织新闻视点》等书籍。

（二）坚持行动引领，发挥枢纽“助推器”作用

区社联会把国家战略、中心工作与自身发展结合起来，引领社会组织在服务大局、参与社会治理中彰显公益力量。疫情期间，区社联会第一时间发出支援倡议，号召全区社会组织党组织、党员及群众通过筹资捐物、志愿服务、社区防控、舆情引导等发挥先锋模范作用，动员社会组织链接社会资源、筹集捐赠资金和各类物资折合人民币约 7000 万元。深入贯彻落实上海市和静安区对口支援新疆及云南工作要求，聚焦当地社会领域需求、痛点、难点，区社联会发挥枢纽平台作用，先后号召 93 家静安社会组织、合作单位筹集物资或实地支援，在社区党建、科技教育、文旅体育、心理健康、医疗救助等方面提供服务，累计捐资捐物 363.04 万元。

汇聚多方人力、物力、财力，推动社会组织与政府、企业、公众等多方跨界合作，搭建“共同行动”区域化党建工作联盟，区社联会依据社会组织工作领域的不同分设为老服务、社区服务、青年志愿、新的社

会阶层人士、社区调处、业委会建设、公益慈善”七个专业联盟，如社区调处专业联盟发挥社会组织在参与矛盾化解方面的优势，将由街道、投资方、施工方、社会组织等各方组成的临时党支部建在工地，将便民服务队开进小区，成功化解南京路及周边区域10块新开工基地（建筑总面积达到130万平方米）与周边居民的矛盾，既促进了社会和谐，又实现了“政府不花一分钱、不在第一线，每年新增税收百亿元”的目标。新的社会阶层人士专业联盟助力上海聚善助残发展中心，将全国首家O2O慈善超市落地静安石门二路街道，目前已覆盖上海、成都共16家慈善超市，每年营业额400万元，占40%的残障员工开始有了体面的工作、合理的收入，过上了有尊严的生活。

（三）坚持品牌引领，发挥枢纽“店小二”作用

区社联会排忧解难，发挥“社会组织服务社会组织”联情联谊作用，保持与社会组织的血肉联系。围绕注册、年检、规范化建设、党建关系挂靠、党组织定位创新、政策解释、资源对接等，通过接待来访、上门走访、建各类微信群、会员公约等方式，年度服务万余人次。坚持“夏送清凉、冬送温暖”走访慰问活动，为全区千余名社会组织从业者送上党和政府的温暖。围绕境外非政府组织境内活动管理、民间非营利会计制度、社会组织生存危机等热门话题，开展50余场公益活动。

建立与党政部门的沟通协商机制，协调好社会组织与政府、企业之间的关系，协调好社会组织之间以及社会组织内部关系，切实发挥好党和政府与社会组织之间的“润滑剂”及“缓冲带”作用。践行“全过程人民民主”重要理念，每年区“两会”前召开静安社会组织“两代表一委员”参政议政“益”事会，解决社会组织“急难愁盼”问题，如立足调研，及时将老公房加装电梯、爱心暑托班等民生需求设计转化为民生项目，积极建言推动进入政府购买社会组织服务项目，推广成为上海市政府实事工程。向相关部门提出事关社会组织发展的百余项意见建议，多数被采纳，其中向市民政局建言《全力防控疫情支持本市社会组织平稳健康发展》，促成《上海社会组织参照享受“沪28条”操作口径》发

布，惠及全市社会组织。与原市人大代表柏万青联合建言，促成上海市教育委员会等九部门《关于临时调整民办培训机构学习保障资金缴存比例的通知》的发布。

四 工作成效

（一）党建引领，构建资源联结网络

党的二十大报告提出，加强新经济组织、新社会组织、新就业群体党的建设。枢纽型社会组织是结构性社会团体，实行会员制，会员基于章程认同凝聚在一起，成为有组织的社会组织，形成联结各维度、全方位的党建网络。2013 年枢纽党建入选《中国社会建设大辞典》。2014 年静安区获"全国社会组织建设创新示范区"，其中枢纽模式是创新的亮点。2014 年 6 月，时任中共中央政治局委员、上海市委书记的韩正在市委办公厅专报批示："静安区多年来在探索社会组织区域化党建工作平台和枢纽型社会组织管理模式的实践中有创新、有突破、有实效。"

（二）以点带面，推广枢纽创新模式

立足静安区以社联会为代表的枢纽型社会组织实践，《关于加强社会组织党的建设工作的意见（试行）》、《关于改革社会组织管理制度促进社会组织健康有序发展的意见》、市委"1+6"文件等均提出"成立社会组织联合会"。民政部印发的《培育发展社区社会组织专项行动方案（2021—2023 年）》提出"推进社区社会组织支持平台建设，发挥社区社会组织联合会等枢纽型、支持型社会组织作用"。市民政《关于推进本市社会组织参与社区治理的指导意见》提出"抓好'两会一中心'平台建设。按照实体化、标准化、专业化的要求，做实做强社区社会组织联合会"。《上海市民政事业发展"十四五"规划》提出"促进社区社会组织联合会、社会组织服务中心和基金会协同健康发展"。截至 2022 年，全国已陆续成立 3995 家社会组织联合会，以静安为策源的社联会从"一枝

独秀”走向“遍地开花”。

（三）培育支持，打造特色公益品牌

静安区社会组织获得市级以上各类先进共250项，获奖机构负责人90%是中共党员。其中，3家荣获“全国先进社会组织”称号，20余位领军人物获全国性先进荣誉称号。卜佳青，一名“80后”青年，2009年成立国内首家在民政部门登记的艾滋病防治领域社会组织——上海青艾健康促进中心；2012年作为艾滋病防治领域全国社会组织唯一代表，受到时任国务院副总理李克强的亲切接见；荣获全国道德模范提名奖、第十届中国青年志愿者优秀个人奖、上海市五一劳动奖章等称号。这些中青年社会组织领军人物脱颖而出，为社会组织注入了新鲜血液和活力。

上海五家青年社会组织项目入围团中央“中国青年社会组织公益创投大赛”，静安区占三项并最终获第一名。经区社联会对接，上海乐创益公平贸易发展中心赴静安区对口援建的湖北省宜昌市夷陵区许家冲村开展“三峡移民扶贫项目”，将中华鲟、艾草等元素转化为手工艺品并带动产业创收千万元，实现贫困村蜕变为“全国乡村振兴示范村”。上海众谷公益青年发展中心“再生电脑教室项目”在中国偏远贫困地区及“一带一路”倡议沿线国家乌干达、蒙古国等建成519间电脑教室，走出国门向世界传递中国社会组织的声音。

五　经验启示

（一）党建引领，规范组织发展

从社会角度看，社会组织与企业在社会性、群众性上有着很大区别，这决定了每家社会组织都是一个小平台和资源辐射体，撬动的是整个社区，社会影响面极广、影响力极大，因此需要引导好、团结好这些社会组织和领军人物。从经济角度看，虽然社会组织参与社区治理、化解社会矛盾，不直接关联经济，但是稳定的是民生和民心，营造的是留商环

境，它对经济的助推是间接的、隐性的、长远的。从政治角度看，在某种程度上，社会组织党建比新经济组织、新就业形态党建更重要。近年中央和地方政策文件均强调要从巩固党在社会领域的执政基础高度来重视社会组织党建工作。

（二）制度保障，营造良好环境

社会组织发展必须有章可循，铸牢“党建＋业务”齐发展的意识。静安区相关职能部门联合推行社会组织孵化培育、成立登记、年检年报、评估评优、政策扶持等环节“党建业务五同步”，在环环相扣的全链条中，强化对社会组织政治方向的把握。制定并出台《关于加强静安区社会组织人才队伍建设的实施办法》，聚焦完善社会组织人才培养的体制机制和政策措施，通过挖掘发现一批、培养提升一批、激励凝聚一批，使具有公益精神和专业水平的社会组织人才持续涌现。设立区级社会组织发展专项资金，从培育扶持、能力建设、评价激励、项目资助四个方面出台专项资金管理办法，立足引进发现、培养提升、激励凝聚等社会组织培育全周期。

（三）全过程支持，嵌入式枢纽服务

要做亮“党建”，做大“业务”，做有宽度的枢纽。不同于社服中心的微观事务性业务服务功能，基于会员制的社联会要去行政化，强服务性，亦要发挥“整合资源、协调关系、代表利益”等特有的平台性业务服务作用，党建引领和业务发展相辅相成。要突破“本土”，做活“本土化”，做有广度的枢纽。吸纳更多以社会需求为导向的草根社会组织及项目落地本区域的社会组织成为会员，让更多的“非本土”成为为我所用的“本土化”，形成门类齐全、覆盖广泛的“公益资源池”。要突破“品类”，做强“品牌”，做有亮度的枢纽。发掘、培育、宣传若干品牌社会组织和公益项目，助力社会组织依靠品牌力量而非行政力量实现自我成长壮大，成为社会组织好声音、好故事的传播者和品牌孵化器。

供需对接“一站式”服务平台：上海市浦东新区社会组织合作促进会 *

上海市浦东新区社会组织合作促进会支持社会组织发展的核心机制是以良性互动构建协同伙伴关系，促成政府与社会组织之间供需对接，打造合作服务机制。其最初由社会组织自下而上发起，通过公益园区运营推动、构建并完善社会组织发展的生态链条。上海市浦东新区社会组织合作促进会作为中介枢纽，能够在深入了解社会组织痛点、难点问题的同时，为政企社多元主体搭建合作互动平台；以公益服务项目运营为抓手，为不同成长阶段的社会组织提供针对性支持，提升社会组织的自我“造血”能力，形成赋能社会组织自主运作的“一站式”服务和“陪伴式”成长体系。

一　基本概况

上海市浦东新区社会组织合作促进会（以下简称“浦东新区社会组织合作促进会”）是由最初入驻浦东公益服务园内的10家社会组织共同发起成立的一家联合型社会团体，原名为浦东新区公益组织项目合作促进会。浦东新区社会组织合作促进会从创立之初就秉承“服务会员，促进合作，助推公益”的使命，现有会员单位110家。浦东新区社会组织

* 上海市浦东新区社会组织合作促进会供稿。

合作促进会依托“会长轮值机制”，充分调动理事会的主动性，发挥会员单位的优势，实现会员间的深入合作和会员单位与非会员单位间的广泛合作，是浦东新区社会组织自主运作、合作发展的创新实践样本。

浦东新区社会组织合作促进会以促进合作为使命，通过运营浦东公益服务园（现为浦东社会创新示范园），不断完善“上游有发挥资源提供整合作用的基金会、中游有推动行业发展的支持型社会组织、下游有服务经济社会发展的各领域实务类社会组织”的生态链条，推动浦东新区构建和完善社会组织发展生态。协会以促进合作而兴，积极发挥枢纽作用，通过运营公益服务项目“供需对接·一站式服务”平台，搭建政社、社社、企社、校社认识、互动、合作的桥梁，推动浦东新区社会组织共同成长。

浦东新区社会组织合作促进会先后获评第三届“上海市先进社会组织”、首届上海市“公益之申”年度“十佳公益机构”、上海市5A级社会组织等称号。

二 实践经历

（一）托管公益园区，践行“自我服务，自我管理”理念

2009年，中国内地首个社会组织集聚办公的公益性园区——浦东公益服务园开园。按照“企业提供办公用房和物业服务、政府提供财政补贴和入驻标准、社会组织自我管理和服务”的运作思路，浦东新区社会组织合作促进会受托托管园区。按照“自我服务，自我管理”理念，定期召开机构联席会议，制定、完善《浦东公益服务园公共空间管理制度》，提高和激发社会组织的民主决策能力和自我发展动力。在浦东新区社会组织合作促进会的带动下，各入驻社会组织利用自身优势，开发、实施财务代理、人事服务、注册咨询等自我服务项目。2019年，托管“新益汇”社会组织创新空间，服务和扶持处于初创期、成长期的创新型社会组织，帮助其实现自我“造血”功能。浦东公益服务园先后荣

获第六届“中国地方政府创新奖”“上海社会建设十大创新项目”“浦东十大改革创新项目”等奖项。2023年，由浦东公益服务园、浦东公益街、“新益汇”社会组织创新空间等公益性园区组成的浦东公益示范基地，转变成浦东社会创新示范园，打造成为浦东社会组织“创新发展的思想库、科技成果转化的助推器、公益资源的集散地、社会创新人才的催化剂、国际组织交流的大平台”。

（二）搭建合作平台，推动社会组织专业、多元发展

在浦东公益服务园建立之初，“抱团发展”成为社会组织的共识。2009年，浦东新区社会组织合作促进会推出“公益超市”项目，搭建政府、社会组织交流互动的平台，并取得一定成效。2013年，在区民政局的支持下，浦东新区社会组织合作促进会探索打造了促进供需合作、推动社会组织发展的专业服务载体——浦东新区公益服务项目“供需对接·一站式服务”平台。通过“浦东公益网”、项目展示交流会、对接会等形式发布供需信息，促成供需双方的项目合作。2009年至今，累计促成公益服务项目1000余个，购买服务（资助）资金达到1.5亿元。平台运营至今，制定7类工作制度和60项工作表单，梳理形成《浦东新区社会组织承接政府购买服务项目清单》，护航项目对接落地。与6家专业评估类社会组织合作开展公益项目的监测、评估、咨询指导等“一站式”服务，累计开展“一站式”服务项目达到1509个，监督项目资金1.69亿元，出具监测评估报告3849篇，研发系列课程，开展能力建设活动40余场次，受益人数超过1000人次，形成了“规范、中立、开放”的运作特点。

（三）培育品牌活动，面向公众倡导共益理念

依托品牌活动传播先进的慈善公益理念，拓展慈善公益参与社会治理的途径，是扩大慈善公益影响力的重要手段。浦东新区社会组织合作促进会依托公益活动月等品牌活动，倡导社会组织主动作为，有助于激发慈善公益力量参与社会治理的积极性。浦东新区社会组织合作促进会承办历年公益活动月活动，不断优化形成“家门口的公益社区行”和

“身边的公益活动”等品牌活动板块；围绕每年的工作重点和活动主题，推出“公益奇妙夜”“社会组织七日谈”等创新活动板块，既提升了公益活动的线下参与度，也提升了公益宣传的线上传播度。共有 2100 余家次社会组织和备案类群众团队参与历年公益活动月，累计开展公益活动 4500 余场次，受益对象超过 60 万人次。自 2017 年起，浦东新区社会组织合作促进会携手浦东新区慈善事业和社会工作发展中心，全力动员全区公益性社会组织、居 / 村委会、爱心企业等创建上海公益基地。目前浦东新区共有公益基地（网点）2463 个。从 2021 年起探索开展“公益基地赋能计划”，累计招募两批次 26 家公益基地成为“赋能计划伙伴”，先后设计 9 条“公益基地开放日”打卡体验线，推出 16 家在乡村振兴、社区治理、亲子公益等方面具有特色的社会组织，传递公益温度，提供从培育到赋能的全方位支持服务。浦东新区社会组织合作促进会连续 3 年开展“爱满社区”专题活动，通过城市“微旅行”、社区嘉年华等形式，邀请社会公众参与体验，帮助浦东市民深度理解社区基金会在调动社区资源、回应社区需求中的积极作用，实现了社会公众与公益生态体系的融合。

（四）树立行业标杆，形成多元联动的公益发展生态

对标引领区发展要求，浦东新区社会组织合作促进会研发浦东新区社会组织品牌项目评价指标，推出“MAIR-P”模型，开展社会组织品牌项目推选活动，增强社会组织的品牌意识，形成品牌概念。2019 年、2021 年，分别成功推选出“一个鸡蛋的暴走”“绿洲食物银行”等 20 个品牌项目，充分展现了浦东新区社会组织所实施项目“服务领域多、覆盖范围广、落地时间长、专业性不断凸显和群众满意度高”的特质。聚焦社会组织发展的瓶颈与难点，形成“社社合作”与“社社互助”的协同机制，倡导形成行业自律，增强社会组织的责任感。2019 年，浦东新区社会组织合作促进会倡议建立“长三角公益组织赋能联动平台”，促成长三角地区社会组织间的互联互通、交流协作与赋能成长。在浦东新区民政局的指导下，启动社会组织领军人才发展“领雁计划”，推出 4 位在

全国相关领域具有影响力的“领雁人才”，并制订人才培养计划，先后联动上海浦东联盟行业协会服务中心、浦东新区社会组织综合党委和上海真爱梦想公益基金会等多家社会组织开展“思享会”“思辨汇”“思创绘”等专题活动，为“领雁”高级人才与储备人才搭建互动平台，以高级人才的专业力量引领、帮助“中坚力量”成长，帮助社会组织突破人才成长瓶颈，扩大公益人的职业发展空间，打造领军人才梯队。

（五）积聚公益力量，引导各界勇担社会责任

新冠疫情发生后，在区民政局的指导下，与上海市慈善基金会浦东代表处合作推出“抗疫情，浦共益”社会组织扶持计划，为陷入困境的9家社会组织提供共计31万元的资金扶持和能力建设服务，倡导“慈乌反哺”，接续公益力量。2022年，在“大上海保卫战”中，搭建区社会组织防疫资源应急调度平台，对接社会捐赠资金2090余万元，社会捐赠物资价值2200余万元，为全区36个街镇社区防疫，6家方舱医院和5家定点医院的医疗救治，以及40余家社会组织参与抗疫提供物资和专业支持。牵头建立全市首个常设型社会组织应急物资储备库和资源调度中心，以“快速响应、供需对接、多元合作”为原则，搭建以基金会、商会企业协会和应急、社工、医疗救护、志愿服务等专业社会服务机构为主体的协同机制。向上链接大型商业服务机构、爱心企业，向下对接基层社区及志愿服务团队，搭建多元协同合作的资源调度网络。

三　问题挑战

浦东新区社会组织合作促进会成立之初，尽管浦东新区已积极拓展多形式的政社合作方式，但是社会各界对社会组织的认识仍有不足。因此，浦东新区社会组织合作促进会在成长过程中也面临不少挑战。

（一）平台搭建难题

基于浦东新区社会组织总量不大的整体情况，社会组织服务社会的

整体能力还相对较弱，如何促进政府与社会组织共建良性互动的沟通合作平台？

（二）枢纽功能难题

支持型社会组织作为多元联结的中介枢纽，如何帮助政府通过社会组织提供的需求信息制定科学的政策，同时为社会组织提供精确把握政府政策方向，确定自身服务重点，建立相互促进的互动式合作伙伴关系等多维度的支持服务？

（三）支持服务难题

作为支持型平台，浦东新区社会组织合作促进会应该如何引导社会组织提升自身能级，强化服务社区、服务社会、服务行业的能力，帮助社会组织突破发展瓶颈，实现健康持续发展？

四　发展趋势

浦东新区社会组织合作促进会的发展离不开浦东新区为培育社会力量、发展社会组织所提供的有利发展空间。进入新的发展阶段，围绕浦东“开放旗帜、强国窗口、功能高地、治理样板”的定位，下一阶段，浦东新区社会组织合作促进会的发展与浦东社会组织的新需求、新问题有着密不可分的联系，将面临来自内外部的多重挑战。针对新挑战，浦东新区社会组织合作促进会将继续以“服务会员，促进合作，助推公益”为宗旨，坚持推动社会组织发展规范化、专业化，促进社会组织间的深入合作以及社会组织和政府、企业间的广泛合作。

（一）以项目合作为基础，汇聚专业服务新力量

目前，随着“慈善公益联合捐”“一个鸡蛋的暴走”等慈善公益品牌活动的持续开展和自治金项目在社区中的落地推广，社会公众对社会组织已有一定认识。但总体而言，在社会公众认知层面，社会组织的影响力

依然有限。浦东新区社会组织合作促进会将汇集更多专业力量，促成合作的长效与高效。一是要运用互联网手段，为社会组织提供便捷的项目发布、信息交流、资源融合渠道，促进资源的精准对接和有效整合。及时发现问题、剖析原因，充分挖掘资源、找到对策，提升“一站式”服务的针对性、可操作性。二是要引导更多社会组织树立项目品牌意识，完善项目运作模式，形成项目体系化管理机制，推出一批接地气、有人气、好口碑的品牌项目。三是依托浦东社会创新示范园空间载体，开展面向各类人群的线上、线下相结合的互动体验活动，为公益组织及社会组织开展业务“造势”，传递公益理念。

（二）以组织成长为抓手，树立规范运作新榜样

当前，社会组织收入来源较为单一，对政策环境的依赖度较高，自我造血和风险防范能力较弱。与此同时，社会组织的规范化、专业化程度不一，对行业性组织的协调和引领需求日益凸显。浦东新区社会组织合作促进会将吸纳、携手更多的会员单位共同加强思想政治引领，完善内部治理与管理体系，围绕自身主责主业，深化好经验、好做法，补齐发展短板。把准需求，分类服务，形成合力，在提供会员服务的同时，持续推动深入合作。发挥会员单位中先进典型的示范引领作用，鼓励社会组织在实践中创先争优，讲好社会组织发展的故事，切实增强社会组织服务浦东经济和社会发展的综合实力。

（三）以人才发展为突破，打造行业发展新梯队

社会组织在人才招聘及发展方面依然面临“招人难”和“留用难”的困境，尤其是薪酬在求职市场不具有竞争性、招聘渠道有限、人才晋升空间有限等实际问题成为阻碍社会组织发展的重要因素。浦东新区社会组织合作促进会将着眼于社会组织人才发展，一是探索开展订单式慈善公益应用型人才培养，鼓励和支持年轻人加入；二是开展行业联合招聘，引入优秀人才；三是探索建立“共享员工”模式，为社会组织人才提供更多学习与交流机会，在横向及纵向两个层面打通人才发展渠道，

盘活行业内部的人才资源，进一步激发组织活力；四是挖掘扶持社会组织骨干成为行业发展的中坚力量，发挥社会组织领军人才的引领作用，带动更多人树立起“在社会组织中工作不仅是一份职业，更是一份事业”的意识，切实增强社会公众对社会组织的认同。

实践证明，枢纽型社会组织在推动行业发展、构建发展生态中有着不可替代的积极作用和持续影响。进入新发展阶段，浦东新区社会组织合作促进会还将继续向善向上，充分践行“公益服务社会，合作促进发展”的使命，与浦东社会组织携手在社会领域中发挥积极作用；展望未来，社会组织发展的美好期许还将继续激励组织合作奋进，不断追求卓越。浦东新区社会组织合作促进会将自觉践行“人民城市人民建，人民城市为人民”的重要理念，用实际行动带领会员单位，联动更多社会组织、社会公众积极投身经济社会建设。

支持型社会组织

社区公益资源“蓄水池”：上海洋泾社区公益基金会

洋泾社区公益基金会是社会化运作探索支持型平台的典型案例。在公共资源与服务有限、社区多样化需求增加的综合背景下，洋泾社区公益基金会以社区为主要服务场景，将社区赋能作为行动主旨，在社区需求调研的基础上落地社区项目，支持社会组织深耕社区帮扶、社区治理，依托社区场景构建公益生态。通过青少年公益项目、亲子项目、认知友好公益项目以及社区文化营造等，洋泾社区公益基金会的资源得以从社区公众的积极参与中广泛获取，探索出“人人参与”的社区共治可持续机制和社会组织成长支持模式。

一　基本情况

洋泾是一个有着百年历史的现代城区，7.38 平方公里的辖区范围内现有 41 个居委会和超过 15 万的常住人口，且人口数量不断增加。洋泾也是浦东新区最早开始培育社区社会组织的社区之一。经过多年培育，洋经在养老、助残、文化、体育等方面满足了一部分社区需要，但在社区服务种类、服务专业度、机构公益理念等方面还存在不足，且对政府的依赖性较强，自我造血的可持续发展能力较弱，无法满足社区与日俱增的多元需求。街道在政府财政资金保障十分有限的情况下，通过慈善募捐、志愿者服务等方式筹措资金、整合资源，但随着社区需求不断扩大，公益项目在所需资金量和来源上的瓶颈日趋凸显，透明、开放的项目落实、资金拨付、使用管理等公信力机制亟须建立，传统行政化手段推动社区慈善公益发展的方式已难以为继。

为进一步推进洋泾社区治理创新，推动社区社会组织高质量发展，促进形成社区治理多元生态，满足多样化需求，经过一年多的筹备，2013 年 8 月 9 日，上海洋泾社区公益基金会（以下简称“基金会”）注册成立，并获得公募资质，开始了上海基层政府探索城市社区治理创新的实践。基金会充分发挥团队自身专业特长及平台特色，持续打造具有洋泾地域特色的优质公益项目品牌。比如，“万欣和 · 传家宝——洋泾认知友好社区”专项基金，关爱社区失智老人；“暖心洋泾——社区帮扶专项基金”助力街道引导社会力量参与社区帮扶，完善洋泾社区“9+1”救助体系建设；“少年志——洋泾中学生社区公益挑战赛”项目运用优势视角和服务学习理论，提升社区中学生的社会实践能力，培养未来的社区领袖。

基金会先后荣获“上海市品牌社会组织”“上海市三八红旗集体”“上海市志愿服务先进集体”等荣誉称号，获得规范化评估 4A 等级，曾入选民政部全国社区社会组织改革发展经验交流材料汇编。

二　问题挑战

“开门办会”是基金会的一大特色。9 名理事、3 名监事来自街道、党组织、公益界、法律界、企业界及居民区，通过制定洋泾社区公益基金会章程、理事会议事规则、内部沟通机制和利益冲突回避机制，明确理事会的最高决策权。基金会成立伊始，就引入社会招聘的专职秘书长，建立专业委员会及担任项目顾问等机制，完善基金会内部管理及有效运作机制。基金会在成立之初，花费近一年时间了解社区需求，立足主要矛盾，完成了洋泾社区居民需求报告。随着发展阶段的不断变化，基金会每三年就会邀请专家和理事会一同重新梳理并制定基金会发展规划。2017年，为进一步推进中青年居民参与社区公益慈善，基金会携手专业咨询类社会组织开展抽样调查并形成了《洋泾街道青年参与社区公益慈善需求调查报告》。基金会展示了社区公益基金会从初期结构完善到成熟体系构建的完整过程，发展的组织历程也离不开各类问题解决、矛盾化解过程中积累的成长经验。

（一）组织架构问题

作为支持型社会组织和枢纽平台，基金会如何构建结构完善的内部运作机制，保障资助型组织内部能够有效管理和运作？不同发展阶段基金会如何动态调整发展方向，明确发展规划？

（二）需求对接问题

基金会如何精准对接社区需求，探索社区治理的优化模式，行之有效地挖掘在地资源，助力当地社区公益项目和在地社会组织的健康发展？

（三）资源筹集问题

面对有限的公益资源，基金会如何拓宽资源筹集渠道，探索多样化筹资机制，为社区公益项目和社会组织提供可持续支持？

三　实践经历

基金会聚焦社区发展的多元需求，积极动员社区内外部资源，挖掘洋泾社区公益力量，打造“随手公益”的社区场景，创新了“五社联动”的社区治理模式。以“社区因你而不同”为口号，在建设“人人有责、人人尽责、人人享有”的人民城市过程中，助推街域社会治理共同体建设的成效发挥。

（一）构建社区参与式机制，探索公益全过程民主

社区参与式治理是指在党建引领下，以居民需求为导向，以共同行动为基础，通过协商寻求共识，对问题进行解决，以期构建新型的社区生态系统。通过社区基金会，洋泾街道汇聚了政府、居委会、“两新”组织、居民自组织等多元利益相关方，在各类社区互动过程中逐步形成良好沟通、民主协商、友好合作的长效机制。

引入“参与式”协商路径。基金会引入专业社会组织开展“开放空间”等一系列参与式会议技术培训，将“开放空间”“展望未来论坛”“世界咖啡汇谈”等多种参与式会议技术引入洋泾，借助“治理”理念和专业的流程设计，优化社区需求的收集路径，并且在参与式会议召开过程中充分挖掘基层治理带头人，引导他们参与后续的问题解决和成效监督过程。

推动“参与式”人才培育。在基金会的资助下，街道启动了“参与式会议主持人种子计划”“泾邻汇谈——社区参与式‘三会’会议主持培育计划”等，选拔培养社区工作者、居民自治骨干成为社区“参与式会议”主持人。近年来，“参与式”会议技术已经被广泛运用到洋泾各居民区的“三会”民主协商制度中。

探索“参与式”资助模式。2015 年，基金会首创“洋泾一日捐”的“专业评审 + 居民捐赠人评审 + 居民区落地意向”的综合评审模式。通过邀请及资助培训，每年都会有 30 多名社区居民捐赠人代表参与年度资助项目的评审和监督。这些主动报名并且认真参加培训的捐赠人，既是资助项目的评价者，也是项目执行的监督者，还是公益慈善专业理念的传播者。“参与式”资助模式优化了多元主体参与社区公共事务和社区民生服务的协商平台，探索出洋泾社区公益慈善的“全过程人民民主”。

（二）梳理社区精细化需求，引领青年参与社区治理

基金会一方面通过资助项目推动社区社会组织发展，另一方面与工青妇、社区服务办、社区党群服务中心等部门建立合作关系，培育社区

自组织、社区志愿者等社会力量参与社区治理、提供社区服务，形成洋泾的“五社联动”机制。

一是精准聚焦社区需求。基金会在成立最初，通过焦点访谈、调查问卷、街头随访等各类社区调研方式，深入社区了解居民区、街道、企业等各个社区利益相关方的需求。此外，基金会还曾专门针对社区中青年群体开展社区捐赠及参与公益的需求调研，从知晓、认同、捐赠、参与四个维度了解中青年关注的社区服务领域，分析中青年参与社区治理的动力机制。

二是激发青年主体参与活力。基金会设立的“社区公益文化专项基金”扶持社区青年自治团队开展“洋泾故事——社区文化营造计划”，生动展现了洋泾的七百年历史，通过老物件展览、街区行走和青年文创吸引了一批跨年龄段的粉丝。推出了“少年志——洋泾中学生社区公益挑战赛”“小小志愿军——社区亲子公益俱乐部”等项目，运用优势视角和服务学习理论，增强和提升儿童、青少年、中青年参与社区公益的意识和能力，培养了一批热心社区公益的家长以及未来的社区领袖。

三是赋能自治团队持续成长。基金会搭建家长自治团队的互助互学平台，协助家长们积累社区儿童公益市集运作经验，并撰写洋泾社区亲子公益市集操作手册。2022 年，基金会先是指导家长志愿者及团队为所在小区开展规范自筹行动，随着需求不断增加，基金会在市、区民政局指导下，协助街道起草发布了《洋泾街道社区互助互济活动备案守则（试行稿）》，审核通过 10 个备案行动，共有 32 名中青年自治骨干参与自筹管理小组，累计筹集资金近 60 万元。

（三）探索多元筹资路径，营造“随手公益”社区氛围

洋泾街道通过基金会探索出“1+3”筹资机制，年度动员公益善款金额在 110 万元左右。截至 2022 年底，累计总收入金额约 1294 万元，公益性支出金额约 1000 万元。

一是社区公众小额众筹。每年开展洋泾慈善公益联合捐募集社区善款，通过制作社区公益项目菜单、为企业和居民提供个性化公益服务，

捐赠额逐年上升，社区参与公益项目的积极性也在不断提高。截至2022年底，来自社区个人小额捐赠的资金累计约为430万元，年人均捐赠约在2万人次。这在一定程度上解决了辖区内没有龙头资助方的劝募难题，努力营造“人人公益”的社区慈善公益文化氛围。

二是开展“项目筹资、专项基金、在线众筹”。基金会通过这三种方式盘活社区内外部资源。“暖心洋泾”社区帮扶专项基金推出“医暖心、急暖心、学暖心”三类个案帮扶和“最美食物包——困难家庭党员派送行动”“洋泾社区公益加梯”等项目帮扶。2015年基金会的“少年志”项目参与中国扶贫基金会“ME创新资助计划”，从全国300多个公益项目中脱颖而出，获得了50万元的定向资助。“洋泾社区新冠疫情防控防护项目”为社区抗疫一线筹集防护物资、生活保障物资，累计价值80余万元，发放物资累计20余万件。

三是创新社区慈善空间，搭建随手公益场景。“万欣和·传家宝——洋泾认知友好社区”专项基金，为“传家宝——生命故事书”“洋泾记忆角”“洋泾记忆咖啡馆”等资助项目引入40余万元的爱心捐赠。2019年，街道提供场地，基金会引入专业社会组织，共同为社区认知症患者及高风险人群搭建非药物干预的实体训练场景，并且策划“一杯咖啡守护爱的记忆”筹款模式，让社区居民、在校学生、企业员工既成为捐赠人，又成为志愿者，同时还能直观感受到经过干预训练后服务对象的改变，一度成为公益网红打卡点。

四　经验启示

（一）搭建资源集聚平台，助力社区服务品牌化

通过引导爱心企业、社区单位捐赠善款、参与社区帮扶，基金会助力街道完善社区“9+1”救助体系建设。该救助模式日益成为街道普惠式、托底式帮扶工作的补充，进一步完善了社区的社会保障体系。在此基础上，基金会着力打造具有洋泾地域特色的优质公益项目，“少年

志——洋泾中学生社区公益挑战赛”项目以12~18岁的中学生为服务对象，提升青少年参与社区公益的意愿和能力，提高其对社会需求的敏锐度及参与度，以及人际沟通、社会适应和应对挫折等方面的能力，累计为社区培育了600多名中学生志愿者领袖，完成社区微公益项目40个，累计服务时间超过1万小时。洋泾“一日捐”社区微公益创投平台持续资助32个社区社会组织的创新型公益项目，累计资助金额434.7万元，涉及沪漂老人、儿童生命教育、精神康复患者、社区微更新等多个领域，其中3个项目成功入选浦东新区首批社会组织品牌项目。

（二）培育社区参与式理念，推动社区治理多元化

通过基金会的专业探索，引入“开放空间”等参与式会议技术落地居民区，基金会培育了由居委会和中青年业主共同发起的“巨东－星星少年”“山水国际——社区流动动物关爱”等社区自筹专项基金，探索了上海首个“居民区参与式预算”实验项目，增强和提升了居民的自治意识和能力，培养了一批具有专业技能的居民骨干，大大推动了洋泾社区治理水平的提升。洋泾街道携手社区基金会打造“友邻节”，形成“政府搭台、社区社会组织策划、居民共同参与”的运作模式，通过沉浸式的公益参与体验，全方位展示了洋泾慈善公益故事和社区自治共治成果，将社区、社会组织、社会工作人才、社区志愿者和社会慈善资源充分整合，促进“五社”联动，逐步推动形成共建共治共享的基层治理格局。

（三）创新融合式发展服务方式，引领社区公益现代化

基金会成立前，街道对社区的善款主要用于扶贫救困，资金来源和运作模式都较为单一，基金会则提供了更广义的公益服务，带来了新理念、新视野。洋泾“一日捐”社区微公益创投平台、“少年志——洋泾中学生社区公益挑战赛”、“洋泾故事——社区文化营造计划”、“万欣和·传家宝——洋泾认知友好社区”专项基金，“洋泾记忆咖啡馆”等品牌项目，将公益发展与居民的发展需求、文化情怀以及智慧城市等现代元素相融合，激发社区公益的原动力，提升活力，不断增强可持续发展

的生命力，从而发挥最大的社会影响力。

未来，基金会还将继续坚持党建引领公益慈善，坚持高质量发展，在建设“人人有责、人人尽责、人人享有”人民城市的过程中，进一步助推街域社会治理共同体建设的成效发挥。

“美好社会 +1”的民间公益力量：上海联劝公益基金会

“联合劝募，支持民间公益”为公益组织和慈善资源提供了沟通平台，推进资源合理配置是上海联劝公益基金会作为资助型公益基金会的角色定位。从导入公益组织、企业等主体的资源为社会组织提供成长支持，到挖掘公众资源，引领社会公益参与，营造社会公益氛围，上海联劝公益基金会也随着公益事业成长，经历了工作机制不断完善的转型过程。上海联劝公益基金会开发个人捐赠的募捐平台，创造公众参与式公益新体验，在转换公益资源整合方式、深入营造公益场景的同时，通过信息化手段，将“互联网 +”技术同公众体验式的公益项目对接，实现数字化、精细化整合，为公益组织提供多元互动、多样化协同的成长平台。

一　基本概况

2008 年被中国公益界视为中国公益元年，之后职业慈善人、民间公益组织快速出现。在我国经济持续增长、公众公益观念增强、企业社会责任感增强的背景下，我国慈善资源也在应急响应、优化公共服务配置、化解社会矛盾以及提升社会治理水平方面发挥积极作用。但在公益组织数量大幅增加的同时，公益组织发展面临着资源限制、公信力缺乏等困境，资源配置渠道的缺乏也阻碍了慈善资源快速流入公益行业，无法助力行业发展。在此背景下，资助型公募基金会为公益组织与慈善资源提供了沟通平台，成为推动我国社会力量有序成长、赋能公益力量的重要支持型平台。“联合劝募，支持民间公益”的发展初衷也成为上海联劝公益基金会（以下简称“联劝公益”）成立的出发点，联劝公益将公众资源与公益行动有机结合，在为公益组织提供发展动力的同时，不断探索公众参与和公益项目的深度融合，助力社会力量持续健康发展。

联劝公益成立于2009年，系上海首个民间发起的资助型公益基金会，当时被命名为“上海公益发展基金会”，2019年正式更名为联劝公益。截至2022年底，联劝公益累计筹款收入为11.07亿元，累计公益支出为8.93亿元，累计资助全国32个省区市的公益项目6338个，累计合作公益组织超过1000家。联劝公益采用数字化手段进行机构的运营管理，是上海第一家开具电子捐赠票据的基金会，并拥有民政部首批认定的互联网公开募捐信息平台。联劝公益通过专业高效的工作方式、及时透明的信息公开、平等多元的合作态度获得了业内同行、社会公众及政府部门的认可，先后获得“5A级社会组织”“上海市品牌社会组织”“上海市先进社会组织”“中华慈善奖”“全国先进社会组织”等70余个荣誉奖项，连续9年基金会中基透明指数（FTI）都是满分。

二　问题挑战

成立伊始，联劝公益借鉴国际经验，率先在公益行业中推动实践“联合劝募”的社会资源配置创新机制，即以社会问题为导向，集结众多公益组织（公益项目），采用自下而上的社会动员方式筹集资金，并通过高度问责的方式将募集到的慈善资源统筹分配给有需要的公益组织。但作为支持型社会组织，联劝公益在为公益行动提供资源支持时，还需要兼顾捐赠方与公益项目的双向联结，而有限的资源也成为“蓄水池”发展面临的关键制约。具体而言，联劝公益在自身发展过程中，主要面对以下三个方面的挑战。

（一）枢纽联结挑战

在“募用分离”的背景下，公益资讯如何通过支持型社会组织与捐赠人、公益项目多维度反馈沟通？联劝公益作为支持型社会组织，同时也是资助型公益基金会，其肩负着沟通捐赠方与公益项目的双重责任。一方面，捐赠方作为公益行动的资源提供者，需要正向的参与和公益进程的正向反馈，以支持捐赠方持续提供公益资源。另一方面，公益项目在开展过程中，也需要长期的资源投入和支持，以推动其良性发展。资助型公益基金会则是将资源整合，精准投入公益行动的中介和桥梁，使相应资源得到更加有效和妥善的配置使用。而在公益基金会“募用分离”的工作机制下，筹款和善款使用成为并行的两件事，其在为公益组织提供更加高效的资源支持的同时，也为支持型的中介平台带来相应的工作难度。资助型的公益基金会如何在将公益资源精准投放的同时，为捐赠人带来更加深度的参与体验以及公益项目的跟踪反馈，也成为公益基金会运营机制中的重要一环。

（二）需求对接挑战

如何对接处于不同成长阶段公益组织的多样化需求？面对不同方向、不同受众乃至不同领域的公益议题，提供资助支持的公益基金会同样面对选择支持和回应难题。资源和能力限制使基金会只能运用有限注意力关注特定成长阶段或公益项目。面对日益多样化、多元化成长的公益组织和公益项目，如何更加有效对接并最大限度地满足处于差异化发展阶段的公益组织的多样需求，也是公益性基金会在提供支持资助时需要考量的关键问题。

（三）体系完善挑战

公募基金会如何在资助端增强组织专业性，形成成熟完善的公益议题及项目挖掘评估体系？社会组织的专业性特征是其助力基层社会治理的优势所在，社会组织能够以非营利的方式组织相应人力、物力为特定领域的群体提供公共服务。公募基金会作为支持型中介组织，能够消除公益资源与公益项目对接的壁垒。但与此同时，联劝公益在发展过程中也面临公募基金会如何在资助端提升专业能力，解决相应资源、人力投入的难题。如何形成成熟完善的公益议题、公益项目挖掘评估体系也成为联劝公益发展过程中面临的另一难题。

三 实践经历

基金会作为社会组织的重要组成部分，在公益慈善行业分工中，扮演着上游资源配置角色，相较于社会团体和社会服务机构，基金会能够“以社会需求和议题为导向，整合社会资源”，从而推进社会问题的解决和社会治理水平的提升，并在此过程中塑造和传递公益文化。在联劝公益自身的实践经历中，“一个鸡蛋的暴走”“小小暴走”“美好家园行动者”三个典型案例代表了基金会不同阶段的成长历程和发展模式。

（一）联合劝募到公众参与：议题导向营造公益场景

成立初期，联劝公益借鉴国际经验，率先在公益行业中推动运用“联合劝募”的社会资源配置创新机制，即以社会问题为导向，集结众多公益组织（公益项目），采用自下而上的社会动员方式筹集资金，并通过问责的方式，将募集到的慈善资源统筹分配给有需要的公益组织。2019年，联劝公益回顾过去10年历程、规划未来发展方向时，发现公众参与是公益发展的潜在资源，充分挖掘并释放公众参与公益潜能，陪伴式全过程支持公众公益参与，也能够将普通民众转化为壮大公益队伍的公益参与者。此举能够使公益组织走出资源匮乏的发展困境，来自公益参与者的问责和监督也会让公益组织的专业化发展获得内生动力。为此，联劝公益从2020年开始，将机构愿景设定为“让更多人，更快乐、更自主地参与公益，成为美好社会+1的力量”，并通过“推动公众参与、实现公益价值、引领捐赠文化”三大工作板块，聚焦儿童、助老、社区建设、公益行业支持四个社会议题，“支持公益参与者实现社会价值与个人价值，引领快乐自主有成效的公益慈善文化”。“一个鸡蛋的暴走”项目是联劝公益在此契机下以议题导向引入公众关注、参与，进而营造公益场景、扩大公益影响力的有益尝试。

以公众参与需求为导向，创造快乐自主参与的公益场景，推动公众参与。2011 年，联劝公益创始团队在即将参加一场 50 公里的春游徒步活动时，试探性地为 2010 年发起、关注中西部欠发达地区儿童营养的“一个鸡蛋”项目进行了筹款，初次尝试就惊喜地筹到了近 9 万个鸡蛋。一个“无心插柳”之举，让联劝公益敏锐捕捉到来自社会的公益参与活力，于是在 2011 年秋天正式发起了“一个鸡蛋的暴走”项目，立刻获得了上海市民和公益组织的热烈响应、积极参与。秉持联合劝募的初心，联劝公益在 2012 年将“一个鸡蛋的暴走”转化为议题筹款活动，旨在通过 12 小时 50 公里的徒步筹款，支持与培育儿童公益项目，帮助 0~18 岁的儿童健康成长、平等发展。“一个鸡蛋的暴走”项目坚持快乐自主有成效的公益理念，让参与者实现个人挑战和公益参与的双重价值，让公益组织提升传播与服务的专业能力，让儿童在制度保障、专业服务与社会关爱中真正受益。在这一过程中，“一个鸡蛋的暴走”项目也在不断地完善和发展。联劝公益于 2012 年创新性地开启了“公众评审会”形式，让捐赠人与专家共同决定善款流向；2013 年，新增特别筹款队伍，让不同人群以更多元的形式参与公益；2014 年，开发基于微信的筹款工具“爱扑满”，并与第三方合作了线上游戏，丰富公众的参与渠道和筹款方式；2015 年，设立公益自筹队伍，鼓励儿童领域的公益组织为自己的公益项目筹款发声；2016 年，设立公益观察员，让参加“一个鸡蛋的暴走”项目的公众有机会深入公益一线，了解公益项目，具备公益常识；2020 年，进行了线上暴走，将互联网公益和暴走的活动体验结合起来；2021 年，进行了全天 12 个小时不间断的“一个鸡蛋的暴走”直播，让更多无法到现场参加活动的公众可以直观地感受暴走氛围、探讨公益价值。

来自上海乃至全国其他地方的不少公众和企业，正是从“一个鸡蛋的暴走”项目开始走近公益、了解公益、支持公益的。他（它）们从一开始的图新鲜好玩儿，到对公益和儿童议题建立认知，再到逐步成长为理性的、持续参与公益的捐赠人，甚至主动将公益能量传递给更多人，让公益的影响力持续扩大，这是“一个鸡蛋的暴走”项目超越同类活动的深度价值。这些公益参与群体不再仅仅关注自身，而是愿意贡献自己的微薄力量，关心他人、服务社会，成为和中国公益事业发展同频共振的推动力量。截至 2021 年底，累计有 63580 人直接参与了“一个鸡蛋的暴走”项目，传播触达的公众超过 2000 万人，支持了 31 个省区市的 842 个公益项目，超过 133 万儿童及其照顾者受益。儿童能受益，是所有参与者最大的期待。以“一个鸡蛋”这个最早触发灵感的儿童营养不良改善项目为例，上海纽约大学针对“一个鸡蛋”项目的第三方评估发现，两个学期的干预，可以让一个乡村儿童身高平均多增加 0.6 厘米，体重多增加 1.5 公斤，有效解决了由营养不良导致的儿童生长发育迟缓问题。针对在评估走访中发现的其他问题，联劝公益也给予了积极的回应并采取相应行动。例如，很多孩子在吃鸡蛋时没有做手部清洁，这可能会导致疾病的发生。针对这一问题，基金会设计推出了相应的干预项目——“清洁小手”，为这些孩子所在的幼儿园和学校添置洗手设施，并开展卫生健康教育课程，该课程和“一个鸡蛋”项目互为支撑，不光让孩子“吃得好”，而且让孩子“消化吸收得了”。以“一个鸡蛋”为出发点，联劝公益和各地项目执行机构还调动了在地的社会资源共同关注和解决儿童营养不良问题，以议题为抓手采取更加广泛的公益行动，打造公益场景。

（二）社会需求到公益行动：多元联结搭建公益平台

在我国老龄化进程不断加快、老人养老需求与家庭托育需求并行、社会治理发展理念转型的综合背景下，“一老一幼”成为社区治理、社会治理的重点议题。老人和儿童是公共服务资源配置、全龄友好建设和城市发展中相对弱势的年龄群体，同时，社会发展适应老人需求、实现儿童友好、普惠全年龄段人群也是构建“共建共治共享”社会治理体系的重点和关键。面对老人和儿童在社会发展中的现实需要，以及普惠养老托育的国家政策部署，联劝公益充分发挥支持型社会组织优势，通过政社企多元协同联结搭建回应社会需求的公益行动平台，在发展中不断探索公益行动的创新模式。

2014 年，联劝公益在上海市民政局的指导下，关注老人居家安全和认知障碍等问题。养老托育单纯依靠家庭和社区的力量明显不足以解决问题，需要用一种可持续参与的方式，唤醒社会力量对这些群体的关注，并给予资源和专业服务的支持。为此，联劝公益发起“小小暴走”活动，引入多家社会组织为助老议题提供全方位支持，以“给生命两端同等的关爱”为理念，邀请 4~12 岁儿童和家长，通过亲子参与的方式，在户外活动中培育孩子们的责任心和同理心，唤起社会对助老议题的重视，传递“老吾老以及人之老”的价值理念。通过“小小暴走”活动筹集的善款，持续 5 年支持了上海剪爱公益发展中心、上海尽美长者服务中心等 7 家社会组织开展了认知症科普、筛查、患者关爱、家庭支持、临终关怀等相关服务，缓解了家庭和社区的照护压力，同时为 2019 年上海开始实施的认知障碍友好社区建设提供了专业服务的组织资源和初步经验。

“小小暴走”活动获得相应成效后，基金会也积极搭建更加多元的协同联动平台，配合政府探索基于社区的“政府 + 市场 + 公益”多主体参与的适老化居家改造模式。“小小暴走”活动也在完善的联动模式下得以逐年开展，在获得相应资源基础的同时，可持续的公益成效也形成了以支持型社会组织为中介，多元协同的公益行动新模式。2022 年，联劝公益完成了居家适老化改造议题的第一阶段实践，在两个街道打造了适老化居家改造样板间，为 5 个街道 21 户老人完成适老化居家改造。联劝公益在多元合作基础上进一步积极引入高校专业资源，联合同济大学完成《上海市老年人居家环境适老化改造试点工作评估报告》，获得国家权威媒体的报道。从社会需求到公益行动，联劝公益在其资助型公益基金会的角色定位和优势基础上，充分发挥中介和多元联结作用，为公益议题和行动的开展探索多元协同的更新模式。

（三）外部干预到内源孵化：内生培育营造社区韧性

联劝公益对社会需求始终保持高度敏感和积极行动的工作特质。疫情期间，社会组织、社区积极行动者、在地志愿者等在疫情防控、社区生活保障中发挥了重要作用。公共卫生事件的外部冲击也使更多社会组织开始反思在韧性城市、韧性社区建设中，社会组织能够以何种方式发挥优势，化解重大风险，实现基层社会应急场景的稳定过渡等问题。联劝公益作为支持型社会组织，也在思考并探索资助型公益基金会培育社区内生活力、增强社区韧性建设的有效机制。

2022 年 3 月 13 日，联劝公益正式启动“守护上海抗疫济困专项行动”，成为上海第一个行动起来的基金会。在接下来的 80 天里，联劝公益联合了 126 家企业、公益组织、公众社群等，为包括医院、社区、养老机构、儿童福利机构、高校等在内的 1000 多家单位的 188 万人次，提供了防疫和生活物资、心理慰藉服务等支持。正是在共克时艰的公益行动中，联劝公益开启了对韧性社区建设这一议题的思考。丰富的社会资本是增强社区韧性建设的重要基础，使社区遭遇风险时，具有“自我复原”、重塑社区社会结构的功能。提高社区交往能力和激发社区内生力量，是塑造社区公共生活、提升社区韧性的两个关键点。而目前社区社会组织的能力普遍还在缓慢提高过程中，在提升居民参与程度和增加居民对社区认同感的工作上，有巨大空间的同时也面临很多挑战。对于社区而言，很多专业的社会组织事实上属于外部力量，如果社区内部力量无法被真正激发出来，那么社区公共生活的塑造和社区韧性的提高，也存在是否可持续的风险。由此，联劝公益希望打破原来通过社会组织发掘社区力量并加以培育的单一路径依赖，转而直接关注真正的社区内生力量，也就是居住和工作在社区的个体。这些思考得到了市民政局的肯定和支持，“美好家园行动者”项目由此诞生。而疫情后社区展现出的互助与志愿精神，也在这个项目中得到延续。不到半年的时间，项目就收到了 213 个来自社区居民和社区工作者的行动提案，开展了 100 多场社区行动，超过 10000 名居民参与，他们为自己所在的社区成为更美好、更具韧性的家园添砖加瓦。

四 经验启示

回顾联劝公益的发展历程，资助型公益基金会并非囿于既有工作方式和角色定位，而是顺势而为，借助自身资源优势不断探索发展更多符合现实情况、行之有效的公益协作模式。联劝公益的成长历程为支持型社会组织的发展提供了相应启示和经验。

（一）问题抓手带动公益行动，资源支持带动多元参与

联劝公益作为支持型社会组织，为公益项目、公益组织提供资源支持。其角色定位不仅使基金会处于公益行动资助端上游，而且为其带来了联结多元主体的相应优势。在国家公共政策中，公益基金会能够根据社会发展顺势而为，形成获得政府支持和职能部门指导的公益行动。在社会需求中，公益基金会能够联结公众，扩大公益参与的广度和深度并获得公众资源支持。而在公益项目中，公益基金会又能够与专业社会组织、公益组织形成双向互动，建立与不同领域社会组织的长期合作关系，积累社会组织及公益项目资源。这样一来，公益基金会也能够以问题为抓手带动公益行动，利用多元支持为协同合作的多元参与公益项目提供相应支持。

（二）公众参与提升公益品质，互动反馈倡导公益价值

在发展过程中，联劝公益并没有一味依靠既有工作经验简单回应捐赠人要求来定义社会需求，而是积极与研究者、一线机构合作，通过议题研究、问题界定和需求分析，形成有针对性的解决方案；挖掘公众资源，通过公益反馈沟通提升公众自主参与程度，引导企业和公众，协力推动社会需求的回应和满足。“因为相信，所以看见”，联劝公益的文化基因和价值观蕴含着对“以人为本”的社会发展理念的相信。以互动反馈倡导公益价值，深化公众参与提升公益品质，支持型社会组织也要在

链接供需两端发挥积极作用。

（三）长效运维助力公益支持，内生活力促进韧性发展

在重大风险面前，社会组织也面临着发展挑战。不同于常态化的资源支持和运营程序，应急状态下缺乏韧性和弹性成长空间的社会组织会进入发展阻滞状态。如何实现资源整合，发挥社会组织优势增强社会韧性，也是社会组织增强自身发展韧性的重要切入点。韧性是联劝公益在持续发展过程中追求的状态，具有韧性，就意味着在各种压力下，发生脆性断裂的可能性较小。联劝公益对发展的定义不是追求线性的高速增长，而是更加重视底线思维、内生活力和可持续性。在社区内生力量培育中，基金会能够运用资源支持从社区内部入手，可持续性地提升社区治理效能，而在特殊时期，联劝公益也通过不同的资源发掘方式，进一步增强了支持型社会组织在自身发展、公益组织支持以及公益行动中的韧性。

创新伙伴关系的社会资源再生产：上海颂鼎社会公益创新发展中心

枢纽型平台是沟通多元主体、构建协同联动关系网络的关键纽带之一。“社会资源的再生产”不仅是上海颂鼎社会公益创新发展中心的行动要义，也是枢纽型组织主体运作的核心。作为市、区、街镇三级联动的重要中继者，依托社会组织孵化培育基地、创新创业基地的打造，上海颂鼎社会公益创新发展中心以公益赛事、公益节日、沟通平台等项目渠道为抓手，在活动开展、项目落地、社会治理格局打造的过程中，实现政府各职能部门、高校资源同社会组织的多元联通，进而化解社会治理实践中的部门化、碎片化难题，实现由政府牵头搭台，社会组织创新创业成果在不同场景、区域的实际落地和可持续实施，逐步形成以枢纽型组织为中介构建的新型政社合作伙伴关系。

一　基本概况

上海颂鼎社会公益创新发展中心（以下简称“颂鼎社创”）成立于2016年9月12日，是一家枢纽型、4A级社会服务机构。它的业务主管单位为上海市民政局，注册办公地址为具有百年慈善公益历史的上海公益新天地园。颂鼎社创主要开展为社会组织等的公益创新项目提供网络技术、交流与合作、咨询服务，策划实施创新创业类项目与活动，以及公益创新创业孵化培育与服务支持等公益业务。自成立以来，颂鼎社创始终坚持以“多界联动，促进社会资源再生产”为使命，以“构建多元化公益创业社会创新生态系统”为愿景，实现公益创新性，推动公益有效性，成就公益引领性。

颂鼎社创自成立之日起，逐步从一个运作型社会组织过渡到支持型社会组织，再发展到枢纽型社会组织。其致力于集创新性、示范性、有效性、引领性、可复制性于一体，推动公益界、知识界、党政界、媒体界、企业界跨行业、跨领域、跨区域“多界联动”，在形成公益微生态链的同时，以自身生长推动实现公益创新与社会资源再生产，探索打造创新引领行业发展的社会公益共同体枢纽品牌。

多年来，颂鼎社创在社会组织孵化器功能方面的特色亮点日渐突出。在创新实践中，颂鼎社创不断总结经验，积极主动发挥组织核心优势，立足多元资源整合与综合利用，以实现行业创新引领、公益可持续发展目标。颂鼎社创充分依托合作承运的上海公益创业基地、杨浦社会组织（公益）总部基地、上海公益创业育人实践基地、上海市以及黄浦区创业孵化示范基地、上海市黄浦区创业见习 / 就业实习基地、上海市社会组织对外交流示范基地，还有公益创业大赛、公益会客厅、益创云、社会公益服务平台、创新创业专项基金等公益创业社会创新品牌项目，一方面，联动市、区、街镇、居村各级孵化园地，以及政、社、企、校各方公益力量，针对社会问题推动创新解决，淬炼公益创业全生命周期的社会资源支持链条；另一方面，自主研究开发线上线下互动互补的社会组织孵化器功能服务产品，探索完善公益创业孵化培育服务功能支持体系模式，为进一步提升上海公益创业公益事业软实力发挥积极作用。

颂鼎社创成立以来，连续多年被委托运营各类公益创新创业基地并取得了显著成效，机构、核心项目及人员先后荣获了诸多荣誉，包括“青年影响社会”上海市十大最具潜力公益项目、上海市阅读推广百强组织、上海市公共文化建设创新项目、全国青年社会组织“伙伴计划”示范项目、共青团上海市委“青年中心”、第五届“上海公益伙伴日”公益伙伴、“上海市巾帼建功标兵”、2021年上海市“社会组织女性领军人物”、上海民政系统标准化试点示范单位、2022年上海市社会组织品牌项目等。

二 问题挑战

从机构名称中的“社会公益”“创新发展”两个关键词不难看出，社会化运作、开拓创新既是颂鼎社创的“核心基因”，也是其区别于其他社会服务机构的关键性特点与亮点，同时也意味着机构的机遇与挑战并存。公益创业可有效提升社会软实力、推动社会可持续发展，是顺应时代发展要求，贯彻党中央“大众创业、万众创新”战略方针的重要体现。而如何更好推动公益创业，对社会组织特别是社会服务机构自我造血功能的培育而言至关重要，这既是颂鼎社创的探索方向，也是公益行业未来发展的突破点。

（一）长效运营挑战

社会化运作、不完全依赖政府购买服务的运作模式，让机构拥有更多自主性，使机构能够客观地审视行业及社会现状，但同时也意味着项目运营的政府支持资金减少，需要机构集众智调动和撬动资源链接力量来弥补支撑，增加了项目运营的难度和风险及不稳定性。

（二）资源整合挑战

在资源落地逐渐丰富、社会认同增强的背景下，社会化运作如何发挥核心优势、充分利用多元化社会资源、不断开拓公益创业领域新赛道新动能也是颂鼎社创作为枢纽型社会组织面临的一个挑战。

（三）可持续发展挑战

复杂变动的现实背景下，支持型社会组织面临着可持续发展的诸多难题。一方面，行业内政、社、企、校各种力量业已形成专属运作模式，或多或少存在行业壁垒，多界联动需要打破行业限制，将各方资源以公益为媒介进行有效整合。在这一过程中，各方需要不断磨合、试错，在彼此充分了解的基础上，找到共同目标促成公益合作。另一方面，由于疫情原因，近年来各级政府和企事业单位财政紧缩，资助和支持社会组织公益项目活动的资金受到较大影响。在这一背景下，社会组织如何提升自我造血能力，以化解资源短缺带来的生存难题，实现可持续发展？

三　实践经历

从面向公众的公益服务提供者，逐渐向社会组织孵化培育纵深发力，颂鼎社创经历了三个发展阶段，逐步推进社会资源整合和行业生态打造。在成立初期，颂鼎社创创建“公益启晨”“公益增色”“公益创客”三大公益体验项目，分别服务于亲子、青年白领等群体，公益创客也作为创业基地、智库、育人基地的雏形，融合跨界整合、众筹众包众智的公益生态营造思维。2017~2019 年，颂鼎社创承接市级社会组织孵化培育基地——上海公益创业基地、区级社会组织孵化培育基地——上海静安创益空间和杨浦区社会组织（公益）总部基地等，通过社会化运作开展公益孵化。2020 年至今，除了各级孵化基地和大赛，机构在打造公益创业就业链条上做了诸多探索，上线了“益创云”社会组织线上服务平台，完善了公益智库和社会组织能力建设课程，承接了上海公益创业育人实践基地，申领了见习基地，升级了公益会客厅，机构横向联动政、社、企、校各方探索合作场景和模式，并将成熟的模式复制到更多的企业、高校、社区。

颂鼎社创在发展过程中形成了多品类的品牌项目活动，这些活动在整个公益创业社会创新生态体系打造过程中，彼此相对独立也相互依存。机构根据不同公益需求和目标导向原则，进行全面有效组合与系统综合利用，使之取得突破性成果与成效。以下将结合具体案例分别进行阐述。

（一）打通市、区、街镇、居村四级孵化网络

在社会组织孵化培育方面，上海各区和街道均建立了社会组织服务中心、社会组织联合会，并在市级层面建立社会组织服务中心、上海公益新天地园、上海公益创业基地等，针对社区群团还建立了社区社会组织的备案机制，强化了基层社团的管理。然而，在市、区、街镇、村居四级社会组织孵化网络基础上，如何才能在各级孵化网络中实现信息互通、资源共享，便成为颂鼎社创需要重点解决的问题。

上海各区之间社会组织孵化培育的发展现状和需求不同，与各区的合作依赖人力投入并不现实，因而不能纵向全面铺开进行合作。颂鼎社创通过调研分析和总结实践经验，尝试采用开发建立上海市级公益服务菜单模块进行试点并逐步进行推广的方式。首先在市级层面建立“上海公益创业基地专家智库”，汇聚公益专家学者、公益行业大咖、社会责任企业家、CSR 经理和优秀公益创业者、政府部门资深管理员等的智慧，为处在不同发展阶段和具有不同需求的社会组织，开展能力建设培训课程与服务咨询。目前智库内有近 50 名专家导师，其中与创业基地形成关系比较密切、建立了长期合作关系并且被授予专家或导师聘书的有 38 名。颂鼎社创与智库专家联合开发的“社会组织能力建设”课程，涉及创业入门、注册组织、战略规划、财务管理、品牌发展等赋能课程共 22 类，形成了社会组织孵化培育的全套系列课程。除了能力建设和服务咨询，颂鼎社创还与高校专家学者进行深度合作，针对公益创业基地的孵化功能要求，专门开展社会组织孵化培育课题研究，形成了全面系统的社会组织孵化培育工作手册，用于运营基地的常态化管理和孵化服务指引。

市级公益专家智库和“社会组织能力建设”课程是服务支撑，历届公益创业大赛挖掘出的公益创业项目，既是孵化培育的对象，也是输出服务社区的共享资源。颂鼎社创通过多级孵化网络实现服务和项目输出的途径主要有两个：一是利用“益创云”线上孵化器小程序，上线了公益咨询和培训课程，并将杨浦区作为试点投入使用；二是通过大赛中各

区、街镇动员契机，与各区社会组织服务中心进行交流，与上海市所有区级社会组织服务中心建立联系和开展合作，现已联结近60个街镇社会组织服务中心，孵化合作的多级网络已初步建成。颂鼎社创与各区、街镇之间的服务和资源输出正在稳步推进。

（二）政、社、企、校多元协同，推动公益跨界联合

“多界联动，促进社会资源再生产”是颂鼎社创的使命，也是颂鼎社创一直以来践行的工作方法和重要目标任务。在颂鼎社创现有的几大品牌项目中，这一特点体现得淋漓尽致。比如，“易起读”公益计划是公益启晨发展的产物，此项目充分体现了机构的资源整合、跨界合作能力。从“好书漂流”到公益文化传播，从西门子（中国）18家分公司到《人民日报》、行走的力量、万宝盛华、肯德基、中建投、中国动漫集团、网易、平安、中智集团、DHL等近百家公益伙伴的创新联结，颂鼎社创已经实现从上海到全国乃至全球的辐射，跨领域、跨行业、跨地区合作成为现实，跨越北京、上海、广州、深圳、杭州、南京、甘肃、云南、四川、青海等地，捐赠超过12万本书籍，覆盖314所学校，《人民日报》单平台阅读量达到3000多万次，公益传播影响力不断扩大。

公益这项事业需要全民参与。如果说颂鼎社创纵向与市、区、街镇、居村多级孵化网络的合作联动是资源互通的过程，那么横向与政、社、企、校多方的合作协同侧重于资源融合共享的过程。只有为公益创业者链接到尽可能多的资源，为行业吸纳更多潜在的公益创业者、公益爱好者，才能真正激发公益的活力，高效推动公益服务的创新发展。

颂鼎社创与政、社、企、校的各项公益合作，根据不同需求设计了不同的合作机制。与政府各委办部门的合作基于政府购买服务、品牌项目资助形式、负责运营民政、教委、人社等部门下的各类基地，并根据各方达成的共识，实时调整和反馈运作机制；与社会组织的合作大多以基金会、社会团体为主，如与上海联劝公益基金会、上海市大学生科技创业基金会、青山慈善基金会、上海市可持续研究会等建立合作关系，以大赛支持、项目培育为切入点，合作挖掘优质公益项目进行培育；针

对企业青年白领，与中智白领青年志愿者总队合作，引导青年白领参与公益大赛，同时依托大赛和上海公益新天地园的公益项目，建立“一百种公益方式”项目库与支付宝合作，以公益体验、志愿服务等形式推动青年白领树立公益意识和服务意识。

另外，颂鼎社创以公益创业大赛为主线与高校开展多种形式的深度合作。大赛公益团队赛道的主力军向来是高校的公益团队，大赛中产生的优秀高校公益项目也依托孵化基地进行孵化，如公益基地与同济大学联合孵化的上海杨浦区美丽乡愁文化促进中心等。同时，为了推进上海公益创业育人实践基地委托颂鼎社创运营的社会化运作实践探索，根据公益创业的发展脉络，颂鼎社创从认识公益、参与公益、从事公益、公益创业就业四个维度出发，结合各方需求与上海交通大学媒体与传播学院、同济大学创新创业学院、上海财经大学创业学院、上海对外经贸大学创业学院、上海大学外国语学院等达成合作关系，共同探索合作场景，以公益传播、志愿服务、实习就业、创新创业、创新社会治理实践五种形式，探索构建全生命周期的公益育人实践体系。

（三）创新全方位全生命周期公益创业就业新路径

为了全方位推动公益创业就业，颂鼎社创全力创新开辟全生命周期的公益创业就业新路径，依托公益大赛、各类基地和社会组织招聘，全面拓展公益创业者志愿服务、公益见习、公益创业、公益就业新领域新渠道。

公益就业层面，颂鼎社创联合中智人力资源管理咨询有限公司搭建“上海市社会公益人才服务平台”，形成以展示发布、新闻发布、公益人才展示、线上线下招聘信息为主的网络三屏互动平台，帮助社会组织引才、用才、留才，解决公益人才缺失和缺乏有效招聘途径等行业内面临的问题。满足孵化组织人才招聘需求，参与开展上线以上海市民政局为主导的“筑梦公益”——社会组织联合招聘系列活动，推动公益新天地成为上海市首个综合类公益就业见习基地，并形成公共服务产品及体系，已在全市复制推广。同时有效利用高校合作渠道，发送和对接社会组织招聘需求，推进吸纳高校学子加入公益事业，从平台到人才，全方位保障人才输入，为社会组织吸纳公益人才打通入口、奠定基础。

公益创业层面，颂鼎社创自觉发挥主观能动性，努力倡导引导推动高校学生、青年白领进行公益创业。特别是上海社会组织公益创业大赛在挖掘公益创业项目中发挥了重要作用。已经连续成功举办的四届公益创业大赛吸引了来自全国 14 个省份、37 个地区、近百所高校、1000 多个项目参赛。其中，参赛的社会组织有 355 家、公益团队有 568 个。大赛后续还依托市、区创业孵化培育基地及专家智库等资源优势，一是以“十七村”训练营集中系统赋能形式，二是以创业见习就业实习在地孵化育人实践方式，对公益团队赛道获奖团队以及有公益创业意愿的团队，重点进行创建社会组织的孵化培育，推动其登记注册社会组织，帮助其成功公益创业；对社会组织赛道获奖组织，重点进行运作和治理能力包括项目筹资、战略规划、社会创新等能力培育，使其加速发展进步，进一步提升高质量规范化建设水平。

四　经验启示

（一）拓展社会组织孵化培育的广度和深度

作为上海公益创业基地和杨浦区社会组织（公益）总部基地的运营方，颂鼎社创在多级孵化网络的项目资源下沉输入方面已经日渐成熟。未来颂鼎社创在社会组织孵化培育上主要坚持两大方向：一方面，着力拓展社会组织孵化培育过程中成立登记的渠道和路径，推动孵化高质量的多元多类型公益创业社会组织；另一方面，进一步推进市区合作，使其辐射到更多区域。无须局限于物理空间，将“益创云”线上孵化器小程序嵌入更多区域，将市级的服务和资源切实输送到更多的区级、街镇级孵化基地。

除此之外，上海市各级社区基金会的作用发挥、社区社会组织的培育也是颂鼎社创着重关注的议题，公益孵化的触角将深入孵化网络的方方面面。

（二）立足上海，服务全国

上海是国际性大都市，全国各地的人才都可以通过公益创业这一形式聚集在上海，上海在公益创业领域的经验和模式也可以复制到长三角地区乃至全国。颂鼎社创未来将在以往项目的基础上，深化社会组织公益创业大赛和公益育人实践基地两大品牌项目的辐射作用。

针对社会组织公益创业大赛项目，颂鼎社创将扩大其组织动员范围和全国影响力，吸纳来自全国各地的公益专家学者和权威人士进入大赛组委会，在更高层次的组委会架构下，在外地高校、青年白领和社会组织层面加强宣传，并与教育部留学服务中心合作，鼓励高层次海归人才进行公益创业，从全面提升大赛的质量。

针对公益育人实践基地项目，在教育部高校学生司发布的教育部2022年供需对接就业育人项目名单中，颂鼎社创是唯一入选的公益创业、公益育人类单位，目前已合作签约了9家高校，并已在教育部高等学校司第二期供需对接就业育人项目立项名单中进行公示，签约的外省市院校包括成都东软学院、青岛科技大学、洛阳科技职业学院等，接下来公益育人实践基地将与签约高校就定向人才培养、就业实习、人力资源提升、重点领域合作四个方面展开深度合作，将上海公益育人模式辐射全国各地。

（三）形成上海公益创业案例，培养公益组织国际视野

颂鼎社创正在以各种方式推动对社会组织进行赋能增能，为社会组织搭建展示交流学习的平台，如“十七村公益创业训练营”“公益会客厅”“公益创业展”。面向未来，颂鼎社创将依托升级后的“公益会客厅”这一空间，与融媒体、就业促进中心等单位合作，通过公益筹款、公益直播、未来媒体人等形式，助力提升社会组织自我造血能力，加强对大赛获奖项目以及上海市优秀社会组织的案例宣传，讲好上海公益故事。

上海的社会治理创新案例不仅在全国具有示范引领作用，而且在世

界范围内具有不可替代的地位。上海社会组织也应该具备国际视野，更好地在国际上展现风采。为了将上海的优秀社会组织推向更广阔的舞台，颂鼎社创已与联合国人居署、上海世界城市日事务协调中心、上海市可持续发展研究会等开展深度合作，联合举办了 2022 年世界城市日系列活动——“城市可持续发展与社会创新论坛”，围绕联合国 2030 年可持续发展目标，培养公益创业者的国际思维，引导公益创业者学习国际话术，从而推动更多孵化的社会组织纳入上海手册案例，为提升上海社会组织的国际影响力贡献力量。

护航公益伙伴的法律智库：上海复恩社会组织法律研究与服务中心

除项目资源、资金资源支持外，支持型及枢纽型社会组织还采用一种特殊的支持服务方式，即运用组织专业能力为社会组织提供知识性支持，上海复恩社会组织法律研究与服务中心便是此类支持型社会组织的典型代表。在为社会组织发展提供支持的过程中，专业性强、实用性强是上海复恩社会组织法律研究与服务中心的两大特征。针对社会组织相关法律问题开展深入研究，以志愿服务方式为社会组织提供法律咨询等服务，是社会组织健康成长必不可少的一环，智库型社会组织在提供专业服务的同时积累了丰富的实务研究经验。在专注公益法律研究的同时，公益法律的影响力也随着组织自身的成长而不断扩大。在引入专业人士、打造专业团队、培育公益绿芽方面，上海复恩社会组织法律研究与服务中心走出了一条可持续的专业支持之路。

一　基本概况

上海复恩社会组织法律研究与服务中心（以下简称“复恩”）于2012年9月在上海市浦东新区民政局登记成立，是一家4A级社会组织。复恩是国内第一家由社会力量发起成立的非营利组织法研究社会智库，也是一个为社会组织提供专业法律能力建设的支持型平台。复恩的宗旨是促进社会组织依法合规运营，推动中国公益事业及非营利事业发展。

自 2012 年成立以来，复恩组织编写了与非营利组织、公益慈善事业有关的法律专著 8 部、参编专著 7 部，发表研究报告与论文 30 多篇，承接政府研究课题 20 个，其中《深圳经济特区社会组织条例（草案）》在 2015 年获得深圳市社会组织管理局颁发的优秀立法草案奖、《上海市志愿服务修订研究》获得“2018 年度上海市民政科研成果转化奖一等奖”、《社会组织信息公开研究》获得“2017 年度上海市民政科研成果转化奖二等奖”、《加强上海社会组织非营利性综合监管研究》获得“2018~2020 年度上海民政优秀论文奖”。

复恩拥有配套的专家库与专职的专业法律人才队伍，在法律研究、赋能等服务领域有一定的经验积累，并形成了独具特色的复恩品牌。目前复恩有浦东与浦西两处办公地点，并以“复恩法律工作站”（ForNGO Linkers）的合作方式在北京、杭州、深圳、成都、合肥等城市率先落地。此外，复恩还与民政部慈善社工司、民政部社会组织管理局、中国慈善联合会、上海市民政局、上海市人大社建委、上海市法学会慈善法治研究会、北京市社会组织发展服务中心、深圳市慈善事业联合会、复旦大学、华东政法大学等职能部门、高校建立了长期合作关系，为社会组织及公益事业有序发展提供了多元支持。2020 年，复恩获得了由上海市民政局作为指导单位的慈善奖项——“公益之申”年度十佳公益机构。2021 年，复恩获得“上海市品牌社会组织”荣誉称号。

二 问题挑战

2011 年上海登记注册的社会组织数量突破 1 万家。复恩成立之初，社会组织正处于繁荣发展时期，基层管理部门也在社会建设的推进下，放低了社会组织的准入门槛。各类社会组织能够通过政府购买服务等方式获得公共资源支持，项目分包也将社会组织作为社会协同的重要载体，这在一定程度上促进了各类社会组织的发展。面对社会组织数量的快速增长，如何助力社会组织规范有序发展，社会力量如何为社会组织提供相应支持，形成良性的社会组织内部规范，也是社会组织成长过程中需要解答的关键问题。复恩则是在此背景下成立的由社会力量发起的非营利组织法研究社会智库，旨在为社会组织提供专业法律能力建设的支持型平台。作为通过知识服务为社会组织提供帮助的支持型社会组织，复恩在拓展社会组织支持场景和范围的同时，也不免遇到相应问题和挑战。

（一）社会认同问题

相对于直接为社会组织提供资助的支持型社会组织，为社会组织提供相关法律服务和专业知识的社会组织如何获得社会组织认同，并给予社会组织发展支持？

（二）人才培育问题

为社会组织提供法律支持的平台如何持续发力，培育更多法律人才和公益团队，辐射影响更多专业领域的社会组织？

（三）长效运维问题

提供法律建设和专业知识的社会智库和支持平台如何实现长效化运维，制度完善过程中社会智库如何适应社会的发展演变？

三　实践经历

（一）志愿者行动，开展非营利组织法律智库研究

2012 年 9 月，在上海市浦东新区民政局的支持下，复恩注册成立。在创立之初，复恩主要依赖志愿者运行，创始人、理事长陆璇至今一直以志愿者身份参与复恩的运转，在复恩初创阶段带领一批律师志愿者为社会组织提供服务，开展的业务主要为非营利组织法研究。在全体志愿者的共同努力下，复恩完成了第一个研究项目（广东省千禾社区公益基金会资助），撰写了《上海市公益组织法律需求现状调研报告》，开启了

社会智库之路。《中国社会组织法律实务指南》（原名《社会组织法律手册》）在2013年启动编写，2016年该书在爱佑慈善基金会的资助下正式出版。这既是国内正式出版的第一本关于社会组织的法律实务指南，也是复恩出版的“中国非营利组织法律实务丛书”的第一本书。

（二）全职化团队，助力公益法律发展

作为一家成立不久的公益机构，面对公益慈善行业中不断涌现的法律需求，复恩开始思索如何更好地以法律服务公益，全职化团队成为当时复恩的必选之路。因为一个全职化团队的投入对公益法律领域的发展至关重要，团队成员只有具备专业知识、热情和持续不断的努力，才能推动公益法律领域的不断发展和进步。于是，在2014年10月，经过多方努力，复恩第一位执行主任就职，复恩正式从志愿服务组织走上职业化、专业化发展道路。同时，复恩开始尝试新的业务，比如社区法律服务，承接了两个进社区但主要工作仍然是对社会组织、基层政府进行的普法与研究项目。该项目的执行，一方面盘活了复恩的存量律师志愿者资源，锻炼了志愿者团队的能力，增强了志愿者的凝聚力；另一方面缓解了复恩业务的资金压力。

此时的复恩在蓬勃发展，但如何实现可持续发展是当务之急。尽管行业中法律需求旺盛，但是养成付费能力和付费习惯需要时间与努力。作为一个年轻的组织，复恩面临着许多挑战，如打造团队、业务发展、品牌建立等。复恩在着力形成明确战略规划、提高团队专业水平的同时，也积极向行业寻求支持。经过爱佑慈善基金会的资料初选、电话访谈、尽职调查、评估打分、投委会审批等严格筛选评估，2015年复恩有幸成为“爱佑益+”伙伴，成为爱佑慈善基金会的“公益益+”首批10家受资助的公益机构之一。在爱佑慈善基金会的非限定资助及资源链接的助力下，复恩进入快速发展期。

（三）定位明确，高效满足公益法律需求

在爱佑慈善基金会结合复恩的机构能力培养进度和机构发展战略，

提供相应的品牌、管理、人力资源等多方面资源的支持下，复恩迎来了高速发展期。在此期间，复恩还获得了浙江敦和慈善基金会、北京市银杏公益基金会等基金会的支持。

在行业的大力支持和复恩团队的共同努力下，复恩进入新的发展阶段，完成了从一个志愿服务机构到一个专业法律支持机构的升级，并且找到了一条可持续发展的道路。复恩以“立足非营利组织法研究与非营利组织赋能，成为公益行业法律基础设施建设的引领者”为定位，高效满足公益法律服务需求。此时复恩的主要业务也逐步转向承接政府研究课题、法律知识产出、法律赋能以及法律公益人才培养等专业支持领域。

在这一阶段，复恩明确自身角色定位和专业领域，获得了相关职能部门以及专业领域的认可和接纳。复恩在法律出版社出版了“中国非营利组织法律实务丛书”与“中国公益法丛书”两套法律丛书，并且编撰出版了大学生公益慈善学教材《公益慈善法律教程》。2018 年 6 月，复恩完成了联合国开发计划署（UNDP）委托的《中国慈善法手册》（中英文双语）项目，在上海市法学会慈善法治研究会的支持下，2019 年《中国慈善法手册》由上海市慈善基金会资助正式出版。除此之外，复恩还积极探索法律赋能的有效路径，召开了首届公益行业法律合规发展论坛，并在 2019 年确定了推进线上课程、从“北上广”延伸服务到中西部、二三四线城市公益组织的目标，开始计划建立复恩的视频课程体系，在 2020 年上半年开通“复恩公益法律网校”。法律公益人才培养也在此期间被纳入复恩常态业务。“公益律芽发掘计划”是复恩 2018 年计划培育的品牌项目，旨在通过选拔优秀的法学院学生及青年律师加入训练营，启发和引领更多专业人士加入公益法律行业中，其前身为复恩主办的“青年律师训练营”。此时，面向全国招生的“公益律芽发掘计划”已经常态化，寒暑假各两期，每期最终入选的法学生在 15 名左右。

（四）行业领导力，培育公益法律人才

随着组织、业务、团队的发展，复恩开始进入了稳定发展期。经过十年的发展，公益行业法律环境、需求与复恩刚成立时已发生了变化。

此时的复恩进入再分析与定位发展的阶段。

随着《慈善法》等非营利组织相关法律的相继出台，作为非营利组织法律智库与支持机构，复恩需要回应政府部门、国内重视行业建设的基金会乃至整个社会的关切与需求，做好行业支持工作。在社会组织相关的政策法律密集出台的同时，各级民政部门对社会组织的行政监管与执法力度也随之大大加强。面对相关制度的完善和规范，复恩作为专业知识支持平台和社会智库也需要适应社会发展，进一步加强自身规范化建设。

在此背景下，复恩开始进行系列调整和重点转换。第一，建立一个全国性的平台，从“以面带点”转变为“以点带面”，在各地建立复恩法律工作站，开展社会组织法律赋能。第二，聚焦专业领域，将业务工作聚焦非营利组织法律社会智库和社会组织普法赋能两个部分。第三，2019 年，复恩积极参与社会组织等级评估，作为上海市社会组织评估新版（2018 版）指标的第一批适用者，升级成为 4A 级社会组织。复恩也成立了独立的党支部，进一步加强自身规范化建设。第四，为公益界培训更多的法律志愿者，辐射更多的公益律师。作为公益法律机构，复恩积极通过专项行动、品牌活动等方式为公益法律机构的发展分享经验，为更多的法律人参与公益提供支持，并继续扮演社会组织法律支持方面的志愿法律服务（Pro Bono）转介中心的角色。第五，建设一个非营利法数据库。在政府部门与关注行业建设的基金会的高度期待之下，复恩开始着手建立一个面向三种用户（社会组织、非营利法学者与律师等法律专业人士）的非营利法数据库项目（该项目即为“益两”公益百科项目）。

面对清晰的定位与发展目标，为了更圆满地完成复恩作为非营利组织法社会智库的历史使命，复恩坚持走专业化道路。这也意味着复恩团队的专业水平和领导能力的提高非常关键，为了实现组织的长期发展目标，复恩尝试建立更加稳健的组织管理机制，确保组织能够持续、健康地发展。复恩积极引入一些先进的管理工具和方法，以更好地管理组织的各个方面，包括财务、客户、内部流程、学习与成长等。

现阶段，复恩从战略目标、业务规划、组织发展等多个维度不断提升自己，取得了不少成果，比如非营利法数据库项目——“益两”公益百科网站已初具规模。但面对未来，复恩需要继续努力，以实现其组织使命并为公益慈善事业发展助力。

四 经验启示

复恩在过去十年中，从组织成立到经历初创期、起步期、快速发展期，最后进入稳定期。在这个过程中，复恩在社会各界支持下，面对挑战并迎接机遇，不断学习、探索和创新，以法律服务公益。复恩的发展历程能够为专业支持型社会组织提供经验借鉴。

（一）明晰愿景与使命，精准定位

创始人陆璇利用业余时间以志愿者身份创建复恩这一非营利组织，并推动社会服务工作以期“复恩”——回报社会。在机构成立初期，复恩整体业务均为志愿者推动，但复恩并未止步于此，而是不断尝试并分析，在一步步探索中明确了愿景与使命。作为专业的支持型社会组织，在发展过程中，明确的组织自我认知和定位以及外部环境分析，是引领组织持续发展的必要环节。

一方面，复恩对自身愿景与使命进行深入思考和解读，明确组织专业目标，为组织的发展提供明确的方向。同时，复恩了解行业趋势、政策法规以及市场竞争状况，明确机构所处的环境和竞争格局，以便制定更加具有针对性的发展战略。另一方面，在明确组织发展定位、外部环境和行业趋势后，复恩也在综合背景下进行自我分析，深入分析机构的优势和不足，依据机构的使命、愿景、价值观，找出机构擅长的领域和不足之处，明确机构发展方向。

（二）顺应时代，回应社会需求

社会组织需要适应时代发展、回应社会需求，不断调整和改进自身的经营策略和服务方式。这一理念对于复恩等专业支持型社会组织、社会智库而言至关重要。公益慈善行业日新月异，公益慈善事业发展迅速，复恩不断创新以适应社会需求。“顺应时代，回应社会需求”既是复恩的立身之本，也是复恩实现支持平台可持续发展的关键。

复恩成立之初，社区法律需求旺盛，复恩组织律师开展咨询和普法活动，服务社区中的个体，支持需要法律服务的社区社会组织，并基于实践所得，积极选派律师参与全国人大的立法意见征询活动。当越来越多的组织参与社区法律服务时，复恩开始调整业务，聚焦非营利组织法律研究，进行法律研究倡导，弥补公益行业的法律空白。随着非营利组织相关法律的相继出台，作为非营利组织法律智库与支持机构，复恩及时回应政府部门、国内重视行业建设的基金会的关切与需求，做好行业支持工作。

（三）围绕愿景与使命，勇于取舍

在机构发展过程中，取舍也是机构必须面对的一项决策，机构需要做出选择，放弃一些业务，以便专注于更为重要的事务。这可能是因为机构面临着一些重大的挑战，也可能是因为机构希望追求更高的目标。

在复恩的发展历史中，当复恩明晰了机构的愿景与使命后，其开始对业务进行调整重构，果断舍弃了与使命贴合度不够但资源较多的社区法律服务项目。这次调整对复恩而言也意味着新的机遇，更加聚焦的业务便于组织核心发力，同时也给复恩带来了一定的挑战：收入的暂时减少。实践证明，此刻的舍弃让复恩迎来了更快速的发展时期，专业化道路也走得更加稳健。

（四）以人为本，组建公平、平等、多元、友善、包容的团队

以团队成员为核心，重视团队成员的需求和感受，并通过有效的管理手段实现组织的目标是专业支持型社会组织能够保持活力的关键。因此对于此类社会组织而言，专业的团队支持和多元、包容的团队氛围是专业支持服务的根本。首先，随着社会发展不断成长的社会组织，需要建立公平、透明的管理制度，让团队的每个成员都能够在同等条件下竞

争和发展。明确的职责分工、公正的考核标准等有助于保持组织的长期运转。其次，支持型社会组织承担着为社会组织提供服务的职责，多元化的团队搭建能够为不同领域的社会组织提供更加适配的支持服务，团队成员不同的特点、性格也激发了组织自身的发展活力。最后，团队成员是组织发展的关键资源，平等、尊重、友善、包容的团队氛围能够给予团队成员充分认可和支持，激发成员的工作热情和创造力，有利于增强组织凝聚力，建立和谐、充满活力的团队。

探索区域化服务的社会组织联合体模式：上海梵客公益文化传播中心

资源有限、成长乏力是社会组织发展过程中面临的普遍困境，仅凭行政化资源扶持可能会导致社会组织依附性过强等问题。为此，开辟多样化资源渠道，开展专项项目训练，赋能培训组织等都是增强社会组织可持续发展能力的支持实践。上海梵客公益文化传播中心通过社会组织和社会企业身份的双重创变，构建公益合伙人机制，实现同包括社会组织在内的多元社会力量的紧密联结；通过深度孵化和挖掘培育，为社会组织提供初创资金，同时以集团化服务为组织提供党务、法务、财务等综合支持，从而在公益文化的推广中提升社会影响力，交出了一份不一样的“答卷”。

一　基本概况

上海梵客公益文化传播中心（以下简称“梵客公益”）成立于 2015 年 7 月，首创了“双社创”孵化器模式。即梵客公益是深耕社会组织和社会企业双创变的孵化培育平台，是上海市品牌社会组织、4A 级社会组织。梵客公益以“树立公益信仰，传承公益文化”为理念，以“助力社会创新，培育公益力量”为使命，致力于培育优质的社会组织和社会企业，致力于创建双社创园区和社区创新治理模型平台，致力于培育优质的公益品牌项目。梵客公益通过整合优质的社会资源和社会人才，孵化多元领域的社会组织和社会企业，运用公益合伙人机制，形成一个黏性较强的社会组织联合体，综合性参与和解决社会需求与社会问题。

梵客公益成立了孵化器联合党支部、民非财务管理中心、社会组织法律研究和服务中心，以党建、财务、法律三大保障机制为基石，建立了空间支持、资金扶持、战略管理、项目管理、创新指导、宣传推广、资源链接、人才引进等一体化的服务体系。截至 2022 年底，梵客公益共孵化了 40 多家社会组织和社会企业，服务领域涉及文化旅游、社会治理、智慧养老、物业管理、科技创新、志愿服务、乡村振兴、法律服务、财务管理、教育服务等多个领域，每年直接和间接服务对象达到 80 万人次。

二　问题挑战

作为社会组织和社会企业双创变的孵化培育平台，梵客公益通过整合不同领域资源和人才，推进社会组织联合，孵化公益品牌以切实解决社会需求和社会问题，激发社会组织创新活力。但联结公益和商业伙伴获取相应资源需要打破不同领域主体间壁垒，以及成熟可靠的运作模式，梵客公益在发展过程中也面对着相应难题和挑战。

（一）机制构建挑战

面对多元化的服务需求和问题，枢纽型孵化机构如何发挥优势，推进政企社有机合作，提供多元化、系统化的服务和培育孵化机制？

（二）持续发展挑战

面对机构运行中依靠政府项目支持和资源投入的单一模式，孵化培育平台如何依靠创变形成可持续、独立资助的发展道路？

（三）品牌打造挑战

在支持型社会组织日益发展成熟、数量不断增加的当下，如何形成特色的孵化培育平台，深耕专业领域赋能社会组织发展？

三　实践经历

梵客公益的创始人有15年民政工作经历，也有过多年社会组织和企业运营及创业的经历，在2014年参加的一次公益与商业伙伴头脑风暴论坛上，于公益和商业视角的激烈思维碰撞中，创始人发现公益服务内容很难与商业服务有效地结合，商业服务所体现的公益责任又往往偏向于服务企业的商业利益。社会组织的培育和发展面临诸多问题和挑战，如何提升公益的融合和可持续发展能力？如何引导优势的社会资源和社会人才服务于社会公益？如何建立规范的服务和培育机制？这需要有一家枢纽型孵化机构提供多元化、系统化的服务，于是创始人联合高校、企业和社会组织的专业人士，建立了初创团队，建立深耕社会创新的社会组织孵化器模式。

（一）创新发展战略，推进孵化培育迭代更新

孵化器建立之初就有明确的发展战略，要先在街镇层级建立基本孵化器服务模型，形成可推广经验后，再辐射到整个行政区，然后延伸到整个上海，辐射长三角。经过多次努力和投标，梵客公益孵化器的模型获得了认可，2015年中标了徐汇区龙华街道社会组织服务中心和龙华街道社区服务中心3年联合运营项目，为孵化器的模型打造提供了非常好的发展载体。龙华街道地处徐汇滨江开发的腹地，既有滨江开发带来上千家优质的企业和几万名高级白领，又有百年文化底蕴下的老社区、老居民，服务需求和问题多元而复杂。经过3年的双中心项目运营，梵客公益充分结合了龙华街道和徐汇区的地缘特点和优势，在龙华街道孵化和培育了8家社会组织，提升了区域化服务的能力，建立了完善的社区公益服务业态。龙华街道社会组织服务中心也高分通过了3A级社会组织的认定，每年服务的居民达到20万人次，服务满意度高达95%以上。通过这个项目，孵化器充分试点，与高校、企业、社会优质人才等合作，

培育了不同性质的优质社会组织，建立了社会组织孵化培育的可持续发展模型，形成梵客公益孵化器的1.0版本。

1.0版本的孵化器的运行和发展，也带来了很多困惑，虽然培育机构都具备可持续的发展模式，但是机构运行仍主要依赖政府的项目支持的单一模型，甚至还需要举办者持续投入补贴运营的成本。2019年北京推出了社会企业相关的认定和鼓励政策后，机构也在着眼探索创变转型，并结合上海市政府的科创定位，尝试与科研机构合作，孵化和培育了几家涉及智慧养老、教育科技、文化科技、健康科技、智能科技等领域的社会企业。2022年底，其中有2家社会企业通过了上海市科学技术委员会高新企业的认定。社会企业的转型和社会组织的孵化培育形成了双促进、双融合、双发展，解决了公益组织资金来源单纯依靠政府的发展问题，增强了社会组织发展的韧性和可塑性，也让社会企业的社会责任更加明晰。

（二）试点文化视角，培育特色化品牌项目

梵客公益成立1年，有了基础的孵化器模型后，继而思索是做大而全的孵化器，还是做特色化孵化器。经过思考，团队一致认为要打造各具特色、深耕不同领域的孵化器。出于多年的公益从业经历，希望通过“公益 + 文化”的视角提升公益的社会影响力，梵客公益因此选择首先做一个文化领域的特色化孵化器。这个想法也得到了徐汇区文化和旅游局的大力支持，帮助梵客公益对接文化社会组织孵化资源，并委托梵客公益开展徐汇区文化类社会组织的孵化和培训。其中，梵客公益孵化了一家新锐青少年艺术促进中心，于2017年参与了文旅部国家社团标准化社会艺术教育领域从业人员能力规范标准的起草工作。

梵客公益满足政府工作的重点、热点需求，开展文化品牌项目培育。比如，在建党百年前后，孵化器与中共一大纪念馆、上海市教育研究中心、龙华烈士纪念馆等合作，推出了“红色课堂”“人民不会忘记”“我们来看望你”“小繁星志愿者”等红色文化项目，部分项目在中央电视台新闻联播中有过相关报道；在扶贫领域，与徐汇区合作交流办、云南省

屏边县和泸西县开展了“暖冬行动”和“七彩画笔”项目，助力当地扶贫攻坚和乡村振兴。

经过在文化领域的特色化孵化和培育，梵客公益充分意识到这一决定的正确定位，有效地挖掘了文化资源，深耕了文化公益资源，提升了“文化＋公益”的倍增效果，孵化模式也得到了市、区文化部门的高度认可。

（三）增强创变能力，提升服务能级

疫情期间，梵客公益积极调动社会组织和社会企业资源，联动开展抗疫服务和援助工作，调动了企业的捐助资源，积极支持政府抗疫。作为社会组织积极参与社会困难援助工作案例，梵客公益获得徐汇区“抗疫先进单位”称号，其中“汇心安”——困难家庭救助帮扶综合评估心理服务公益项目，由徐汇区委组织部报送市委组织部，成为社会组织参与抗疫典型。

开发“益直播”公益直播和公益课堂。疫情加速了社会服务和社会治理的互联网大数据建设进程，这也促使机构进行更多创变思考。新的变局时期，社会组织的孵化和培育、培训、跟进服务、公益项目的推进等，也需要互联网大数据的赋能，使社会组织具备更有效参与社会治理的能力。为此，梵客公益建立了集互联网直播、大数据分析、公益课堂课件研发于一体的“益直播”线上自媒体平台，参与了徐汇区文化和旅游局文化类社会组织的赋能培训、徐汇区家庭教育指导中心的公益课堂、云南省泸西县的“七彩画笔”艺术课堂等项目，提升了孵化器的线上服务能级。

（四）高校合作支持，建立人才培养平台

一个行业快速和高品质的发展离不开优质人才的引进。为此，梵客公益积极对接高校资源，先后与复旦大学、同济大学、华东理工大学、华东师范大学、上海师范大学、浙江大学、香港大学等 60 所高校开展合作，联合开展“青年人才领袖营”计划，推进更多的高校优秀人才参与公益创新，参与社会创变，推出了一系列优秀公益创投项目，同时也让

更多的高校人才了解了公益社创领域。此项目得到了高校教师的积极反馈，以往大学生创业很少关注公益创投方向，更多考虑商业模型，该项目为大学生增加了更多创投选择，增强了创投方向的社会责任和公益属性，实现了经济效益和社会效益的“双丰收”。

四 经验启示

（一）依靠三大保障，提升服务质量

梵客公益孵化社会组织多年，不断深化内部党建、财务、法律的三大保障机制改革。成立之初，梵客公益即向辖区党建中心申请成立了党支部，通过党建形式与孵化的社会组织和社会企业深入联结，也通过党建联动方式推进了孵化器对外的合作和交流；成立民非财务服务中心，专门负责为孵化的社会组织做好财务服务，搭建小益民非财务服务平台，确保公益项目的财务规范；成立了社会组织法律研究和服务中心，在《民法典》推出的大背景下，对社会组织的服务提供规范指引，为孵化的社会组织提供合规建设的指导和服务。依靠三大保障，使孵化的社会组织在成立之初就形成了规范化的发展路径。目前孵化满三年的社会组织中，80% 都通过了 3A 级认定。

（二）围绕三个导向，实现公益创变

梵客公益始终坚持三个导向进行公益创变。趋势导向，引导政策和社会发展的大趋势；需求导向，满足政府和社会各类客群的需求；问题导向，直面社会突出问题。梵客公益理事会和顾问团队会针对政府推出的法律法规、重要领导讲话、政府五年规划、工作要点、社会热点、社会调研、社会重大事件、各类客群个案和群体需求等进行研究，通过整合优势资源、试点项目案例等方式建立综合性的解决方案。比如《家庭教育促进法》出台后，梵客公益对法律法规颁布的背景和条文进行了深入研究，结合自身优势，设计了综合性的解决方案。该方案获得了徐汇

区妇联的认可，并接受委托运营区域家庭文明建设指导中心，完成徐汇区各街镇的家庭教育任务。梵客公益邀请了相关社会组织和社会企业，围绕家庭教育建立了徐汇区家庭教育项目供应平台，有效调动了社会多方资源参与，为徐汇区妇联提供了更为综合全面的项目解决方案。此项目也被评为市妇联十大案例。

（三）深耕项目孵化，提升深度和广度

梵客公益一直深耕项目孵化的深度和广度。深度在于解决问题的本源，建立系统性思维；广度在于扩大项目的辐射面和影响力，实现项目结果的最优化，如梵客公益的生命教育系列项目。早在 60 多年前，发达国家就引入了生命教育理念，上海于 2014 年发布了《上海中小学生生命教育指导纲要》，当下青少年对生命教育的赋能有很多缺失，因此出现了很多悲剧事件。基于此，从 2019 年开始，梵客公益先后推出了“热爱生命”“向生命逆行”等品牌项目，以绘画疗愈、生命绘本、原生赋能等方式为青少年生命教育增能，并与福寿园集团、上海大学社会学院、上海精神卫生中心康复科、徐汇滨江学区、长三角等约 3000 家艺术学校开展了生命文化展和相关的体验分享活动，并在上海第十届公益伙伴日期间举办了生命文化主题沙龙，邀请专业艺术家和儿童心理学专家对孩子们的作品进行点评，并编制成生命文化教育绘本，将文化艺术、心理学、生命教育有机结合，提升孩子对生命积极正向理解的能力。

党的十九届四中全会指出：“重视发挥第三次分配作用，发展慈善等社会公益事业。”党的二十大报告指出：“分配制度是促进共同富裕的基础性制度。”梵客公益会一直深耕双社创孵化和培育工作，从而引导更多的社会组织和社会企业参与社会创新，助力慈善事业的蓬勃发展。

成长型社会组织

专业社会力量的在地成长之路：上海市杨浦江浦路街道蚂蚁社区营造发展中心

近年来，参与式社区营造、社区规划师等概念的提出，为城市更新中化解改造更新矛盾、引导基层空间治理的创新实践提供了方向，相关探索实践也在超大城市陆续展开。上海市杨浦江浦路街道蚂蚁社区营造发展中心便在这一背景下得以创立、成长。该组织由规划设计和建筑等相关专业领域的专业人士发起组建，致力于通过参与式设计撬动邻里关系，增强人际联结。在发展过程中，上海市杨浦江浦路街道蚂蚁社区营造发展中心也面临项目资源短缺、机构化运营乏力等问题。通过参与社会组织创新创业大赛，上海市杨浦江浦路街道蚂蚁社区营造发展中心在接受专业培训的同时，入驻区级社会组织公益基地，积累和获得了更多组织运营经验和系统性支持，为后续可持续发展奠定了基础。

一　基本概况

上海市杨浦江浦路街道蚂蚁社区营造发展中心（以下简称“蚂蚁社造”）是一家非营利、公益性、专业化的社区营造类社会服务机构，致力于成为上海创新社会治理和城市有机更新背景下专业的城乡社区营造顾问。

蚂蚁社造成立于2019年4月，由城市规划师、建筑师、景观设计师、社会研究者、社区工作者等不同学科专业的社区研究人士共同发起创建。在组织发展过程中，蚂蚁社造秉承“设计驱动社区治理创新、营造城乡社区美好生活”的创设宗旨，倡导公众参与，推行参与式设计，以社区空间为载体，组织开展社区更新与社区营造，开展活动策划与文化传播，承担社区建设课题研究，承接政府购买服务和公益项目，等等。在上海社会治理创新和城市存量更新的总体趋势下，蚂蚁社造扎根社区，挖掘在地资源，致力于成为专业的社区营造顾问和培力赋能型社会组织。

自成立以来，蚂蚁社造深耕街镇社区，负责包括杨浦区江浦路街道睦邻空间营造、平凉路街道屋顶花园社区营造、徐汇区凌云街道417街区参与式营造、青浦区盈浦街道美丽楼道社区营造等项目。蚂蚁社造所做的项目得到了在地居民的一致好评，提高了社会影响力，多个项目成为上海社区治理的优秀案例。蚂蚁社造不断总结项目经验，在公众参与、设计赋能、机制培育三个维度形成了自身特色，在专业社会组织成长发展中起到了积极的示范作用。

二　问题挑战

以空间规划设计赋能社区参与，依托空间更新培育社区自治、提升社区治理水平。以此为抓手，蚂蚁社造通过社区微更新、社区营造等项目与上海各街镇有机联结，参与式社区规划典型案例和专业团队成员的融入，使组织能够在社区规划和社区营造领域不断发展。但作为专业型、成长型社会组织，蚂蚁社造在挖掘社区资源、构建社区治理机制的过程中也面临不少问题和挑战。

（一）资源联结挑战

社区型社会组织在社区营造、治理赋能过程中，如何运用“三驾马车”、在地志愿者、社区居民等在地资源？如何在空间改造和更新过程中联结多方资源引导社区参与，推进社区自治和多元共治？

（二）场景融入挑战

专业型社会组织在成长过程中如何运用专业优势获取组织发展资源？专业性与在地性如何在社区场景中有机结合？

（三）公众参与挑战

通过参与式社区规划实现社区营造是蚂蚁社造作为社区型社会组织的特色，营建改造和更新如何有效融入公众参与？专业性空间设计如何构建共治共享的社区治理体系？

三　实践经历

（一）社区规划，赋能社区治理

从城市更新到社区更新，再到城市存量更新，社区规划的相关实践也在上海社会创新中不断发展。在这一背景下，社区空间的改造、更新以及综合规划不仅成为物质空间更新的一次实践行动，而且将社区关系、人际网络纳入空间场景之中，公众参与和社区更新、社区营造得以深度结合。基于在社区规划和空间改造更新实践中，对社区品质、创新治理、自治共治的思考，深耕社区治理的规划、景观设计以及建筑工程等领域的专家、社区“老法师”、居委会干部、媒体人、策划人等形成了专业社区营造的社会组织团队。从破墙合体的老旧小区改造经历中，蚂蚁社造的创始人也感受到空间问题背后“人”的核心地位。蚂蚁社造在此基础上，将以社群力量著称的“蚂蚁”作为象征成立社区营造机构。组织成立之初，蚂蚁社造以杨浦区江浦路社区空间为初始载体，展开参与式社区规划的相关实践，通过对城市和乡村的社区规划与空间设计驱动社区治理创新，为社区发展提供规划咨询、组织社区营造活动等服务，赋能社区自治，助力创新社区治理，营造城乡美好生活。关注空间营造和社区营造，成为在成长初期就确立的组织服务内容和主要发展领域。

蚂蚁社造坚持以社区公共空间为载体，强调空间的公共性，注重空间营造培育长效机制，实现空间硬治理撬动社区软治理。在杨浦区江浦路街道“一脉三园”项目中，蚂蚁社造打破了原先三个老旧小区围墙隔离的空间壁垒和权属壁垒，优化了交通组织，增加了活动场所，提高了社区品质，实现了空间创生。更为重要的是，蚂蚁社造推动了三个小区业委会、物业的合并，空间的物理融合推动了社群的化学融合，夯实了社区可持续长效治理的基础。该项目也获得了杨浦区优秀自治项目称号，并多次被相关媒体报道。“一脉三园”社区更新、睦邻客厅改造、睦邻弄堂微更新、“美丽家园”，社区微更新、改造中包含多元参与主体，社区规划师介入微更新、微改造，在为居民提供专业技术支持的同时能够担当桥梁重任，协调多方诉求，将公众参与、创新理念融入空间设计和更新行动之中，全过程为社区赋能，增强居民对社区的认同感，构建社区治理共同体，蚂蚁社造中的社区规划师团队则通过参与式社区规划为社区治理创新提供活力，打造社区规划的品牌项目。除此之外，实施微改造、微更新的社区多为老旧小区，老化的社区基础设施与居民现代化的居住标准和生活诉求之间并不匹配，从这一层面而言，专业的社区规划团队也能够为社区空间和环境改良提供专业的诊断与改造建议，同时化解老旧社区治理过程中的诸多矛盾。在社区规划和社区营造方面，蚂蚁社造积极探索社区规划师机制，深耕于街道和社区资源，以社区居民为主体，以社区空间为载体，链接社会多方资源，组织设计、艺术、文化、社会、企业等多元专业群体和个人，解决社区现实空间问题，强调参与式设计和共同缔造，进而培育社区内部自治力量，助力街道创新社区治理。社区规划赋能社区治理也成为蚂蚁社造的组织特色和专业所长。

（二）乡村建设，激发创新活力

从城市社区到乡村社区，蚂蚁社造对乡村建设的关注，最初源自创始人的乡土情怀和对乡村社区发展问题的思考。对于蚂蚁社造而言，乡建社造和更新规划既是追梦，也是社区营造在不同场景下的创新实践。生于崇明的社区规划师在观察城市社区演变的同时，也亲历了超大城市乡村的转型与变化。伴随上海全球城市的发展，乡村人口也更加迅速地流向城市。大量从崇明走出去的知识技术型人才在市区工作，乡村却面临着更加严峻的空心化、老龄化问题。超大城市乡村出现物理空间和村民精神空间双重空心化的问题，房屋空置、设施功能单一、产业凋敝都使城乡资源的矛盾更加突出。如何让乡村充满活力，提升村民生活品质，也成为蚂蚁社造探索和思考的问题。

蚂蚁社造通过在地化的乡村社区营造，激发村民和改造更新参与者、践行者对乡村未来发展的思考，林芝书屋则是蚂蚁社造为老家乡邻开展改造更新的首次尝试。除书报阅览、影视观看、睦邻交往等空间功能之外，林芝书屋也是开展自然教育、主题公益坊和乡村建设营造的重要场所。林芝书屋建造之后，乡建理想还包含了一系列行动倡议。以乡村规划设计带动乡村振兴，唤醒村民共建意识，乡村治理的参与式规划为村民提供了更大的参与空间。2019 年，蚂蚁社造以“林芝书屋”公益项目参加了首届上海社会组织公益创业大赛，荣获社会组织类银奖，这也让蚂蚁社造对上海的社会组织以及社会公益有了更多的接触和认知，更加坚定了社区营造的公益初心。同时，蚂蚁社造负责人受到大赛资助参加了深圳国际公益学院华东班的学习，接受了系统性的理论学习和实务培训，拓宽了视野，链接了资源。这样，大赛赋能让蚂蚁社造获益匪浅，并有机会入驻杨浦区社会组织（公益）总部基地，与更多优秀的社会组织在一个平台上共享共创携手并进。2020 年，蚂蚁社造受聘成为崇明富安乡村美术馆运营共建方，发挥枢纽链接和专业赋能作用，以乡村美育创变公共空间，探寻艺术助力乡建的多元可能。

乡村建设，激发创新活力。蚂蚁社造的乡村建设探索不同于传统的空间拆建或改造，而是利用乡村社区的存量资源探索微更新、微改造的创新路径和模式，在改善人居环境和提升社区品质的同时，打造乡村公共空间，助力乡村振兴。在为乡村社区带来共建共治共享的参与式规划理念的同时，睦邻友好、美育创变也为蚂蚁社造带来了乡村建设发展的创新思路。

（三）在地资源，打造共治场景

社区营造离不开多方关系的协调和在地社群的共同参与，在参与空间营造和社区营造的过程中，多样化、多元化的在地资源挖掘能够为空间更新改造提供资源支持，以空间为媒介也能够触发不同身份的居民、社区工作者等主体的有机联结。因而，在社区营造过程中，蚂蚁社造从不同维度挖掘在地资源，打造共建共治共享的社区治理场景。

一方面，倡导公众参与，关注居民差异化诉求。在杨浦区江浦路街道宝地东花园“睦邻客厅”社区营造项目中，在制订方案阶段，蚂蚁社造项目组进行充分调研和需求分析，为了让更多居民了解改造方案，避开工作日时间，经常在周末或晚上组织开展方案交流会，在功能定位和空间布局方面充分听取楼内业主的意见，并将达成的共识如设置共享书房、儿童活动区等在实践中予以落实，可视化的设计表达也提升了居民的参与度。通过社区规划，蚂蚁社造搭建居民参与空间治理和协商议事的平台，并以家庭为单位鼓励青年、儿童积极参与“睦邻客厅”打造。在项目实施过程中，蚂蚁社造邀请楼内书法爱好者为“睦邻客厅”题字，组织楼内居民开展闲置书籍捐赠等自治活动，提高社区居民的空间归属感和文化认同感，为后续空间的可持续营造夯实了基础。另一方面，扩展社区关注的不同年龄阶段，将“一老一幼”的社区友好理念融入社区营造。在美丽楼道营造中，蚂蚁社造注重设计师和居民、儿童的合作共创，邀请居民在楼道内陈列展示他们的手工、摄影等作品，完成特色楼道墙面美化装饰等，体现楼道特色人文内涵，增进睦邻友好。在儿童友好社区建设中，蚂蚁社造组织“小小规划师”主题活动，带领儿童认识社区，启发儿童设计思维，培养和提升儿童从小参与社区建设的意识和行动能力。2021 年上海城市空间艺术季曹杨社区板块，蚂蚁社造作为联合策展团队之一，完成了“曹杨一村社区故事馆”营造，推动构建了由老年居民组成的“花甲天使”志愿者队伍参与自治共治的机制，建立了一个有温度的社区故事馆。

参与式社区规划将全龄友好、多元共治创新理念融入社区营造之中，通过居民的不同空间功能诉求扩大参与范围，关注弱势群体的社区表达，将共建共治共享理念践行至空间改造和设计的全过程。蚂蚁社造也在成长过程中持续探索挖掘在地资源、营建美好社区、构建社区治理共同体的更多可能。

四　经验启示

（一）倡导公众参与，推动参与式社区设计

蚂蚁社造践行“人民城市”理念，在上海城市有机更新背景下，以各类社区公共空间（微）更新为载体，改变传统“自上而下”的工程模式，以在地居民为主体，倡导公众参与。鼓励居民在前期调研、规划设计、项目实施、空间运维、活动营造等阶段全方位参与，并通过参与式设计培育在地居民的社区认同感，增强社区居民参与意识，发挥社区居民的主体性作用。在公众参与下，社区空间的改造更新能够真正反映在地居民的现实诉求，共同营建的参与式规划理念也进一步提升了居民的社区归属感，进而优化了社区规划的总体方案，提高了实施质量。这也是蚂蚁社造能够在社区营造领域充分发挥专长，不断成长，打造机构品牌的重要原因。在社区类型的社会组织开展系列活动和专项项目时，公众参与和社区诉求的表达，也是衡量社区项目优劣的关键指标。社区项目以共同缔造为理念指引，以低效空间的微更新改造为契机，促进了在地社区营造和社区自治共治。

（二）注重设计赋能，提升社区营造内涵品质

蚂蚁社造充分发挥理事成员规划、建筑、景观、艺术创意等多元领域的设计专业优势，在“三微”（微空间、微景观、微更新）治理等社区更新项目开展中始终融入“在地性、参与式、渐进式、低造价、生态环保”等创新理念，凸显设计价值和社区温度，提升社区营造的内涵品质。在社区公共景观改造中，蚂蚁社造注重利用现有社区资源和设施改造互

动性景观装置，挖掘社区资源，打造共同参与改造的良性场景。蚂蚁社造在充分发挥存量资源、设施作用的同时，更加强调场景营造中的居民参与和情感联结。设计赋能并非专家式的单向规划，而是充分运用专业所长打造社区参与的多种可能。互动场景、互动装置在社区改造中的实践也为社区社会组织、专业型社会组织丰富共建场景、提供多样化社区互动方式提供了创新思路。

（三）培育长效机制，助力社区治理创新

在2021年上海城市空间艺术季曹杨社区板块，蚂蚁社造作为联合策展团队之一，完成了“曹杨一村社区故事馆”营造。该项目充分挖掘了中国第一代工人新村“曹杨一村”的历史，曹杨社区劳模的后代和居民自发组织老物件征集展示、口述曹杨等特色活动，成为上海城市空间艺术季中的优秀营造案例。蚂蚁社造近年来开展的社区营造、乡村振兴、儿童友好等项目，也均获得了在地社区居民的好评，并发挥和取得了良好的示范作用和社会效应。如杨浦区宝地东花园“睦邻客厅”项目荣获杨浦区2021年度“十佳”睦邻项目称号，项目入选上海市民政局参与式规划优秀案例汇编；富安乡村美术馆“乡村美育·田间课堂”项目荣获2022年度崇明区志愿服务“优秀项目”称号；蚂蚁社造也入选上海市民政局汇编的《上海市高质量发展社区社会组织案例集》。

从项目实施到品牌打造，从实践经验到示范样本，蚂蚁社造的成长经历也为我们展示了关注社区更新的专业社会组织如何利用自身专业优势打造共建共治共享的社区场景，点状项目对接配合网络化的资源联结和长效营建机制，可推广的项目推进模式和公众参与理念，也使社会组织真正能够助力社区治理创新。

高校“双创”项目的进阶成长之路：上海杨浦区美丽乡愁文化促进中心

美丽乡愁文化促进中心是由同济大学学生团队发起，关注乡土教育和乡土文化传播的社会组织。在从学生团队走向注册登记的社会组织过程中，美丽乡愁文化促进中心于大赛经历中获得组织成立发展的资源、经验和专业辅导，初创团队得以将创意想法进行系统梳理，取得创新创业支持。通过大赛平台，美丽乡愁文化促进中心也与除高校外的多元主体建立合作关系，不断打磨公共产品，提升品牌影响力，逐步拓展产品类型和服务范围。可见，初创型社会组织在大赛培育中也可以向规范化和多元化的方向逐步发展。

一　基本概况

上海杨浦区美丽乡愁文化促进中心（以下简称“美丽乡愁”）是一支致力于促进乡土教育与乡土文化公众传播的公益团队，2015年由同济大学学生自发成立，并于2020年正式注册为社会组织。

多年来，从学生组织的公益团队到正式注册的社会组织，美丽乡愁始终坚持“培育知乡—爱乡—建乡—守乡的家园文化传承种子”这一使命目标，形成了“乡土文化调研梳理、乡土文化教育赋能、乡土文化营造传播”文化服务三步走的行动路径，并依托“涟漪行动”“古村传承人培养计划”“乡土教育水源计划”“文化点亮乡村计划”等品牌项目，联合社会各群体的力量，深入乡土中国，溯源乡土根脉，唤醒文化认同，传承家园遗产，助力家园振兴。

作为由高校孵化的公益创业团队，美丽乡愁曾在各类创新创业赛事上屡获佳绩。如今，通过一步步脚印、一分分耕耘，成长为社会组织的美丽乡愁已经取得了一定的社会影响力。如今，美丽乡愁已在550多个村、县、市开展乡土文化类活动，使50000多人次的在地城乡社区居民受益，使“让更多村落留得住青山绿水，记得住美丽乡愁”的公益愿景真正落地。

二　问题挑战

作为由青年大学生创新创业项目发展而来的社会组织，美丽乡愁能够获得高校创新创业资源的支持，青年活力也是团队的一大特色。虽然高校青年作为发起团队，能够为组织成长提供更多专业视角和人才支持，但青年群体的创新实践和乡土教育、乡土文化的探索领域，也为美丽乡愁的成长发展带来不少阻力，青年初创团队成为公众认可、具有品牌影响力、运作完善的社会组织也经历了不少挑战。

（一）团队转型挑战

从大学生公益团队走向成长型社会组织，大学生创新实践的乡土教育、乡土文化传播如何转化为特色鲜明的成熟项目品牌？机构发展转型过程中如何获得社会认同？

（二）品牌打造挑战

乡土文化的主题实践如何输出优质内容？在乡土文化挖掘过程中如何实现多方创变，以教育资源、文化资源提升乡村治理水平，带动乡村振兴？

（三）持续发展挑战

扎根乡土的公益行动如何实现可持续发展？公益项目中社会组织如何链接多元资源赋能机构成长？乡土文化如何培育、转化青年志愿资源？

三　发展经历

（一）从 0 到 1：探索青年公益实践（2013~2017 年）

2013 年，在云南大理支教的美丽乡愁创始人彭婧与一位年近八十还坚持讲乡土故事的老人展开了深入对话。结合调研，她发现当地文化底蕴丰厚，却存在乡土文化失传、青少年家乡认同感缺失的问题。次年，她带着伙伴再次来到云南诺邓古村，带领当地小朋友开展了“我的村庄，我的故事”诺邓古村传承夏令营活动，“美丽乡愁”的种子也在此时悄然埋下。2015 年 2 月，美丽乡愁公益团队正式组建，心系乡土文化传承的他们，希望以行动促进改变，让更多地方“望得见山，看得见水，记得住乡愁”。

从 2013 年以大学生公益实践的头衔开展行动以来，美丽乡愁不断探索乡土文化传播传承的可行路径。而乡土文化的传承离不开文化教育，美丽乡愁团队开展活动的一条主线就是乡土教育。对云南省 30 所乡村小学 50 余名基层教育工作者开展研究后，团队针对乡土文化教育“师资”与“教材”缺失的问题，开启了古村传承人培养计划，研发设计“乡土教育 +”课程，先后为诺邓古村、祥云县、翁丁村等地编写乡土文化读本，初步形成了美丽乡愁品牌。

乡土文化公共传播是美丽乡愁的另一条主线。团队采用社会化共创的模式，发动了专家学者、大学生、志愿者、游客等社会大众的力量，对乡土文化进行挖掘梳理，建立乡土文化研究智库，并借助主题导赏、体验课程、沙龙论坛等乡土文化活动面向公众进行科普传播，探讨“公众参与乡土文化”的有效方式。乡愁的目光也开始放远，过去的乡愁始终聚焦农村，城市的乡愁却不为人所知。意识到这一点后，美丽乡愁关注了脚下这片“依水而生、因水而兴”的土地，上海水文化项目和《上海水文化读本》的编写由此开启。

这支由青年大学生组成的公益团队，在探索模式的路上难免面临挑战。初创团队面临着缺乏社会影响力，难以与其他组织达成平等合作，以及团队流动性过大、成员后继乏力、公益成效不高等问题。在困难的日子里，美丽乡愁仍然坚持为不同的历史文化名村梳理乡土文化、编写读本、组织开展冬令营和夏令营，以期推动乡村发生改变，得到更多来自社会的认可。当缺乏力量支持时，他们也会主动对接政府获取资源。同时，创始团队将自身专业知识融入团队运营之中，运用管理学的方法理念优化投入产出比，避免了一定的资源浪费，使公益行动更加高效和专业。

（二）沉潜扎根：梳理特色品牌项目（2017~2020 年）

从萌发于小小校园到步入广阔社会，美丽乡愁获得了更多关注与认可，也肩负起更为重要的责任与使命。相较于校园时期、初创时期的“青涩稚嫩”，在数年公益实践探索中积累了丰富经验的美丽乡愁明显有了进一步的成长，但是它并没有急于突破，而是选择对既有项目模式进行梳理归纳，对旧有不足进行弥补改进。

2019 年，美丽乡愁正值向社会组织过渡的转型期。意识到外部资源链接与专业技能培训对团队成长的重要性，美丽乡愁在杨浦社会组织公益基地的建议与支持下，参加了上海首届社会组织公益创业大赛，并获得公益团队类银奖。

大赛期间，围绕乡土教育与乡土文化公众传播主题，美丽乡愁开启了第一期涟漪行动，号召高校青年参与返乡实践，梳理家乡文化；推出“一方志”乡土教育课程盒子，输出优质内容；在诺邓、大营等地开展乡土文化创变营，探索当地文化共创方案。参赛期间的历练也促使团队成长，一个更好的美丽乡愁站在社会公众面前。

对于由青年大学生创业项目发展而来的美丽乡愁来说，社会组织（公益）总部基地和社会组织公益创业大赛提供了优质的平台与资源。大赛在后续能够继续推进参赛项目的实际转化，支持更多团队实现孵化转型。美丽乡愁消除了曾经力量微弱、话语权不足的危机，自身项目的精进优化、基地支持和大赛经历使团队影响力不断增强。其结识了许多公益伙伴，以共创合作的方式将乡土教育与乡土文化带入新的领域。同时，面对快速成长的压力，美丽乡愁积极调整团队发展方向，打造“乡土文化调研梳理、乡土文化教育赋能、乡土文化营造传播”三大文化服务板块。

在调研梳理板块，从2019年起，美丽乡愁联合联合国教科文组织亚太地区世界遗产培训与研究中心，面向高校青年发起“涟漪行动”，号召青年发挥力量开展家乡文化调研和在地行动；在教育赋能板块，美丽乡愁将PBL项目式学习与乡土教育结合，开创了“乡土文化创变营”模式，带领儿童梳理家乡文化，同时自主研发打造乡土教育课程盒子，为更多的乡村教师提供乡土文化教育工具；在文化营造传播板块，美丽乡愁首先着眼于脚下的上海，延续2016年的实践探索，以水文化为线索，借助共创读本、社区展览、上海水文化公益挑战营等方式实现文化共建。

在这一阶段，美丽乡愁坚持深耕、打磨各个品牌项目，在云南、浙江、上海多地留下了自己的脚印，也深深埋下了乡愁文化服务项目的“根”。

（三）从1到N：复制推广品牌模式（2020年至今）

2020年，美丽乡愁正式在上海注册成为一家社会组织，从自发形成的“公益团队”变成了接受监管的“社会服务机构”。美丽乡愁的发展，离不开内部积累与外部支持两大要素。从大学生公益创业团队变成真正的社会组织，一路走来难免遇到质疑的声音，在最困难的时候，美丽乡愁创始团队选择坚持，搭建赋能体系、整合团队资源、输出行业影响，实现了从项目型机构向平台型机构的转型，也一点点向社会传递了自己的声音；从2018年开始计划成立社会组织到2020年成功注册，美丽乡愁离不开社会组织（公益）总部基地和诸多指导老师的关心与帮助。

2020年以后，在形成“三步走”行动路径并在多地扎根积累的基础上，美丽乡愁进一步扩大了行动的范围、提高了行动的效度，在全国范围内推广、拓点。随着涟漪行动的扩大，乡土文化调研梳理跟随青年的脚步走到了更多地方。目前，涟漪行动已经开展至第6期，并延伸出“涟漪青年节”“涟漪PLUS”“涟漪青年论坛”等品牌活动，激起青年行动与家乡文化保育传播的圈圈涟漪。涟漪青年的身份也从最初的高校大学生群体，转变为包含学生、教师、文化行业从业者在内的多元角色。作为美丽乡愁探索的特色青年志愿者遗产推广项目，涟漪行动也在国际上亮相，获得了2022年度全球遗产教育创新案例“未来之星奖”。

乡土文化教育赋能的推广也在进行。自2013年团队创始人首次来到云龙诺邓古村起，美丽乡愁就从未停止过以乡土教育的方式柔性助力地区振兴的实践。2021年秋，经过长期的课程研发迭代和支持体系构建，“乡土教育水源计划”在同济大学的支持下诞生，该计划以学校乡土教育为抓手，通过提供标准化课程盒、开展赋能培训工作坊等形式，支持乡村教师开展乡土课程和文化营造活动，目前已支持全县15个乡土教育项目立项，覆盖10所中小学的88名乡村教师，更广更深地实践“乡土教育柔性介入乡村振兴”模式。

从上海到云南大营、河北涉县，乡土文化营造传播在乡土中国留下的点越来越多。围绕乡土文化品牌营造与文化赋能这一主题，美丽乡愁在全国城乡社区开启了“文化点亮城乡社区行动”。着眼于脚下的上海，美丽乡愁借助共创读本、亲子研学、社区展览、志愿者培育等方式，在新场古镇、平凉社区等地实现文化共建；在云南大营村，美丽乡愁联合非遗传承人、设计师、青年共创者打造“瓦猫乌米”系列文创品牌，通过设计营造村落空间助力当地文旅发展；在河北王金庄村，美丽乡愁向当地妇女开设村民传播能力建设工作坊，引导她们发掘乡土智慧、讲好乡土故事，推动家园故事的导赏宣传。美丽乡愁的组织发展阶段如图1所示。

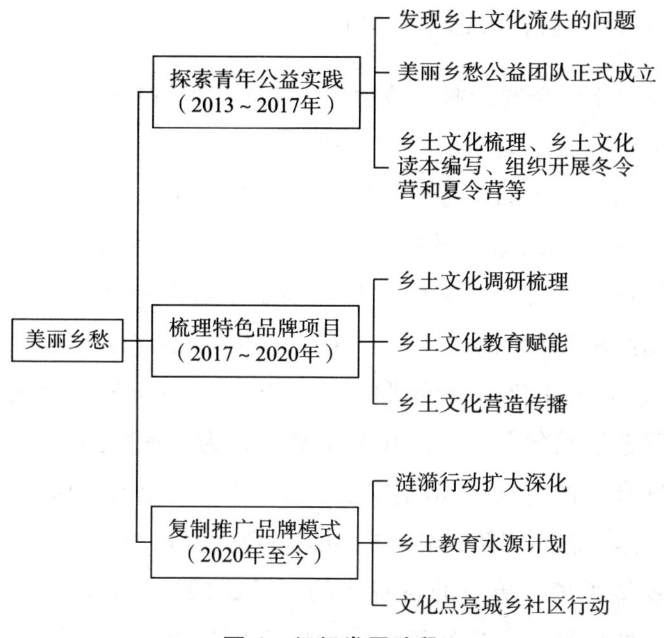

图1　组织发展阶段

四　经验启示

（一）柔性扶贫，助力乡村振兴

乡村振兴是实现高质量发展的“压舱石”。近年来，越来越多的社会力量在脱贫攻坚、乡村振兴领域发挥积极作用。然而，在乡村振兴政策宣传如火如荼的大背景下，农村青年不懂农村、不爱农村、逃离农村的情况仍然屡见不鲜。

美丽乡愁创始团队认为，公益不是单纯的给予或是帮助，而是应该寻找替代性方式，通过增强当地人与家乡的联结和对家乡的认同，促进当地的内生发展。基于此，美丽乡愁以补齐乡土教育短板、增强当地青少年的家园认同为先，依托自主研发课程盒、创新打造项目式学习创变营、赋能儿童梳理家乡文化等一系列可持续的家园行动，在乡村振兴道路上开创了极富特色乡土文化教育“柔性扶贫”模式，让“振兴乡村教育”和“教育振兴乡村”的良性循环得以实现。

（二）输出内容，传递公益之声

从校园孵化而来的美丽乡愁始终怀揣着高校青年团队的初心与使命，力图带动更多社会力量了解公益创业、认识乡土文化。在践行美丽乡愁行动理念的同时，美丽乡愁也积极探索自我革新与转型的方向，将积累的行动工具与公益模式向外输出，从自我行动走向社会共创。

在多年行动过程中，美丽乡愁积累了丰富的专业知识与活动经验，对过去行动经验进行归纳梳理后，在三大板块推出具有自身特色的行动方式。“一方志 · 文化拾萃调研包”“一方志 · 乡土教育课程盒”“一方志 · 文化营造活动包”等标准化的工具包在为其他社会力量参与乡村振兴提供标准高效的行动方案的同时，也降低了乡土文化保育的门槛，引领更多的个体、志愿团队、驻地机构参与乡村振兴的公益行动。

美丽乡愁脱离了单一的自我行动，尝试探讨“公众参与乡土文化”的可能性，如以展览、论坛等方式面向高校学生、专家学者、市民公众展现“涟漪 · 家园：百名青年家园水故事”，将乡土文化梳理成果向社会更大范围传播。

（三）赋能他者，凝聚青年力量

对于美丽乡愁来说，青年既是文化服务开展的对象，也是开展文化服务潜在的志愿者、传承者、传播者。美丽乡愁从过去的几人小团队，到现在拥有上千参与者的社会组织，与其开源协作、赋能他者的选择有关。

只有青年传播家乡的声音越响、反哺家乡的信念越坚，乡村振兴的道路才能越走越远。秉持着“培育文化遗产保护传承的青年种子”的初心，为长期培育乡愁核心志愿者，美丽乡愁开展“创觉新青年”文化保育使者培养计划，并在一次次模式的迭代升级中，形成了“涟漪行动六步走”工作方法，带动越来越多的青年接触美丽乡愁、参与更多项目。面向全国的“涟漪行动”也发生着“涟漪效应”。一批批涟漪青年借助乡愁平台走入家园的乡土文化，他们记录、交流、共创、传播，带着传承传播家乡文化的火种，影响带动着越来越多的乡村在地力量。

怀揣着校园时期萌发的公益愿景，美丽乡愁自初创时不断探索积累，主动寻求大赛与基地等平台的支持帮助，如今终于成长为一个能够赋能他者、输出力量的公益组织。从西南乡村到江浙古镇，从上海的一江一河到全国 34 个省级行政区的山川湖海，美丽乡愁在乡土文化保育的河流中慢慢前行，激起遗产保育接力的涟漪、地方文化营造的涟漪和社会力量共同参与的涟漪。未来，美丽乡愁还会继续坚持汇聚能量，探索乡土文化品牌项目的可持续运作，用创新的方式带动更多青年成为乡土文化的传播者，在乡土中国延续村落乡愁与城市文脉。

女性社会组织的项目延展之路：上海海蕴女性创业就业指导服务中心

女性创业就业、女性成长和女性友好是海蕴女性创业就业指导服务中心关注的核心议题。在大赛平台的组织赋能培训下，海蕴得到了进一步的成长和发展，如专业性提升，组织定位明确，并形成了更加系统的项目开展流程和发展规划。海蕴女性创业就业指导服务中心进一步以赛事经历为契机，同大赛评审组展开深度合作，获取女性成长议题下的多样化专业支持。通过大赛平台对接公益基金会，为组织发展提供社会化资金支持，并获得体系化、综合性的成长支持。海蕴女性创业就业指导服务中心的经历告诉我们，以赛事活动为起点，推进发展期社会组织向成熟稳定期社会组织的多维度方向转变，是链接各种社会资源、发展壮大自己的有效途径。

一　基本概况

上海海蕴女性创业就业指导服务中心（以下简称“海蕴”）成立于2016年2月，是上海第一家由妇联主管的女性创业就业指导服务中心。多年来，海蕴致力于为女大学生、职场女性及女性创业者提供系统性、创新性、实践性的创业就业知识技能指导咨询，帮助女性拥有独立事业并获得持续成长；致力于成为整合资源、推广社会公益、服务于女性群体，以及辅助政府部门更好地开展女性创业就业服务等活动的践行者；致力于以“女性发展”为抓手，营造女性友好的社会环境，助力打造社区幸福生活，促进社会经济可持续发展。

目前，海蕴形成了“女性创业五步法”、创业能力测评、“紫玉兰”女性创业培训课程体系、私董会、创业大赛、女性创业专访、商业模式辅导、专家面对面和优秀企业参访游学等核心产品和服务，汇聚了数千名优秀女性创业者，正在为更多女性创业者提供持续的指导、培训、咨询和服务。经过多年实践，海蕴已拥有“紫玉兰”女性企业成长计划、“孕育乐享”丽人创业计划、“俪人创客”女性创新创业大赛、“创懿黄浦荟”创业女性成长计划等多个品牌项目，持续不断地为创业女性提供系统性、针对性的帮助和指导。

2019 年，海蕴参加首届上海社会组织公益创业大赛，荣获社会组织类铜奖。大赛期间，组委会开展的赋能培训为海蕴提供了很大帮助。徐本亮老师的提问——“你们到底是一个什么样的社会组织”引发了海蕴的深入思考，从而帮助其解决了对“如何展现项目成效”这一问题的困惑；一对一辅导也让海蕴拥有了与导师近距离对话、解决针对性问题的宝贵机会。同时，通过创业大赛这一资源整合平台，海蕴链接了丰富的资源。通过海蕴的宣传引介，一些女性创业学员了解到创业大赛这一平台，其中“益路同行”荣获第三届大赛社会组织类金奖、“育见爱”获得公益团队类银奖，而且也有团队在参加大赛后成为海蕴的学员。

二　问题挑战

海蕴是专注女性创业和女性群体发展领域的社会组织，女性发展作为包含多维要素和不同方面内容的大议题，也为海蕴带来了不少关于组织的定位和发展规划的困扰。除此之外，新冠疫情期间，外部风险也使无论是在自身发展还是在服务方式上，海蕴都需要进行重新思考和转型。女性专题品牌的孵化带来组织发展环境的变化，公共卫生风险也给社会组织带来外部环境的巨大变动。

（一）组织身份定位

以女性友好为发展理念和定位的社会组织，如何明确自身角色定位，将女性友好、女性社群关注融入现实场景，展现项目成效？

（二）外部风险化解

面对疫情等突发外部冲击，关注特殊群体的社会组织如何及时转变服务方式，灵活应对各类风险挑战，提升组织自身韧性？

（三）社会生态营造

在女性创业等系列项目开展过程中，关注特定女性群体或女性个体发展的行动，如何营造对女性友好的社会环境和社会生态，赋能女性发展？

三　实践发展

（一）关注女性成长，孵化特色品牌项目

成立之初，海蕴的首要任务是了解项目需求、做好产品服务；紧接着，基于实践逐步建立起产品标准和服务流程，将输出成果规范化；随后，初步形成品牌项目，提升团队竞争力和影响力。到 2019 年，海蕴基本实现了从 0 到 1 的突破。

从 2017 年起，海蕴承接了普陀区“孕育乐享”丽人创业计划。“孕育乐享”丽人创业计划聚焦女性灵活就业，通过女性创业大赛汇聚优质项目、开展赋能活动，为普陀区女性创业者提供可持续的专业指导，引导女性创业者贡献巾帼力量，共同营造有温度的幸福美好生活社区。经过多年实践，普陀区女性创业氛围日益浓厚，创业热度持续提升，创业服务不断深入。

海蕴的品牌项目之一“紫玉兰”女性企业成长计划正式启动于 2019

年，该项目旨在为非沪籍在沪创业女性提供公益免费女性企业成长系列培训课程及针对性帮扶指导。在每一期培训班开班期间，海蕴都通过课程培训、主题沙龙、私董会、一对一辅导等形式赋能创业女性，课程内容涵盖创业思维、产品与服务创新、市场营销、财务管理与融资、创业团队、商业模式、数字化转型和团队共创等创业涉及的各个模块，帮助创业女性补齐知识短板，建立系统化的创业思维。

除此之外，海蕴还与上海市妇联、临汾市妇联、普陀区妇联等开展合作，为创业女性提供专业培训和亲切关怀，成了众多创业女性、职业女性的温暖家园。

（二）提升组织韧性，应对内外环境变化

2020 年，面对突发疫情，海蕴成功将挑战转化为进一步发展的机遇。在疫情影响下，许多女性创业者的中小微企业都受到多重冲击。面对这一问题，海蕴及时开展女性创业者需求调研，充分了解女性创业者在疫情期间的状态以及女性创业企业帮扶需求，并根据调研数据及时提供有针对性的帮扶措施。以“疫情下的上海财税新解”“疫情期间女性企业发展危与机”等为主题的线上活动相继开展，“业务数字化提升”“线上产品与线下产品的结合”等线下工作坊、私董会也成功举办。同时，团队内部变动也是海蕴在这一时期面临的一大考验。基于先前的扎实基础，海蕴及时引进人才、打磨团队，实现了协作能力的提升。

疫情期间，海蕴展现出强大的组织韧性，服务规模不降反增。一方面，“孕育乐享”“紫玉兰”等品牌项目实现了延续和升级。海蕴在多年的项目实践中发现，许多女大学生勇于开拓创新、追求新生事物，她们也有着多元的创业需求。于是，海蕴积极对接高校，深入了解女大学生创业群体的需求并提供有针对性的赋能服务，包括与华东师范大学女大学生创业者合作孵化建立以女大学生为主要服务对象的创业就业平台、指导开展兰心汇智女大学生就业创业指导论坛等。2022 年，“孕育乐享”丽人创业计划大赛总结仪式暨上海市女大学生创新创业大赛启动仪式顺利举行，得到了新华社、腾讯财经、中国女性网等多家媒体的关注和报

道。另一方面，海蕴显著拓展了业务范围。浦东新区“俪人创客”女性创新创业大赛、市妇联公益创变客女性创业“点亮”计划、静安区“静享启程”女性灵活创就业计划项目、“创懿黄浦荟”创业女性成长计划、“青瑛汇创”创业女性发展计划等纷纷落地，并逐年拓宽业务范围。以2022年“俪人创客”女性创新创业大赛为例，海蕴为34组预赛选手提供4次培训，为16组决赛选手提供导师一对一结对、专访、视频宣传等服务，挂牌1家“俪人创客”之家，举办线上线下共19场活动。

（三）拓宽发展视角，营造女性友好新生态

在赋能创业女性个体成长之外，海蕴积极探索新的服务模式和产品输出，从多维度推动女性友好营商环境的形成，托起巾帼创业的梦想。

女性友好园区建设是女性创新创业生态建设中不可或缺的重要一环。依托多年服务创业女性的经验，在亚洲基金会的支持下，海蕴邀请各创业园区共同参与女性友好园区建设的讨论，通过案例模拟、专题讲座、实地考察、角色扮演工作坊等形式明确了女性友好园区建设的可行性和发展方向。

基于多年服务创业女性的经验，结合创新创业发展新形势，海蕴开展了培训师培训项目。培训师培训是一种共创、汇聚、集合后的再出发，通过“透过性别看社会”“性别经济学及国际视野”“线上授课的关键元素”“教学理念与授课艺术”“高效能课堂共创工作坊”等课程，使培训师成为更懂女性创业者、更会讲课、更受欢迎的创业指导专家。如今，推动性别平等和女性友好已成为跨越文化、跨越国界的人类共同价值观和愿景。从这一角度来说，培训师培训具有尤为重要的意义。

为充分总结过往项目的宝贵经验，为进一步发展奠定基础，海蕴将女性创业案例编纂成书，出版了《上海女性创业典型问题与案例：激发爱与美的力量》《数创时代向善向美——上海创业女性案例与访谈录（2019—2022）》两本案例集，案例集包括社会组织和女性创业的典型问题、女性创业访谈、女性创业调研及提案报告等内容，能够为更多创业女性提供借鉴。

四 经验启示

（一）多样化支持，打造女性发展平台

支持女性创业是促进女性平等参与社会经济的不可或缺的一个方面，女性创业潜力的释放将推动社区生活和谐幸福、社会经济快速发展。近年来，新冠疫情对社会经济发展和社区居民安居乐业提出了挑战，加深了女性在经济领域的困境。而“三孩”政策推行之后，女性发展权与生育权如何平衡的问题更是受到社会广泛关注。

海蕴以女性为服务对象，以“为女性拥有独立事业和提升社会地位而努力”为组织使命，在发展中始终不忘初心，致力于成为创业女性的温暖家园。疫情期间，海蕴邀请具有心理学专业背景的各界女性代表持续制作女性视角下的谈话类播客节目“小阿姨们的茶话汇 Miss Talk”，关注疫情下的女性心理。同时，海蕴也密切关注疫情封控下校园中的女大学生群体，得知女性生理期用品供给存有较大缺口的信息后，与女性创业学员社群——“紫玉兰”校友会共同协商，为华东师大捐赠了 167 箱共计 6012 包卫生棉。物资捐赠顺利完成后，“紫玉兰”校友会还将剩余捐赠款捐给华东师大基金会，为老师同学们战胜疫情助力加油。

关注社会需求和相关公共政策，在制度变迁中寻求发展机遇。海蕴通过多样化活动为不同身份、不同成长阶段的女性群体提供全方位支持，打造女性发展平台也是社会组织持续赋能、提升品牌效应和社会影响力的有效方式。

（二）长效化探索，扩大已有品牌影响力

从 2019 年起，“紫玉兰”项目共开设了九期培训班，服务了 300 余名女性创业者，已形成一个初具规模的创业社群——“紫玉兰”校友会。“紫玉兰”校友们在微信群内开展日常沟通，通过微信公众号了解活动资

讯，在每年年末的年会中齐聚一堂，已是一个有战斗力、有创造力、有感召力的团队。

2022 年，基于妇联的认可，海蕴将“紫玉兰”校友会转变为一个“正式组织”。9 月 30 日，“紫玉兰”女性创业成长营妇女联合会成立，同时第一次妇女代表大会顺利召开。“四新”组织妇联的成立，将进一步凝聚“紫玉兰”女性企业成长计划学员及更多的创业女性，激发女性活力，挖掘女性潜能，推动女性友好社会的形成。

长效化机制的持续探索和发力，在不断优化项目服务方式的同时，能够扩大社会组织及其项目品牌的社会影响力。处于成长阶段的社会组织应该避免只关注单个项目的短期效应，一味追求项目创新，忽视既有项目总结，要在深耕专业领域的过程中打造优质项目品牌，进而不断提升品牌社会认同和影响力，构建机构和项目成长的可持续发展模式。

（三）通过系统化视角，构建女性友好新生态

随着实践的深入和组织的发展，海蕴不再仅仅聚焦于赋能创业女性个体，而是将视角扩大到整个社会，提出要建立女性友好的社会生态。海蕴将女性友好的理念划分为园区、企业、品牌、师资、平台五个维度，分类分步推进社会生态的形成。海蕴首先将女性友好园区作为切入点，积极推进女性友好园区建设的相关工作。除了邀请创业园区参与主题沙龙外，还依照新修订《妇女权益保障法》，推动《女性友好创业孵化园区建设指南》的编纂工作，从氛围与空间环境、创业与赋能、活动与行动、展望与机制等方面为园区建设提供参考。

扩展专业视角，以专业项目实践推进对社会治理等的进一步思考，是社会组织打破成长瓶颈的创新思维方式。“坚持男女平等基本国策，保障妇女儿童合法权益”，是党的二十大报告对新时代妇女工作高质量发展提出的新要求。未来，海蕴将为各类创业女性提供有温度、高质量、专业化的服务，在全社会营造女性友好的良好氛围，为社区发展和经济建设注入巾帼力量。

民族文化传承的持续深耕之路：上海杨浦区恩三民族文化传播中心

杨浦区恩三民族文化传播中心是以文创产品传承民族文化、带动社会就业的初创类社会组织。它将无障碍非遗、乡村振兴与传统民俗相结合，打造民族文化传播交流的创新方式。在公益创业大赛中，杨浦区恩三民族文化传播中心以赛事经历锤炼组织项目和产品设计，在发扬民族文化的同时为残障群体赋能。大赛也为杨浦区恩三民族文化传播中心提升组织发展能力提供关键联结通道，推动其综合能力提升。杨浦区恩三民族文化传播中心也通过“一村一品”“留学生看非遗”等项目，打造了“无障碍非遗＋乡村振兴＋传统民俗”民族文化输出与交流的新方式，通过民族文化的传播，逐步形成体系化、成熟化的特色品牌项目。

一　基本概况

上海杨浦区恩三民族文化传播中心（以下简称“恩三民族”）成立于2019年10月17日，其筹建于茗校圈圈这一高校创业项目，多年来始终致力于中华民族文化的推广和传播。在深耕民族文化的基础上，恩三民族不仅通过在社会多维度传播中华民族文化，打造了“无障碍非遗＋乡村振兴＋传统民俗”的民族文化输出与交流新方式，为社区和企业策划以民族文化为主题的课程和文化活动及培训内容，还为民族特色产品的销售搭建起桥梁，拓宽其宣传渠道，实现以民族文化和产品为抓手的精准扶贫。通过一系列传播发扬民族文化的服务举措，恩三民族让优秀的中国传统民族文化有了更多传播到世界各地的机会。同时，这种民族文化的传承与传播方式也为残障者等弱势群体提供了就业机会，还推动了民族偏远地区乡村振兴与发展，取得了多赢的社会效益。

经过数年的发展，恩三民族形成了无障碍非遗、社区中外融合活动、驻村计划、我在家乡看世界、乡村赋能、线上分享会、我们的行走等多个核心项目和服务。其中，无障碍非遗作为其品牌项目取得了优秀成果。恩三民族抓住了残障青年在社会中处于缺少关注的边缘地位和非遗传承困难重重这两大痛点，结合其自身在民族文化方面深耕多年的优势，提供了以无障碍非遗技艺传承为主的新式残障青年就业创业指导服务，促进残障青年通过学习多元化非遗技能提升个人竞争力，在传承非遗文化的同时实现创收就业。

自成立以来，恩三民族在传承传统民俗与非遗方面，面向企业、公益组织与政府开展了上百场以民族文化及非遗技艺为主题的公益文化沙龙及培训课程；在乡村振兴方面，在少数民族特色村寨和当地政府合作建立社工站，赋能当地少数民族手工艺者，帮助其创新产品；在无障碍非遗方面，培养残障青年非遗技能并挖掘非遗传承人，同时丰富残障青年多元化就业选择，帮助残障青年实现人生价值。通过自身的逐步创新探索，恩三民族不断克服发展过程中的诸多困难，持续追求新的突破。

2019 年，恩三民族的前身茗校圈圈作为公益团队参加了首届上海社会组织公益创业大赛，并荣获公益团队类铜奖。历时六个多月的比赛为恩三民族带来了来自各界的指导关切与资源支持，大赛官方提供的各类赋能讲座也让恩三民族受益良多，为恩三民族的宣传筹办及组织的正式注册提供了很大帮助。大赛结束后，在各方支持下，筹备多月的恩三民族于 2019 年 10 月正式成立为以文化为载体，进行文化推广传播的社会组织，入驻了杨浦区社会组织（公益）总部基地。此后，杨浦区社会组织（公益）总部基地也持续为恩三民族提供了场地、资金等各方面资源的长期支持，助力组织发展。

二　问题挑战

传承民族文化，整合多样资源。恩三民族在发展过程中经历了从初期探索到赢得多方认可、获取资源支持的漫长阶段，以文化传播为组织目标的恩三民族不仅面临项目认同和社会接纳度的普遍难题，还遇到了不少新情况、新问题。

（一）转型发展难题

恩三民族最初作为依托高校平台形成的公益团队，通过链接校园资源与高校进行了民族文化系列合作，在转型成为社会组织的过程中，高校公益团队应该如何拓展发展领域，以社会组织身份建立多元合作关系？

（二）品牌打造难题

弘扬民族文化、推进民俗民艺传承和推广近年来获得了一定关注，但如何以创新形式呈现、推广民族文化也是传承过程中的关键问题，民族文化的相关主题如何与不同领域议题有机结合，创新优质内容输出方式，在资源整合中推进民族文化的传播？

（三）环境适应难题

疫情期间，各类线下活动被迫暂停，恩三民族的深度体验研游学、国际交流等项目也不得不被搁置，项目开展乏力背景下恩三民族面临生存危机，面对高度不确定、不断变化的国内外环境，社会组织如何建立核心品牌，提升组织韧性和应变能力？

三　实践经历

（一）立足民族文化，从公益团队发展为社会组织

恩三民族最初是创办于 2016 年 7 月的“茗校圈圈”公益平台，其

成立初衷是传播发扬中华民族文化，通过民族文化“走进高校”和学生“走进村寨”相结合的方式，创新民族文化垂直整合理念。团队设计了高校公益课程与文化体验、中外大中小学生社会实践、民族文化深度体验研游学等一系列活动，推动了民族文化的资源整合和传播，促进了少数民族民俗民艺的传承与推广。其初期主要与高校合作，通过授课讲座和活动体验等形式为高校建立文化体验基地，促进民族传统文化艺术的传播与中外文化的融合。除此之外，其还与携程旅游等达成战略合作协议，共同推进民族文化的发展。

自成立以来，恩三民族推出了为偏远地区学校提供素质教育的“我在家乡看世界”，通过一系列活动赋能民族村寨的“一周一村”，以及带领留学生深入村寨了解民俗文化与非遗技艺的“驻村计划”等多个品牌项目。2019 年 10 月，在参加上海社会组织公益创业大赛并获得公益团队类铜奖后，恩三民族正式从公益团队发展为社会组织。

通过对 30 多个少数民族、100 多个少数民族村寨进行走访调研，挖掘鲜为人知的民俗文化与即将消逝的传统文化技艺，并将上百节非遗课程带入上海各大高校，恩三民族不断进行可持续的文化资源整合和传播运作，探索适合乡村文化、民族文化发展的道路，推动民族文化走向世界，并在此基础之上建立了坚实的组织基础，促进了组织的初步发展。

（二）拓宽发展领域，增加多维度服务内容

在深耕民族文化的基础上，恩三民族与很多传统手工艺者建立了深度联系，并在企业的支持下，将其与帮助残障青年就业发展的社会关切相结合，进一步打造了“无障碍非遗”的文化输出与交流新方式；同时，还与基金会和当地政府展开合作，作为第三方深度参与云南等地民族文化村寨的乡村振兴工作，形成了“文化传承助力残障者就业”与“文化传承助力乡村振兴”两翼一体项目体系，在既往服务活动的内容上逐渐摸索探寻，推出了多维度的模式化品牌项目。

恩三民族的品牌项目之一“无障碍非遗”开始于 2020 年，其将非遗保护传承事业与残障青年的就业需求相结合，围绕非遗技艺定制开发专

属残障青年的课程，搭建平台整合手艺老师、残障青年、非遗基地与企业等资源，助力残障青年学习提升技能，在创造传承非遗优秀文化的同时，共创残障青年的社会融合新模式，从而帮助非遗技艺和民族文化在更大范围内得到传承、传播和推广，也帮助残障青年获得实际收入和实现自我价值。在“无障碍非遗”项目开展过程中，恩三民族不断调整活动内容以让更多的残障青年参与其中，帮助他们能够真正做到学有所成，其中部分优秀学员还被吸纳进恩三民族，成了组织成员。从 2021 年 11 月到 2022 年 8 月，在安徽李恩三慈善基金会资助下开展的集光计划帮助 10 名残障学员通过考核，并顺利拿到 200 个刺绣订单，在非遗刺绣基地与残障青年之间搭起了桥梁。

在“无障碍非遗”项目之外，恩三民族还与企业、基金会等合作开展了多次“文化传承助乡村振兴”的公益项目，如前往云南省普米族罗古箐村、玉狮场村、龙潭村等地，通过实地探访与调研，为少数民族村寨的文化传承和特色产品的设计与销售提供支持，找寻少数民族偏远村寨今后的发展方向。同时，恩三民族也积极找寻民族文化与科技之间的结合点，发展数字文创，以科技助力传统文化活态传承，实现用“文化 + 科技”助力民族文化产业发展。

（三）应对内外变化，调整创新阶段发展策略

2020 年以来，恩三民族受到疫情的冲击较大，许多项目都搁浅停滞，其较为成熟的高校推广和国际交流方向项目暂停，“驻村计划”等项目的原定活动也受到影响执行困难，机构收入骤减，面临着巨大的生存压力和挑战。面对资金短缺以及管理团队巨变等重重困难，恩三民族及时调整策略，主动求变，在上海建立起核心品牌项目以增加可控性，并将部分项目从线下转移到线上，利用媒体平台进行“一周一村”专题直播，研发开展线上非遗刺绣技艺课程直播与线上社群运营，并借此机会拓展无障碍非遗数字化发展。在逐步摸索探寻中，恩三民族将各类新的项目整合起来，开始了模式化的发展。

此外，恩三民族还积极与区残联、街道残联、阳光基地、仁德基金

会、非遗刺绣基地以及支付宝等企业对接，如与支付宝公益及仁德基金会合作启动“文化传承助残就业”等公益项目，开展妇联“创变客”非遗刺绣助残青年创业就业“守艺计划”，以及参加杨浦区社会组织公益创投大赛等，不断寻求各类资源以推动项目持续开展，提升自身在公益社会组织中的知名度和认可度，为组织发展提供支持并探索新的出路。

四　经验启示

（一）深耕民族文化领域，提升组织专业性与代表性

恩三民族始终坚守创办初衷，抓住民族文化传承缺少社会关注、发展出现断层甚至消亡这一社会问题，将继承与传播优秀民族文化作为自身发展的基点，以民族文化为根延展自己的发展领域。通过多年来对30多个少数民族、100多个少数民族村寨的实地探访与挖掘整理，恩三民族对民族文化的了解和认识不断增进，累计制作了100多个民族文化课件，结识了100多位少数民族手工艺者，打造了100余个非遗传承人基地，形成了丰富的相关资料积累与优秀的残障青年团队，这使其在这一领域的专业性得到提升，逐渐发展成该领域较有代表性的组织，得到了政府与其他合作伙伴的认可。

通过对民族文化的持续深耕，恩三民族在发展过程中打造出自身的品牌特色与核心竞争优势，这为其后续多元化服务内容的拓展与延伸打下了坚实的基础。

（二）注重组织发展灵活性，及时调整各阶段战略

恩三民族在发展过程中充分把握自身作为社会组织的灵活性，在组织发展的各个阶段都能够根据内外部环境的变化与组织发展的需要，以及组织成长的过往经验，及时调整组织的发展策略，对活动领域与服务内容做出适当调整，以确保组织能够应对风险挑战，实现可持续发展。

当组织发展面临转型突破时，恩三民族能够抓住时机把握资源，从公益团队发展为正式的公益社会组织；当组织发展面临外部的挑战困

境时，原有品牌项目进程中断；当组织发展难以为继时，恩三民族也能够转变思路，对服务范围与活动形式做出适当的调整或补充，在外部契机支持下主动去尝试开展新的项目，并通过自身努力将新项目进一步模式化运作为新的品牌项目，为组织发展拓宽空间，从民族非遗传承走向更丰富多元的发展道路。组织的灵活性与自身主动的探索求变，使恩三民族能够更好地应对其在发展过程中遇到的环境变化，从而得到更好的发展。

（三）积极拓展社会网络，广泛链接资源

恩三民族在发展过程中注重拓展自身的社会网络，通过多元渠道链接资源，其不仅在民族文化的实地调研中与各类非遗基地及传承人之间建立了密切的联系，还与民政部门、各级残联妇联、公益孵化平台、多个基金会、高校、企业等都积极地建立并保持长期联系，从而为组织的发展获取了各类资源。根据自身的发展需要，恩三民族积极提升与各类主体的合作能力，拓展社会网络，为其进一步链接多元主体的差异化资源提供了可行途径。

在开展各类项目过程中，不同合作方能够为恩三民族提供资金、场地、人员等各种资源支持，恩三民族也能够在此基础上进一步与企业等形成固定合作关系，从而保证项目形成长期稳定的发展模式，让项目团队能够快速复制、快速搭建，推动各类品牌项目的可持续发展，保障组织的良性运行。同时，恩三民族自身也成为联结非遗基地与残障青年等需要帮助群体之间的重要枢纽，在提升组织社会效益和公益认可度的同时，也为组织下一步的发展与规划提供了契机，帮助组织实现了更快成长。

通过长期对中华民族文化的传承发扬和传播推广，恩三民族致力于以多维度方式创新打造“无障碍非遗 + 乡村振兴 + 传统民俗”的发展模式，在创造了多重社会效益的同时，也为组织的发展提供了广阔的空间，使其逐渐发展为领域内具有代表性的公益社会组织。

司法社会工作的品牌成长之路：上海远周青少年发展指导中心

从大赛经历和组织成长来看，上海远周青少年发展指导中心的发展与公益创业大赛有着紧密联系。三届大赛的参与经历为其未成年人帮扶、青少年普法教育等项目积累了丰富的经验，为后续拓展项目的服务领域奠定了基础、指明了方向。防治青少年犯罪的公益项目也通过大赛获得辐射效应，在提升影响力的同时拓展社会化资源筹集渠道。上海远周青少年发展指导中心也得以将青少年帮扶治理的项目落地具体社区场景，在持续开展过程中打通街镇落地网络，在获得资金支持的同时，依托三级支持网络，形成多案例多场景的联动服务模式。赛事参与也给予组织更多促成双向互动、建立多元合作伙伴关系的可能。

一　基本概况

上海远周青少年发展指导中心（以下简称“远周”）注册登记于 2017 年 10 月 20 日，是一家民办非企业单位，法定代表人和理事长为袁帅，业务主管单位为上海市宝山区人民政府友谊路街道办事处。远周是由创始人名下的远周集团转型而来的，目前远周主要从事的服务项目为挽救涉罪未成年人，在此目标下远周建立了一个较为完善的帮扶团队。基于

“挽救因冲动、无知而犯罪的未成年人”的初衷，帮扶团队的基本功能是提供非营利的社会服务。远周的服务对象为未成年群体；服务内容为帮扶涉罪未成年人，提供未成年人预防犯罪教育；服务目的在于“对于涉罪未成年人，通过完善的帮教模式，帮助他们更好地回归社会”；服务方式是“通过普法教育，从源头上解决青少年犯罪问题，并加强青少年的防御意识”。

“任重道远，周以渡人”是远周发展的组织理念，远周致力于解决未成年群体的犯罪问题，推广自身的帮教模式和经验，辐射全国。目前，远周已经取得了一定成就，获得了社会认可。第一，远周的主要服务对象——涉罪未成年人——通过“远周计划”的观护之后，回归社会的再犯罪率为0；第二，着力实施对未成年人的普法教育，特色普法项目“远周小课堂”已开展900余场，受众29万人，该项目在杨浦区的中小学进行每月一次的宣讲；第三，组织具有良好的社会影响力，不仅曾获得参与未成年“二法一制度”草案修订的机会，而且自身经验也被推广到第十四届世界和平论坛上；第四，荣获多项含金量较高的奖项，如中国教育创新成果公益博览会最高奖、中国“互联网+”大学生创新创业大赛总决赛“青年红色筑梦之旅”赛道金奖。这些模式和经验的传播可以帮助更多人了解犯罪未成年人教育和帮扶的重要性。

2019年，远周参与首届上海社会组织公益创业大赛，荣获社会组织类银奖。通过大赛，远周入驻公益孵化基地，与上海公益创业基地签约合作，推动远周中心的品牌宣传，共同努力打造代表上海公益品牌项目，扩大了远周的知名度与影响力。在基地的帮助下，远周成立了“远周防治未成年犯罪研究室”，这使远周正式向科研领域进军。2020年，远周还参加了第二届上海社会组织公益创业大赛，同样获得银奖。2022年，远周“防治未成年犯罪”项目获杨浦区社会组织公益创投大赛社会工作创新项目奖。远周通过三次公益大赛，拓展了服务领域，不断深化与完善帮教模式，与更多社会组织进行合作，例如，远周与共青团、卫健委合作成立了一个为有心理问题的家庭和孩子提供心理咨询服务的民非组织；成立远周人才专修学院。未来远周还将进一步拓宽覆盖面，覆盖更多检察院，并将工作从检察院进一步延展到公安、司法等系统，推动建立律师协会、社区组织、心理协会等跨行业跨领域未成年帮教联盟，共同参与挽救涉罪未成年人，推动更多民非组织参与未检工作。

二 问题挑战

作为面向未成年人的普法帮扶机构，远周具有关注特定人群、特定领域的专业特色，并能够在社会组织实践、公益服务中为相关领域的研究提供支持，理论指导和实践经验相辅相成，也是远周不同于其他类型社会组织发展的特色成长路径。然而，远周的独特性以及关注领域的特殊性也使其在专业探索和发展过程中经历了不少挑战。

（一）领域创新挑战

远周成立以来最大的挑战在于对涉罪未成年人帮扶的领域相关经验和已有研究都较少，资料匮乏、针对性辅导案例缺失。例如，对于有伤害倾向的孩子，在派出所、精神卫生中心、孩子父母都没有办法解决的情况下，远周应该怎样做出诊断并设计出解决方案？

（二）科研合作挑战

与科研挂钩、做脑部分析都是远周成立伊始的难点。涉罪未成年人环境、心态、行为的改变等都需要特定的设计，所以在改变的过程中，配备不同的老师和物资，积累丰富的科研合作经验是远周在深耕专业领域过程中需要解决的问题。

（三）资金欠缺挑战

远周作为关注涉罪未成年人的社会组织，在发展过程中如何链接多样化资源，在未成年人普法教育等相关领域产出优质成果，如何可持续深耕专业领域，都是作为专业型成长组织的远周在发展过程中面临的关键问题和挑战。

三 发展经历

（一）初创探索时期（1991~2018 年）

虽然远周在 2017 年才正式登记注册为民办非企业单位，但是其已经有了数十年历史。正式登记之前，创始人袁帅的父亲一直在参与挽救检察机关托付的涉罪未成年人的工作，其后袁帅接手了这项事业并做出了创新性的成果。2017 年，远周登记为民办非企业单位，此后重点从事挽救涉罪未成年人的工作。2018 年 5 月 31 日，上海市宝山区远舟未成年人社会观护基地揭牌成立。该基地是由宝山区检察院与远周合作成立，双方将共同实施“远舟计划”，为涉罪未成年人进行帮教、考察和心理疏导，帮助他们更有效地回归社会。远周指导中心于 2018 年入驻华东师范大学大学生创新创业基地，在创新创业学院导师的指导下不断发展和壮大。

在这一时期，远周虽然没有正式登记为社会组织，但是一直在帮扶未成年人犯罪领域积极探索和实践。组织创始人的认知差异一般会影响一个社会组织的成长行为及结果，远周创始人的个人特征是该组织成立和发展的直接影响因素。创始人的经历和知识、经验积累是社会组织初创期不可缺少的资源，先前的学习和实践经验使创始人形成对社会服务事业的预判力，可以预测组织所处的环境，识别组织成长的阻碍因素和促进因素，从而创造和利用新机会，以增强组织的社会价值。另外，合法性也是影响社会服务组织成长环境不断完善的基础因素和保障条件。总体来看，合法性作为一种权威和价值系统，具有强大的约束力量，能够规范社会服务组织的行为，继而影响社会服务组织后续的成长轨迹。

（二）品牌打造时期（2019~2020 年）

2019 年远周与上海公益创业基地合作，将公益与科研相结合，成立“远周防治未成年犯罪研究室”，使观护帮教研究工作更成体系、更为深入。此次合作对远周意义深远，意味着其正式向科研方向发展，拥有了自己的专利和演练系统。同年，远周获第五届中国“互联网 +”大学生创新创业大赛总决赛“青年红色筑梦之旅”赛道金奖，并获孙春兰副总理亲自接见，获教育部认可编纂为教学案例出版；获第五届中国教育创新成果公益博览会最高奖、第二届大学生（研究生）教育创新创业大赛金奖；获批上海大学生基金会雏鹰计划 50 万元创业贷款。2020 年，检察院首次使用远周设计的帮教系统——“远联系统”，更好地实现了长久存档、信息共享等功能，目前已获得相关软件著作权。远周在上海建立了 6 大基地，分别为宝山、黄浦、静安、杨浦基地以及华东师范大学中北、闵行基地（全国首家高校、检察院、公益组织三方共建的线下帮教基地）。同年，远周推出了全国首家针对防治未成年犯罪的人才专修学院，目标是切实保障未成年人知识获取、技能获取，普法宣传、预防犯罪。此外，远周还获批了中国人力资源服务许可证，能够为涉罪未成年人提供实习及成年后就业服务保障，确保他们能够真正回归社会。

这一时期是远周的品牌打造时期，它不但实现了公益与科研的结合，还建立起了独立的研究室、人才专修学院、高校合作基地等机构。更重要的是，远周开始走上了品牌差异化经营道路，面对当下社会服务要求细化的需求，草根社会组织需要及时实行品牌差异化战略，立足于组织使命的实现，从组织功能定位出发，既要维持原来稳定服务受众的基本需求，也要重新进行“市场定位”，满足新的需求，提升综合服务能力和水平。远周在前一阶段的运行基础上开始细化受众需求，将事务开拓到高校和线下帮教基地之中，提供了差异化的服务，增强了组织的社会效益。

（三）发展成熟时期（2021~2022 年）

2021 年，远周荣获“上海公益基地”称号，获得了社会组织评估 3A 等级。同年 11 月 16 日，在华东师范大学创新创业学院的引荐下，远周奔赴寻甸县，为当地的雷锋希望小学捐资赠物。2022 年，远周获杨浦区社会组织公益创投大赛社会工作创新项目奖、2022（第 16 届）创业周暨全球创业周中国站“天使基金”优秀项目雏鹰奖，是十年唯一公益创业获奖单位。2022 年 10 月，远周正式发起了“远周计划”，此项目在于帮助涉罪未成年人成功回归学校或社会，是远周建立起“预防体系”的着力点，具体包括开设线上教育，提供免费的网络课堂，课程内容涵盖职业技能、学识提升、兴趣爱好等；开设线下教育，挑选帮教期间表现优异的学生，提供免费就读成人大学的机会，目前包括国家开放大学、浙江大学、上海应用技术大学，教授送教上门；为回归社会的涉罪未成年人提供就业保障，包括建立就业动态跟踪机制、就业定期随访制度，并进行就业数据的采集统计；对于回归社会的涉罪未成年人进行长效跟踪，以预防再犯罪。“远周计划”的开展使学业帮助惠及 115 人次、创业帮助惠及 13 人次、落户帮助惠及 22 人次、失业帮助惠及 78 人次、心理帮助惠及 52 人次。

“远周计划”的推出是这一时期具有代表性的工作成效，实现了线上与线下教育的融合，使未成年人的教育可以不受时间和地域的限制。但是这段时间内，新冠疫情对组织的日常工作产生了诸多阻碍，检察机关暂停了许多线下活动，转而组织线上活动，包括未成年人的思想汇报、谈心活动、宣讲会、与高校的联动，导致远周原有工作的成效被削弱和互动的缺乏，难以体现出组织真正的工作效能。因而，这三年来组织的许多工作仍然停留在理论阶段，许多创新的想法无法真正落地。但是，这一段时间的经验积累为未来的发展指明了前进的道路。

（四）未来发展方向（2023 年以后）

远周致力于打造 5.0 生态，基于顶层战略设计，继续完善目前的战略规划。远周通过 8 年的探索实践，建立起一个完善的专业体系，目的是实现全国可复制可推广。远周目前的帮教模式由治理和预防两大体系构成，治理体系包括六大环节和八大方法；预防体系包括预防再犯罪的“远舟计划”和普法宣传的“远舟小课堂”等。同时，远周帮教模式通过培训异地专业人士、“远周模式”异地共建、输送课程体系资源三大路径，使这一模式能够真正辐射全国。此外，远周目前的业务范围不仅聚焦于未成年人犯罪帮扶和防治领域，还包括乡村振兴等项目。在乡村振兴方面，远周正在进行扶贫济困工作，例如每月在云南寻甸、四川凉山、青海玉树等地对几百个孩子进行资助，定时在云南、上海为军人提供物资。这些都是远周正在参与的事务，也是未来会继续发展的重要阵地。

在未来发展方向上，远周已经有了初步的构想，并且制定了多元化的发展战略。首先，在与政府合作方面，远周既是检察院的合作互动伙伴，也是沟通检察院与涉罪未成年人的重要桥梁。对于任何一个社会组织来说，在发展的过程当中，如果与政府部门的接触日益增多，那么相互之间的合作也会日益深入，但是社会组织应该始终旗帜鲜明地表明其主体性的价值理念。其次，在资金来源方面，分散性的资金来源对于社会组织的自主性是至关重要的，同时也是许多社会组织最难以获取的，单一性或绝大部分地依靠政府资源，不可避免地会产生对政府的依附。因此，远周现阶段十分强调资源获取的多样性，而非简单地依靠单一资金来源。除了与政府建立合作伙伴关系之外，远周还致力于寻找其他基金会、企业等资金来源主体。最后，远周拥有的知识性组织能力是其发展的内在优势。由于社会组织走专业化的发展道路对其自主性的获取具有非常重要的价值，远周目前已经配备了一支专业指导团队，获得了必要的创新思维支撑，有助于未来的持续运行。

四　经验启示

（一）对接资源，搭建多元合作平台

远周作为一个多元化集团公司，与多个平台都保持着密切关系，拥有充分的制度和资源支持，不断在教育领域拓展与创新，从原本仅限于检察院，拓展到民政、人社、公安、军队和教委，辐射范围广泛。远周的资金来源多元且稳定，目前 80% 来自政府采购，包括民政部、检察院和各级街道，社会组织和“远周”集团分别占 10%。远周将拓展更加多元的资金来源渠道，引入基金会、爱心捐款、就业推荐服务费等。远周招募了来自各行各业的志愿者，包括街道居委、司法局社工、户籍警、

200余名退休职工，以及来自华东师范大学、上海师范大学、华东政法大学、上海政法学院等高校的54位教授和1500多名大学生志愿者，还有来自法律、心理、社工、培训、人力资源等领域的专业人士作为指导专家，对远周的业务开展提供了专业建议，搭建资源对接平台。远周的帮教资源多样，“远舟基地”是宝山首个由检察机关、基层政府、民间组织三方力量共建的观护基地，多元化主体的参与使基地的帮教资源更为丰富多样，推动帮教工作发展更为顺畅。

（二）创新探索，推动司法社会工作专业化

目前，未成年人的犯罪问题日益严峻，呈现犯罪率高、影响力大、覆盖面广，低龄化、模仿化等特征。在传统的司法制度下，犯罪青少年若是在14岁以下，无论情节轻重只能直接释放，再犯罪率高；而14~17岁的犯罪青少年，重罪由法院判刑，但更多的从犯及轻罪则被强制送入工读学校或少管所，涉罪青少年的档案上会留下污点，并且难以重返学校或社会。

借助检察机关平台，远周做了许多创新性探索工作，贡献了许多可行性实践方案，助推中国法制建设，弥补了司法体系对青少年犯罪处置流程的空白，首创性的帮教模式为涉罪未成年人求学、就业等提供了出路。远周防治未成年犯罪的探索与经验，有效推动了未成年人帮教观护工作的专业化、系统化、社会化，通过与检察院、司法社区和企业多元化的互动模式，将推动未成年人司法保护工作上升到更高、更专业的水平，完整的涉罪未成年服务体系可以实现全国复制推广。

（三）产研互促，理论研究结合公益行动

远周是一个科研公益组织，拥有多项专利，包括发明创造、实用新型、外观设计等，同时也拥有自己的版权，如日记反省法、思想汇报法、帮教教育三段论等，目前已经成为检察机关的基本工作流程，并推动了国家立法。远周的核心成员都是纳入检察院专家库的成员，拥有雄厚的专业优势，以指导专家的身份完成未成年领域的工作，通过学术报告的

方式跟进项目，达到学术研究的水平。远周将理论研究与实践相结合，对涉罪青少年的研究起步早，在该领域起到了引领作用，来自不同省份的检察院，以及国内外的公益组织都组团前来远周学习经验。在公益实践中总结理论经验，社会组织也能够在项目操作和实践过程中形成可供借鉴的理论探讨。

图书在版编目(CIP)数据

大城公益：上海社会组织培育与发展研究 / 钟晓华主编；王勇，郭艳刚副主编. -- 北京：社会科学文献出版社，2023.10

ISBN 978-7-5228-2553-3

Ⅰ.①大… Ⅱ.①钟… ②王… ③郭… Ⅲ.①社会组织-研究-上海 Ⅳ.①C912.21

中国国家版本馆CIP数据核字(2023)第184260号

大城公益

——上海社会组织培育与发展研究

主　　编 / 钟晓华
副 主 编 / 王　勇　郭艳刚

出 版 人 / 冀祥德
组稿编辑 / 谢蕊芬
责任编辑 / 孟宁宁
责任印制 / 王京美

出　　版 / 社会科学文献出版社 · 群学出版分社（010）59367002
地址：北京市北三环中路甲29号院华龙大厦　邮编：100029
网址：www.ssap.com.cn
发　　行 / 社会科学文献出版社（010）59367028
印　　装 / 三河市尚艺印装有限公司

规　　格 / 开　本：787mm×1092mm　1/16
印　张：22.75　字　数：326千字
版　　次 / 2023年10月第1版　2023年10月第1次印刷
书　　号 / ISBN 978-7-5228-2553-3
定　　价 / 149.00元

读者服务电话：4008918866